LAROUSSE

GRANDES CHEFS MEXICANOS

PANADERÍA · REPOSTERÍA · CHOCOLATERÍA

LAROUSSE

DIRECCIÓN EDITORIAL Tomás García-Cerezo

EDITORA RESPONSABLE Verónica Rico Mar

COORDINACIÓN GENERAL Y TEXTOS BIOGRÁFICOS Claudio Poblete Ritschel

COORDINACIÓN DE CONTENIDOS Gustavo Romero Ramírez

ASISTENCIA EDITORIAL Mayra Pérez Cuautle

FOTOGRAFÍA Fernando Gómez Carbajal

ASISTENTES DE FOTOGRAFÍA Jéssica Fernández López / Daniela Estrada Barrientos

APOYO EDITORIAL Culinaria Mexicana: Mildred Daniel Guillén, Evelyn Castro Trejo, Gabriela Vázquez Garay, Uriel Rodríguez González, Kimberly Flores Zequera

DISEÑO Y FORMACIÓN Quinta del Agua Ediciones, S.A. de C.V.

CORRECCIÓN DE PRUEBAS María Evelín Ferrer Rivera / Tomás Adolfo López Sánchez

DISEÑO DE PORTADA Nice Montaño Kunze

COORDINACIÓN GRÁFICA Mónica Godínez Silva, María Elizabeth Mendizábal Arzate

CRÉDITO DE IMÁGENES

CONABIO: p. 11 ©Adalberto Ríos Szalay (arr. der.), ©Laura Rojas Paredes (der. enm.), ©Laura de L. Cárdenas Flores (ab. der.); p. 16 ©Astrid Marcela Domínguez Guerrero (arr. izq.), p. 22 ©Laura Rojas Paredes (izq. ab.).

Centro de Estudios Históricos de México Fundación Carso de Carlos Slim: p. 13 Fondo CDLIV José Y. Limantour. Primera serie. Año 1883. Carpeta 53. Documento 14159 (ab. der.).

Fondo Reservado de la Biblioteca Nacional de México: p. 16 Archivos y Manuscritos (BN-FR) Larín y Cia. Carta de la Compañía Larín a Francisco I. Madero solicitando autorización para usar su imagen en la envoltura de dulces y chocolates (manuscrito) (ab. izq.).

Instituto Nacional de los Pueblos Indígenas/Fototeca Nacho López: ©D.R. / p. 12: ©Carla Torres (arr. izq.), ©Luis Arturo García Llampallas (ab. izq.); p. 13: ©Graciela Iturbide (der. enm.); p. 21: ©Graciela Iturbide (arr. der.), ©Sandra Treviño (ab. der.); p. 22 ©Sergio Abbud (arr. izq.).

Secretaría de Cultura/INAH-MEX; Reproducción autorizada por el Instituto Nacional de Antropología e Historia: p. 9 (arr. der.) 89712, (der. enm.) 201447, (der. ab.) 525498; p. 10: (arr. izq.) 525474; p. 11 (arr. der.) 212; p. 13 (arr. der.) 92758; p. 14 (arr. izq.) 95002, (izq. enm.) 467431, (izq. ab.) 381373; p. 17 (arr. der.) 287921; p. 19 (arr. der.) 205, (der. ab) 449735; p. 20 (izq. enm.) 663506, (izq. ab.) 655374; p.21 (der. enm.) 381717; p. 22 (izq. enm.) 1021; p. 23 (ab. der.) 525474.

©Shutterstock. Inc.: pp. 309-314.

Fernando Gómez Carbajal: p. 8 (centro); p. 10 (izq. enm. y ab.); p. 15; p. 16 (izq. enm.); p. 17 (der. enm. y ab.); p. 18 (centro); p. 19 (der. enm.); p. 20 (izq. arr. y enm.); p. 22 (izq. enm.).

Primera edición, agosto 2019
Primera reimpresión, agosto 2020

ISBN: 978-607-21-2242-0

www.larousse.com.mx

En Hachette Livre México usamos materias primas de procedencia 100% sustentable

Agradecemos por el apoyo para lograr la realización de la fotografía (traslado, hospedaje, vajilla, locaciones y filipinas) a:

Presentación

En Larousse México hemos dedicado más de una década a publicar el saber hacer del mundo de la cocina. Expertos de la culinaria nos han confiado sus conocimientos para que esta casa editorial, con más de 50 años de presencia en México, pueda continuar su misión de sembrar el conocimiento a los cuatro vientos.

Hemos logrado consolidar un acervo cercano a los doscientos títulos, más de una centena de autores y miles de recetas y fotografías, lo que nos convierte en el sello de referencia de la gastronomía mexicana.

Grandes chefs mexicanos. Panadería • Repostería • Chocolatería, reúne a 29 cocineros y chefs mexicanos expertos en estas áreas. Culinaria Mexicana, dirigida por Claudio Poblete, fue la encargada de convocar y coordinar a los autores para las sesiones fotográficas en Ciudad de México, así como de compilar las recetas. La obra ofrece lo mejor que cada profesional ha desarrollado a lo largo de sus trayectorias; sus secretos de cocina y su saber hacer para que el lector pueda disfrutar de sus creaciones, tanto de forma visual como culinaria.

Las recetas de cada chef y su semblanza biográfica logran que se puedan conocer sus personalidades de un modo cercano. En conjunto, el abanico de sus propuestas es vasto, pues el libro contiene versiones de recetas tan clásicas como pan de muerto, cabellos de ángel, buñuelos de viento, tarta de limón o pan de pulque, hasta recetas de vanguardia que incluyen lo más nuevo en técnicas y métodos culinarios, como trucha pochada en manteca de cacao, macarons de pastel de elote, pastel enchilado, bombón de chocolate Ruby, tarta tatin de plátano dominico o nieve de pipicha, pápalo y chipilín.

Tras meses de arduo trabajo y cientos de mensajes para coordinar a autores, editores, fotógrafos y responsables de instituciones y procesos editoriales, la recompensa ha superado las expectativas de todos los involucrados; por ello, estamos seguros de que éste es un libro como pocos en el actual escenario editorial de México.

Esta obra es una continuación del esfuerzo sembrado por *Grandes chefs mexicanos celebrando nuestras raíces* que, en 2017, reunió a reconocidos profesionales de la cocina salada en México. Con el libro que tiene en sus manos, Larousse cierra un círculo: otorgar una panorámica editorial de las personalidades y creaciones de destacados cocineros y chefs mexicanos, como un nítido testimonio del dinamismo, la creatividad y la potencia que la cocina en México posee.

LOS EDITORES

Sumario

Tres tradiciones culinarias: panadería, repostería y chocolatería

Gustavo Romero Ramírez

La harina de trigo, el azúcar de caña y el chocolate son ingredientes que constituyen la base de la panadería, la repostería y la chocolatería actuales. A pesar de que no todas ellas emplean los tres ingredientes (la chocolatería prescinde de la harina y la panadería tiene un pie en el mundo dulce y otro en el salado), es posible comprenderlas dentro de un marco común debido a que, al menos en la historia del México actual, el azúcar ha sido un componente que les ha servido de amalgama durante los últimos siglos. ¿Qué sería del mundo del pan sin los panes de dulce o de los chocolates y los postres sin el azúcar?

El origen y desarrollo de estas tres especialidades de cocina tiene su centro en la actual Europa. Sin embargo, son tradiciones culinarias que surgieron en diferentes periodos de la historia. En las líneas que siguen me interesa exponer el camino que han recorrido para llegar a nuestros días tal como las concebimos en México. Conocer un poco de su pasado, las formas en que sus ingredientes se han combinado y las principales culturas que las han enriquecido, permite establecer diferencias y similitudes entre ellas; pero también, redimensionar que han sido manifestaciones culinarias que han tenido impactos de orden mundial que han calado en lo más hondo de nuestros hábitos alimentarios. Mi propuesta es trazar, de estas tres especialidades, algunos de sus antecedentes en México hasta la primera mitad del siglo XX. Comienzo con la panadería, que es la más añeja de las tres y de la que existe abundante información; sigo con la repostería, en la cual introduzco la importancia del azúcar, y finalizo con la chocolatería, la más joven de ellas y de la que aún existen pocos registros

históricos de su desarrollo hasta antes de la primera mitad del siglo XX, ya que su auge es posterior.

Catorce mil años de historia

La más añeja de las tres tradiciones culinarias es la panadería. A pesar de que una primera imagen del pan que nos viene a la mente es la de un producto esponjado, como un bolillo o una concha, hay otros panes que no pasan por un proceso de fermentación y que se venden por igual en las panaderías de México, como la banderilla o el polvorón. ¿Qué es un pan entonces? Una primera definición apunta a que es una preparación elaborada con una masa de granos o cereales, con o sin levadura, que después se somete a cocción de diversas maneras, la principal de ellas, el horneado.

Pero, ¿acaso toda preparación realizada con una masa y sometida a cocción, es un pan? Evidentemente no, pues en México, la tortilla y el tamal no son panes. Vemos entonces que el concepto de pan no corresponde con las múltiples manifestaciones culinarias en el mundo ni con la manera en que cada cultura ha designado a sus propios productos comestibles, porque el significado de pan surge desde una clasificación generalista. Entonces, nos percatamos de que la definición de pan depende del contexto, pues si bien todo pan se elabora con masa, no todo lo que se elabora con masa es un pan.

Si para el caso de México ni los tamales ni las tortillas entran dentro de la clasificación de panes, es debido a la confrontación de tradiciones culinarias: las de las civilizaciones mesoamericanas basadas en el maíz, y las de las europeas con base en el trigo. Ya en varios testimonios del siglo XVI se lee que los tamales son un tipo de bollos o que las tortillas son una especie de pan, designados así por los castellanos debido a la similitud que para ellos tenían estos productos con aquellos europeos a los cuales estaban habituados. Incluso en la actualidad hay quienes apoyan que las tortillas y el tamal son una especie de pan de maíz, algo con la cual difiero.

La relación que permite entender por qué es lugar común que se le llame pan a toda masa de granos o semillas cocinada, tiene que ver con la agricultura y la domesticación de los cereales. Hasta hace poco se pensaba que la revolución neolítica, que consistió en la transición de la humanidad del nomadismo al sedentarismo mediante el desarrollo de la agricultura y la ganadería, era la que había propiciado el procesamiento, cocción y consumo de las primeras masas cocinadas. Sin embargo, un hallazgo en 2018 de restos de lo que se ha nombrado como un tipo de pan plano, en Shubayqa, Jordania, apunta a que quizá ocurrió un proceso a la inversa: que la demanda de granos y cereales incentivó a los cazadores-recolectores a domesticar cultivos, pues los restos encontrados han sido fechados con 14 400 años de antigüedad: 4 000 años antes de la revolución neolítica. Entre las especies vegetales registradas están la cebada, la espelta y la avena.

Si el hallazgo en Jordania es clasificado hoy como un pan plano, responde más a nuestro contexto que al de los grupos humanos de aquella época. Y lo mismo para los cientos de masas de granos cocinadas del pasado de las que se tiene registro. Parece que lo único que se puede argumentar es que la transformación de cereales o granos en forma de masa, y después sometida a cocción, es de los procesamientos culinarios

más antiguos de los que se tenga registro, a la vez que es el antecedente directo de la panadería actual. Y aunque siga siendo común llamar pan a toda masa de granos, en cualquier parte del mundo y en cualquier periodo de la historia, sea por comodidad o por desconocimiento, es importante destacar que la imposibilidad de identificar cada una de estas preparaciones en su contexto histórico resulta en muchas ocasiones imposible, pues la falta de elementos del pasado que nos lo permita es abrumadora. Entonces vamos interpretando, con lo poco que vamos hallando, una suerte de historia de retazos de esta preparación. En este sentido, el texto que sigue ofrece un repaso por los principales hallazgos y momentos que varios especialistas en la historia de la alimentación han apuntado de lo que han sido los panes; pero más que panes, yo diría que son algo menos definible y homogéneo: masas de cereales cocinadas que dieron origen a la tradición europea que actualmente llamamos panadería, donde no se incluyen a los tamales ni a la tortilla.

Las primeras civilizaciones

En los libros *Historia natural y moral de la alimentación* y *El pan nuestro de cada día* se ofrece información valiosa de los orígenes y desarrollo del procesamiento de granos y cereales. En Mesopotamia, los asirios preparaban un tipo de tortas con una masa de cebada y trigo que depositaban en moldes de barro, calentados previamente con brasas o piedras candentes y cocinadas bajo el sol. Entre los sumerios se habla de un pan muy levantado, lo que sugiere que fue elaborado con cerveza; si este dato es correcto, entonces los sumerios conocieron la levadura, lo cual pone en duda el descubrimiento de ésta por los egipcios. Otros tipos de preparaciones eran una especie de galletas que se cocinaban en las paredes de un horno caliente, o un tipo de pan largo y aplastado que se cocinaba sobre un suelo liso y duro en el que se colocaban guijarros calientes.

Entre los egipcios la composición del pan básica fue harina, agua, sal y una parte de la masa del día anterior; pero ésta cambiaba de características de acuerdo con la forma, el grado de cocimiento o los ingredientes añadidos, como miel, leche, frutas, huevo o grasas. El amasado en tiempos de Ramsés II se realizaba con los pies, mientras se cantaba, como se aprecia en una pintura funeraria hallada en una tumba. La forma de los panes podía ser redonda, cúbica, cónica, o incluso de animales o de figuras de dioses. Desde el 2500 a.C. desarrollaron una suerte de técnica panadera al cocinar en una especie de horno moldes con una pasta fluida de trigo que apilaban en forma de pirámide invertida. Además, existieron panes de cebada, de harina floreada, de espelta, de harina de ajonjolí o de avena, los cuales eran cocidos en las cenizas, entre dos planchas de hierro o en hornos de cúpulas.

En Grecia, los primeros panes se cocinaron en las cenizas de los fogones o sobre la arena caliente cuando eran muy delgados. También fueron los griegos quienes inventaron el horno que se calentaba por dentro y se abría por el frente, el cual después sería utilizado en la cocina. Y ellos mismos, ya en el siglo V a.C., contaban con una variedad de masas y formas de panes significativa que elaboraban de acuerdo con sus festividades. Para el siglo III a.C. se cuenta con un registro que contabiliza 62 tipos de panes.

Entre los hebreos, en el primer siglo de nuestra era, se menciona que la profesión de panadero era muy común en Palestina, e incluso había una calle en Jerusalén donde los panaderos ejercían su oficio. También se dice que existió un lugar donde se llevaba la harina para que se transformara en pan. Elaboraban masas amasadas con aceite y perfumadas con menta, comino o canela, rellenas con leguminosas, así como buñuelos de harina y miel que eran fritos. Generalmente acompañaban estas preparaciones con leche, queso, mantequilla, lentejas, pepino, guisos diversos o mieles de abeja, uva o dátil. Si ya desde siglos antes los ingredientes y formas de preparación de los panes fueron un motivo para diferenciarse entre clases sociales, entre los judíos no fue la excepción. Las preparaciones de masa más modestas eran de centeno y cebada, mientras las más opulentas, de trigo candeal, cuya harina se cernía finamente. La prohibición entre ellos de no comer panes con levadura en las Pascuas tiene que ver con la rememoración de un hecho que se considera histórico: haber salido de prisa de Egipto, con masa a la que aún no habían añadido levadura, y con la cual tuvieron que hacer una especie de galletas que no se hincharon; como fue Yahvé quien los había ayudado a salir de Egipto, en conmemoración de este hecho se conservó dicha práctica.

Es significativo que los romanos no se interesaran por la elaboración de pan sino a partir de los siglos VIII u VII a.C., a pesar de haber tenido contacto estrecho con los griegos desde mucho antes. Sin embargo, en el año 30 a. C., los datos arrojan que existían 329 panaderías en Roma atendidas por griegos, quienes a su vez eran asistidos por galos. Algunos nombres de panes fueron *artolangus*, *placenta*, *scribilita*, *libum*, que podían tener queso, miel, aceite, vino, pimienta y huevo. En aquel tiempo el oficio de panadero era ya tan significativo, que Marco Virgilio Eurysaces mandó construir su tumba en franca alusión a su oficio; ésta se conoce como la Tumba del panadero, en la cual se observa un friso que detalla la secuencia de actividades de su labor.

Los panes han estado asociados desde hace mucho tiempo a los rituales, las ceremonias, las ofrendas y la abundancia. Los registros del pasado que se conocen de las variedades de éstos son abundantes. Por ejemplo, en Mesopotamia se elaboraba un pan cuadrado en forma de bollo levantado con una especie de ombligo en el centro elaborado con el dedo pulgar en la masa cruda. También en Mesopotamia, las ofrendas en los ritos mortuorios podían tener cervezas, panes y granos. Entre los griegos ya se encontraban tipos de panes empleados en casamientos, mientras que los romanos emplearon un tipo de pan de nupcias llamado *panis farreus*.

Entre los siglos V a VIII se afianza la costumbre de colocar una rebanada de pan al fondo de una escudilla o plato sobre la cual se vertía un caldo o un potaje. Se designaba *suppa* a este tipo de preparaciones, que conserva su significado del neerlandés *sopen*: remojar. Por otro lado, desde la presencia de los francos y hasta el Renacimiento, fue usual que se colocara entre dos comensales una gruesa rebanada de pan en la que se servían trozos de carne con su salsa. Las dos personas que compartían este alimento se convertían en "com-pain", es decir, compañeros que compartían tal alimento. En francés esta palabra derivó en *copain*, amigo. Es decir, un amigo, en sus orígenes, es aquél que comparte el pan con uno, un *co-pain*.

El pan en Nueva España

En los libros *El pan nuestro de cada día*, *Panadería de Tlaxcala ayer y hoy* e *Historia de la vida cotidiana en México*, encontramos datos relevantes acerca del pan en Nueva España. La llegada a América de una tradición

panadera sucedió posterior a 1492. A Juan Garrido, un esclavo al cual se le concedió su libertad al llegar a la Nueva España, se le atribuye haber sido el primer panadero, pues él fue quien, se dice, plantó por primera vez el trigo, lo hizo crecer y produjo pan con él. Se dice que hacia 1525 ya existían panaderías que eran estrictamente reguladas.

El arribo del trigo permitió que se pudieran confeccionar panes que cumplían con el objetivo de reproducir el gusto de los europeos que vivían en América, pues el consumo de este producto en la Nueva España fue durante muchos siglos una costumbre de españoles y de extranjeros que la recorrían. Pero paulatinamente este hábito fue permeando entre los mestizos e indígenas, que bautizaron al trigo con el nombre de maíz de Castilla. La maleabilidad de la masa elaborada con trigo era mayor que aquella de maíz, lo cual permitió a los indígenas dar forma a los panes a su antojo. Entre las técnicas que trasladaron hacia el pan del trabajo en cerámica están el repulgado, rallado, pastillaje, moldeado y varias más.

Quienes se dedicaban a hacer los panes en Nueva España eran indios o reos que purgaban su condena en las labores panaderas. Por otro lado, los dueños eran españoles. Los primeros, quienes imprimieron su fuerza de trabajo en las panaderías amasando y horneando, son los que dieron vida a las variadas formas y estilos de panes que, en lo sucesivo, caracterizarían la panadería de esta región americana; por ejemplo, añadirle pulque como leudante a ciertos panes, darle formas caprichosas o integrarle ingredientes americanos. Los panes populares se conseguían en las pulperías, lugares donde se vendían diferentes mercancías de consumo para la vida cotidiana, o con las mujeres que los comerciaban en las plazas y mercados.

En *Historia de la vida cotidiana en México* se enlistan algunas variedades de panes que se consumían en la Nueva España en el siglo XVIII: el pan especial, de costo elevado y el más fino de la época, que era como el pan francés o el pan español; sólo contenía flor de harina y su elaboración estaba regida por ciertas normas para que resultara terso, fino y ligero. El pan floreado, elaborado con harinas selectas de primera calidad y que no tenían salvado; tenía forma de bollo o rosca y se vendía sólo en las panaderías. El pan común, que se elaboraba con una mezcla de harina flor y la harina más gruesa que quedaba después de haber extraído la primera; su forma era de bonete cortado y se vendía en las pulperías. El pambazo o pan bajo, que se componía de sobrantes de harina cernida y harina de trigos de calidad inferior. Y la semita o acemita, elaborada con desechos del salvado mezclado con una porción de harina. Estos dos últimos panes se consideraban los más corrientes.

El pan en México después de la Independencia

Llegada la independencia de México, la panadería, como muchas otras manifestaciones culturales, se vio trastocada con los nuevos aires por hallar identidad en elementos que distinguieran a México de España. En el libro de 1831 *El cocinero mexicano*, primer impreso culinario en la historia del país, existe un tratado dedicado a las masas, en donde se dan las recetas de preparaciones como escaldados, masa de uvas, bollos de manteca, masa de hojaldre y masa para empanadas. También hay varios buñuelos, hojaldras, marquesotes, mamones, bizcotelas, puchas de Huamantla, panqué y bizcochos de maíz cacahuacintle o de pulque. Este repertorio de recetas evidencia que la tradición panadera de la época era fecunda, la cual tenía por igual creaciones novohispanas que herencias españolas y europeas. Para 1904, el libro *Recetas prácticas para la señora de casa sobre cocina, repostería pastelería y nevería* impreso en Guadalajara, consigna las recetas de masa de hojaldre, panqué de seda y muchos panes: del cielo, de seda, de la vida, de almidón, italiano, de jocoqui, de pasas, de almendra y de natas. También mamones diversos, como de pulque, de clavo y canela, de maíz o de aguardiente a la inglesa.

De acuerdo con la Canainpa, para 1880 había en la capital mexicana 70 panaderías y pastelerías que se especializaban en el pan español y pan blanco. En aquella época era común que las piezas de pan se exhibieran en vitrinas y el cliente, que no tenía acceso a él, elegía cada pan por su nombre. En *El pan de cada día* se menciona que las panaderías comenzaron a instalarse a inicios del siglo XX y a multiplicarse en la década de los años treintas y cuarentas. En sus inicios la gran mayoría eran de españoles inmigrados, pero paulatinamente comenzaron a surgir las de dueños mexicanos. Panaderías iniciadoras de esta ola son La Vasconia, fundada en 1870; El Globo, en 1884; La Flor de México, en 1922; La Ideal, en 1927; El Molino, en 1928; La Madrid, en 1939, y la panificadora Bimbo, en 1943, que se distingue por su producción industrial actualmente.

Es imposible datar y ubicar con precisión los cientos de panes regionales que abundan en México actual. La cultura culinaria, siempre tan viva y tan poco registrada en documentos del pasado por comparación a otras esferas humanas, como la política o la economía, nos ofrece actualmente cientos de panes que sabemos que en algún momento de la historia surgieron, cuyo origen se pierde en la cultura popular. No obstante, la variedad de panes en México, una de las más fecundas a nivel mundial, es muestra del dinamismo que esta manifestación ha tenido.

Repostería y azúcar: un binomio exitoso

La repostería se diferencia de la panadería porque, si bien puede tener como base la harina de trigo en varias de sus preparaciones, también puede prescindir de ella. Se asocian a la repostería las frutas, las mieles, los merengues, los caramelos, los bizcochos, las cremas y un sinfín más de especialidades que se confeccionan con azúcar, miel o algún otro edulcorante.

De medicina a alimento

Uno de los ingredientes distintivos de la repostería es el azúcar, producto que debemos a la civilización india. Dioscórides menciona en el siglo I que existe una especie de miel proveniente de la caña de la India que se llama *saccharon*, que se parece a la sal por su consistencia y que truena en los dientes. La palabra con la cual se le designaba es una deformación del vocablo sánscrito *sarkara*. Plinio, en el mismo siglo, menciona que este producto sólo se empleaba en medicina.

En Europa, el consumo del azúcar como alimento no sucedería sino hasta el siglo XVI; es decir, al menos durante catorce siglos se empleó únicamente en la medicina. Un testimonio escrito de 1572 expresa que el azúcar, de ser conseguible sólo en las boticas, ya se emplea para devorarla con glotonería. Dice "eso que nos servía de remedio nos sirve en el presente de alimento". A pesar de este nuevo uso del azúcar, los apoticarios (boticarios) del siglo XVI seguían ofreciendo una gama amplia de

productos de azúcar, por ejemplo, el azúcar "en pan" (pan de azúcar), llamada también azúcar en piedra o en roca debido a su presentación: un azúcar refinada y blanca moldeada en forma cónica. También, *caffetin*, *casson*, *muscarrat*, azúcar roja, *candi*, *barbarie* o *panellc*, esta última, la más fina de las azúcares en polvo.

A lo largo del siglo XVIII el consumo de café y chocolate triplicó el consumo del azúcar y poco a poco su uso se democratizaba. Pero a partir del siglo XIX, cuando se introdujo la industria del azúcar de betabel, la producción de azúcar de caña descendió. En *Dulzura y poder. El lugar del azúcar en la historia moderna*, se evidencia cómo es que el consumo del azúcar fue incentivado por los europeos y los estadounidenses para convertirse en un producto de primera necesidad en las dietas.

Preparaciones dulces

La repostería de la forma en que la conocemos actualmente tiene sus antecedentes en el Renacimiento. Sin embargo, algunas preparaciones dulces ya estaban desde mucho antes. En *Historia natural y moral de la alimentación* se dice que los especialistas panaderos surgieron al final del Imperio romano. No existía la mantequilla, así que la función de humectar la preparación se daba con el queso fresco graso, el aceite o la manteca. Asimismo, es conocido que la maestría en el procesamiento del azúcar y su empleo en dulcería y confitería, principalmente, es una herencia árabe.

En *Historia de la cocina y los cocineros* e *Historia de la cocina y de la gastronomía francesas* existen datos relevantes de estas preparaciones. En la Edad Media era común que las casas de los nobles tuvieran un horno de pan que era muy utilizado por los cocineros para las tortas y los flanes. Un menú de este periodo, de los años 1300, enlista el último y cuarto servicio con pasteles, crema frita y patés de peras. Desde Italia fue permeando hacia Francia una nueva manera de procesar y servir los alimentos en el siglo XVI. Un hecho incontrovertible es que en el Renacimiento el gusto comenzó a cambiar con relación al precedente gusto medieval; por ejemplo, en la primera mitad del siglo XVI un testimonio dice que "casi ninguna persona puede prescindir del azúcar". El gusto, entonces, pasaba hacia notas más dulces y menos ácidas y especiadas. Aparecen nuevos documentos dedicados a la confitería, y tan notoria resultó, que hasta Nostradamus escribió un libro en 1552 llamado *El verdadero y perfecto embellecimiento del rostro y la manera de hacer confituras*. También en ese periodo, la utilización de la mantequilla iba en aumento, y su combinación con el azúcar sería la antesala de las especialidades de repostería y pastelería que para el siglo XVII ya estaban entre las cortes. Para 1651 se publica el libro de François Pierre de la Varenne que especifica en su título cómo elaborar y sazonar toda clase de *pâtisseries,* en el cual se ofrece la receta del mil hojas, compuesto por capas de pasta hojaldre y crema pastelera, coronado con helado de azúcar impalpable (glass); así como la mención de los *œufs à la neige*. Este mismo autor escribe *El pastelero francés* en 1653, *El perfecto confitero* en 1667 y un año después otro libro dedicado, entre otras cosas, a la pastelería y confitería. Por tanto, es entre los siglos XV al XVII que gran cantidad de preparaciones, como cremas, bizcochos, salsas, merengues o mermeladas comenzarían a afianzarse, donde maestresalas, como François Vatel, serían grandes exponentes de esta efervescencia culinaria.

Se sabe que los pobladores nahuas cocían el aguamiel de maguey hasta que gran cantidad del agua se evaporaba y obtenían una especie de miel densa, oscura y azucarada. Asimismo, que en Mesoamérica era común el consumo de miel de abeja y otros productos dulces, como frutos y quizá insectos, como las hormigas mieleras. A pesar de que los mayas y mexicas emplearon las mieles en el chocolate para beber, o los mexicas para aglutinar amaranto y darle forma de figurillas para ofrendar en algunas ceremonias, el llamado *tzoalli*, no es posible hablar en las culturas mesoamericanas de repostería, pastelería, dulcería o confitería. A lo mucho, es plausible decir que consumían algunas preparaciones dulces. La panadería, como la repostería, son tradiciones que llegaron a América después de 1492.

El arribo de la caña de azúcar a América, como muchos otros productos procedentes de Europa y Asia, fue un proceso que de inicio buscó sacar provecho de las nuevas tierras mediante la mano de obra esclava e indígena con el fin de obtener productos rentables comercialmente. Es en este proceso que poco a poco los usos que se le fueron asignando al azúcar penetraron en las cocinas.

De la Nueva España no es desconocido el proceso mediante el cual las preparaciones de repostería comenzaron a hacer aparición. Se sabe de la labor de las mujeres, y algunos hombres, en los conventos: su especialización en la elaboración de preparaciones dulces, como galletas, tortitas de Santa Clara, dulces de leche, huevos reales, cajeta, confituras y diversas especialidades es muy conocida. En el *Cuaderno de guisados caseros* del siglo XVIII aparece una especialidad muy socorrida en aquel periodo: el ante, preparación que consistía en un mamón que, cortado en capas, incluía diferentes preparaciones espesas dulces, tipo pasta, de variados ingredientes; entre algunos antes estuvieron el de leche y arroz, el de requesón, de pasas, de mantequilla, de manjar blanco, de coco y almendra. En este documento también existen cubiletes, huevos hilados, postre de papín, bienmesabe, huevos moles y huevos reales. Se dice que la gran cantidad de yemas que se empleaban en los postres era consecuencia de aprovechar su abundancia, pues las claras eran empleadas en la pintura. En el documento *Recetario novohispano*, también del siglo XVIII, aparece un pastel de zapote prieto, ante de calabacita de Castila, leche inglesa, pudín, ante de mamey, hojuelas para tomar el chocolate, torta de zapote blanco, varios buñuelos, varios turcos, que eran una especie de pasteles en capas elaborados con arroz, panes o incluso maíz; conservas, mermeladas, jaleas, masas torrejas, cajeta de melón, jalea de tejocotes y varias especialidades más.

Para 1831, un tomo completo de *El cocinero mexicano* está dedicado a las preparaciones dulces. En cinco tratados abarca: tortas, pudines y dulces de pan o bizcocho; huevos en dulce, gelatinas, gatós, cremas, antes y postres; dulces secos, compotas, conservas, cajetas y jarabes, y helados y sorbetes. A partir de este documento, los libros mexicanos de cocina abundarían en ofrecer recetas de repostería y pastelería. Casi un siglo después, Josefina Velázquez de León recopilaría recetas que pudo compendiar en fascículos exclusivos dedicados a la repostería y pastelería. Los pasteles para bautizo, para boda o para fiestas de cumpleaños hacen ya su aparición con esta autora. Y posteriormente, con la instauración formal de la electricidad y aparatos domésticos de cocina, fue posible preparar más fácil, desde casa o desde los pequeños negocios, la gran cantidad de preparaciones de repostería y pastelería mediante las batidoras, licuadoras y otros enseres de cocina.

Una especialidad culinaria muy joven

Entre las historias de los productos alimentarios que han sido difundidas con mayor amplitud en México, la del cacao tiene su lugar privilegiado. Este vegetal fue un ingrediente importante para civilizaciones como la maya o mexica, y su repercusión a nivel mundial a partir de su introducción a Europa es de las más relevantes en los ámbitos alimentario, económico y cultural.

En el *Larousse del chocolate* se mencionan algunos de los datos conocidos del cacao para el periodo prehispánico: su cultivo se ha registrado desde hace 3 000 años por lo menos; su centro de origen, es decir, donde se sabe que surgió por primera vez en la historia, se ubica en Sudamérica; su centro de domesticación parece que fue de forma paralela tanto en Sudamérica como en Mesoamérica, pues investigaciones indican que en la primera región se utilizó con preponderancia la pulpa o el mucílago que cubre a los granos del cacao, mientras que en la segunda, estos últimos; una de las representaciones más antiguas donde aparecen elementos asociados al cacao procede del norte del actual Perú: una vasija de barro que ha sido fechada entre el año 1000 y el 700 a.C.; en Mesoamérica se tiene registro de que los olmecas lo domesticaron, y posteriormente los mayas difundieron su consumo; fue una bebida que sólo los privilegiados pudieron beber; se consumió con utensilios y maneras de mesa especiales, y se empleó como pseudomoneda

El procesamiento del cacao como chocolate bebible ha sido el preponderante en su historia. Existe ya una robusta tradición en los estudios del chocolate como bebida en Europa y en América. Pero no fue sino hasta el siglo XIX que se comenzó a transformar para darle una nueva presentación que facilitaría que más personas pudieran consumirlo. Casparus van Houten, en 1825, fue quien logró separar la manteca de los sólidos del cacao; con ello surgió la cocoa, que facilitaba preparar chocolate al poderla diluir en agua caliente. Posteriormente, en 1847, la compañía chocolatera Fry & Sons descubrió que al mezclar la cocoa de Van Houten con manteca de cacao y azúcar, se obtenía una pasta que se podía enmoldar. Éste fue el origen de las primeras tabletas de chocolate sólido comestible, que para 1866 haría su primera aparición en el mercado. Por otro lado, después de la invención de leche en polvo por Henri Nestlé en 1867, el experimento de adicionarla al chocolate resultó un éxito; así surgió el chocolate con leche. En ese tiempo, también Rudolf Lindt desarrolló el proceso de conchado, que otorgaba al chocolate una consistencia sedosa y un sabor más equilibrado. A finales del siglo XIX los procesos de fabricación de chocolate ya estaban establecidos en varias fábricas de Europa, y las estrategias de venta y de mercado con el chocolate en tableta resultaron exitosas, engrosando la población que tenía acceso a este producto.

Sería cuestión de tiempo para que la chocolatería se desarrollara hacia el rumbo en que hoy la conocemos. Sería hasta la segunda mitad del siglo XX que los aportes desde la industria alimentaria fueron aprendidos por los profesionales de la cocina y comenzaron a experimentar con sus propias combinaciones. Así, las piezas pequeñas de chocolate que se comen como antojo, golosina o tentempié, serían clasificadas como confitería, es decir, un producto con azúcar emparentado con los dulces. Pero el chocolate pudo erigir su propio campo de desarrollo y se acuñó entonces la chocolatería como especialidad emparentada con la confitería, pero con métodos y técnicas propios.

Epílogo

En el México actual, la panadería, la repostería y la chocolatería se encuentran íntimamente relacionadas mediante sus ingredientes, técnicas, métodos, antecedentes y orígenes. A nivel profesional, las denominaciones de chef panadero, chef repostero y chef chocolatero han sido necesarias para otorgar a cada especialidad su nicho de acción. Sin embargo, es común que estos tres campos, más que separados, estén unidos por sus raíces en común y lo que comparten de sí frente a la cocina salada.

Este breve recorrido histórico no fue más que la evidencia de que miles de años de ensayo y error en la culinaria han permitido que hoy tengamos una variedad asombrosa de opciones para degustar en el mundo de la panadería, la repostería y la chocolatería. Asimismo, es la muestra de que los hábitos culinarios y el gusto no han sido uniformes en los periodos históricos ni entre los grupos humanos. Si hoy comemos algo dulce al final de una comida, un pan como un acompañamiento de platillos salados o un bombón de chocolate a manera de golosina, es mirando al pasado como podemos encontrar que no siempre ha sido así, y que han existido en la cocina otras maneras de relacionarse con la comida y con los sabores. La historia de los alimentos y de la cocina sigue siendo un campo del que aún queda bastante por explorar.

Bibliografía

Barros, Cristina y Marco Buenrostro, *Panadería de Tlaxcala ayer y hoy*, Tlaxcala, Gobierno del Estado de Tlaxcala, 2004.

Carreño King, Tania, *La cocina mexicana a través de los siglos. VII. El pan de cada día*, México, Clío-Fundación Hérdez, 1997.

Dos manuscritos mexicanos de cocina, México, Conaculta, 2011.

El cocinero mexicano (3 tomos), México, Conaculta, 2000.

Iglesias y Cabrera, Sonia y Samuel Salinas Álvarez, *El pan nuestro de cada día. Sus orígenes, historia y desarrollo en México*, México, Canainpa, 1997.

Neirrinck, Edmond y Jean-Pierre Poulain, *Historia de la cocina y de los cocineros*, Barcelona, Editorial Zendrera Zariquiey, 2001.

Rambourg, Patrick, *Histoire de la cuisine et de la gastronomie françaises*, París, Éditions Perrin, 2012.

Toussaint-Samat, Maguelonne, *Histoire naturelle et moral de la nourriture*, Toulouse, Le Pérégrinateur Éditeur, 2013.

"Pureza y Confianza"

La hora del postre

Claudio Poblete Ritschel

J EAN ANTHELME BRILLAT-SAVARIN, uno de los más grandes teóricos de la historia de la alimentación, aseguraba en su obra cumbre: *La Fisiología del Gusto*, que el uso de la miel y el azúcar es universal y que, como sabor, el dulce es "incapaz de arruinar cualquier cosa".

Así, la historia del dulce está íntimamente ligada a la necesidad del ser humano por responder a los procesos químicos en los que nuestro cuerpo genera glucosa a partir del consumo de azúcar, la cual después convertimos en energía, y, sobre todo, con el fin de transformarla en endorfinas, cuyo resultado final sea generar alegría y un estado de euforia constante.

Esto último parecería que describe una de las tantas virtudes de los mexicanos. De nosotros se dice en el mundo: los mexicanos saben divertirse, la fiesta inacabable es al mexicano lo que la puntualidad es al inglés; no hay mexicano aburrido, por el contrario: tráiganme un mariachi y se los demuestro. Estos populares dichos nos arropan bajo el concepto de dicharacheros y alegres castañuelas; de hecho, en 2018, según el *World Happiness Report* (reporte mundial de la felicidad), México está entre los 25 países más felices del mundo.

El dato anterior de manera aislada no sería más que una buena noticia; sin embargo, en lo que compete a la introducción de este nuevo libro, que reúne a los más grandes exponentes del dulce, la panadería y la chocolatería en México, viene a redondear la importancia de los últimos estudios hechos por la Universidad Nacional Autónoma de México al respecto. Tratar de explicar cómo es que, a pesar de las condiciones de desigualdad económica e incluso de la violencia extrema de los últimos años, el mexicano es un pueblo feliz.

Es así como uno de los resultados en la encuesta, aplicada a una amplia muestra de la población, asegura que el mexicano es feliz, entre muchas otras cosas, gracias a su alimentación; la gastronomía mexicana y, sobre todo, la amplia herencia de la repostería, panadería y chocolatería juegan un papel fundamental en nuestro actual estado anímico.

En la presentación del *Elogio del Dulce*, uno de los mejores ensayos, sino es que el mejor, sobre la dulcería mexicana, escrito por Carlos Zolla a finales de la dédada de 1980 (Fondo de Cultural Económica) Sergio Reyes Retana habla en la introducción sobre las *Memorias de Cocina y Bodega* del literato Alfonso Reyes, donde asegura que la gastronomía es más allá de un acto de alimentación, un fenómeno que reúne la memoria histórica del ser humano.

Queda demostrado en las crónicas y los códices mesoamericanos que se asegura que el primer contacto de nuestros pueblos precolombinos con el dulce se dio a partir de la manipulación del maíz —hombre de Tepexpan aproximadamente hace ocho mil años—, que en su etapa más temprana los antiguos pobladores chupaban literalmente el sabor dulce del néctar de la caña del *teocintle* –predecesor del maíz- para así lograr la evolución de nuestra raza y que derivó en las esplendorosas culturas que hoy conocemos.

Los primeros antecedentes del consumo del dulce en México se sitúan en la formación de las grandes urbes mesoamericanas, las cuales se enriquecieron con la gran cantidad de frutas endémicas conocidas por la importante aportación de azúcares naturales; este hecho sería una de las bases en la construcción de la conocida soberanía alimentaria de los pueblos precolombinos.

Dato interesante es que, durante el dominio de la cocina francesa en nuestro país, algunos cocineros galos aseguraban que los mexicanos no conocíamos el concepto de postre hasta la llegada de los europeos; no podían estar más equivocados, pues hasta la fecha nuestra cocina guarda grandes exponentes en la materia como el chocolate-atole, cuya espuma se retiraba con un alcahuete (hoy en Oaxaca los paseantes los confunden con los coloridos "abrecartas" de madera que se ofrecen en las plazas) y con los cuales los antiguos pobladores zapotecas retiraban la espuma del cacao, revuelto en grandes tinajas, para aplicarla a una gran variedad de preparaciones dulces, como es el caso de las palanquetas de amaranto logradas a partir del amasijo de miel y semillas (con las cuales festejaban modelando en semejanza a sus dioses).

Otro dato relevante es el que apunta al molinillo: utensilio de madera labrada en forma alargada con círculos concéntricos que logran una fricción circular en un medio acuoso, con el que se logra la espuma del chocolate en agua. El molinillo es el único utensilio de cocina netamente mexicano, diseñado para tales propósitos y hoy bien difundido en todo el mundo gracias a los cocineros mexicanos tradicionales y de vanguardia que lo llevan consigo a donde van.

En el siglo XVI, con el encuentro de dos mundos, los europeos introdujeron la caña de azúcar, primero al estado de Veracruz, donde los primeros ingenios produjeron el oro blanco de la época y que un siglo después modelara el mestizaje culinario que hoy conocemos, desde la cocina virreinal, pasando por la barroca y nutrida dulcería del centro del país que pronto tocó a todos los rincones del vasto territorio de la Nueva España.

Pero no solamente fueron los españoles quienes nos heredaron la tradición dulce, a su vez heredada por más de ocho siglos de dominación árabe, a nuestras costas del Pacífico llegaba el Galeón de Manila, procedente de filipinas, el cual trajo consigo infinidad de técnicas dirigidas a enriquecer el acervo de las preparaciones dulces.

Fue durante el siglo XVIII y las reformas borbónicas que en la Nueva España se dieron profundos cambios políticos y sociales, en los cuales la economía de la región se distinguió por el intercambio de productos,

bienes y servicios entre los que se encontraban los logrados a partir de la instauración de los oficios iniciada en el siglo XVI. Uno de estos oficios surgió en esta época: el dulcero. Todo apunta a que con cédula real las familias de más abolengo o bajo el protectorado de las órdenes religiosas modelaron la hoy fina dulcería de algunas regiones, en específico como la de la Puebla de los Ángeles; la de Valladolid (hoy Morelia, Michoacán) y la del bajío mexicano, siendo Guanajuato su principal promotor al desarrollar ciertos espacios regionales a manera de una incipiente denominación de origen: cajeta de Celaya; fresas de Irapuato.

Hasta la fecha, la herencia del oficio dulcero puede apreciarse en lugares que parecen detenidos en el tiempo como la emblemática *Dulcería de Celaya*, fundada en 1874, en lo que es hoy la calle 5 de mayo en el Centro Histórico de la Ciudad de México. También está la dulcería De la Calle Real, en el centro de Morelia, donde se encuentra un espectacular Museo del Dulce.

Para completar el recorrido por dulcerías históricas podemos ir a La Gran Fama, espectacular recinto dulce ubicado a un costado de la casa histórica de los hermanos Serán en el centro histórico de Puebla.

Viajar por México a través de sus oficios culinarios es retratar los albores de la industria moderna, así lo han demostrado las grandes empresas en panadería y chocolatería desprendidas del natural desarrollo de la vanguardia tecnológica.

Hoy, nuestro país vive un auge en ambas materias. Sin embargo, en los últimos años este proceso industrial ha buscado regresar a sus orígenes, al buscar en los oficios primigenios, en lo artesanal, un plus a cada una de las nuevas pequeñas empresas que buscan rescatar y atender al cliente del barrio, que un día se fue a las grandes superficies de venta y que hoy buscan ser atenidos cara a cara por quienes preparan a diario el pan o que se acercan para conocer un obrador de cacao, donde moldean selectos productos a partir de cuidadosas coberturas de chocolate.

Hasta nuestros días el piloncillo, o la panela, como se conoce a este proceso de la cocción del azúcar convertido en cristales de melaza, es la base de una infinidad de recetas: desde las leches quemadas del noreste de México, pasando por las cocadas del Pacífico, hasta llegar a los suculentos sorbetes de la heladería Colón en Mérida, Yucatán

Hace más de veinte años comencé de manera formal el estudio y la divulgación de los bienes culturales que la gastronomía mexicana ha aportado al mundo. Mis primeras referencias en la cocina nacional fueron las desarrolladas por Carmen "Titita" Ramírez Degollado, cocinera de los restaurantes El Bajío en la capital mexicana; ella, como buena veracruzana, siempre ha sostenido que la dulcería universal no sería nada sin las maravillosas virtudes de la vainilla, planta endémica de la región del Totonacapan y que, en la zona de Papantla, vieron florecer el esplendor de este oro negro que México legó al mundo, hoy convertida en una de las bases universales de la cocina dulce.

Así también lo han externado grandes investigadores de la cocina mexicana como es el caso de Ricardo Muñoz Zurita, que hace casi tres décadas comenzó el viaje por todo el país para reunir en el *Larousse Diccionario Enciclopédico de la Gastronomía Mexicana,* los grande baluartes de nuestros productos endémicos, como es el caso del cacao, en el que deja clara su procedencia mesoamericana y latinoamericana; sin embargo, para la adecuada preparación, mediante el tostado y el molido entre piedras, fueron los olmecas y los mayas del sureste mexicano quienes explotaron las grandes cualidades de esta semilla que hoy en el chocolate ve inexorable su presencia en la hora del postre en las mesas de todo el mundo.

La dulcería del imaginario colectivo nacional

En el magno mural *Sueño de una tarde dominical en la Alameda Central*, (1947) del pintor y muralista mexicano Diego Rivera, se pueden observar una infinidad de personajes que construyeron el imaginario histórico de lo que hoy conocemos como México; desde la etapa prehispánica, hasta la posrevolución mexicana. Uno de sus personajes, el vendedor de dulces, acompaña a la imagen del voceador que va ofreciendo las noticias del día en los periódicos de la época. Para Rivera, como para mucho otros artistas de la plástica mexicana, los oficios están íntimamente ligados al costumbrismo de la clase trabajadora que ha encontrado en la preparación o elaboración de bienes manuales una importante transformación social y que nos dice mucho de lo que somos como pueblo.

De historia en historia, la panadería nacional es hoy un orgullo que se cuece aparte; el "Pan Dulce" como concepto es una de las nuevas vanguardias en la cocina mexicana, y en todo el mundo se está comenzando a conocer el gran aporte de México en el renglón del pan para desayunar, o bien, para ofrecer como postre en las más disímbolas tertulias.

En nuestra mente siempre estará aquel vendedor de frutas, presente en el tianguis, pero también en la esquina de cada barrio desde Tijuana hasta Mérida, siempre de temporada, siempre colorido.

También nos es familiar aquél vendedor que va a bordo de un carrito de camotes y que con el fuerte silbido, logrado a partir de la acumulación del vapor de su anafre interno, llama a la compra del este dulce de media tarde; nos llama también al antojo, a la vocación glotona de nosotros los mexicanos que aseguramos que para el postre hay un segundo estómago. No importa cuánto y qué hayamos comido, siempre le hacemos un "cachito" al bocado dulce.

Y es que de los dulces y de los panes es la calle. No se necesita un gran establecimiento para ofrecer el fruto del esfuerzo de aquellos hermanos que se levantan a las dos de la mañana a hornear las conchas y las hojaldras que más tarde un tercero paseará por la colonia, en un triciclo con canastilla, exhibidos en una inmensa canasta, la cual se hace acompañar por una gran vasija de atole: "para que amarre".

También de la calle son las gorditas de la Villa, aquellas tortitas preparadas con harina de maíz cacahuazintle y amasadas con manteca que se envuelven en vistosos papeles de china y que se apilan olorosas sobre comales dispuestos por las inmediaciones de la Basílica de Guadalupe, el templo mariano más visitado de la tierra, ubicado en la Ciudad de México.

El dulce, el pan y la confitería son protagonistas de las plazas y propias de las festividades patronales a lo largo y ancho de nuestro País; así, en Semana Santa los buñuelos de viento o de rodilla se acompañan de la miel de piloncillo a las afueras de los atrios de cuanta iglesia conmemore la ocasión. Lo mismo sucede con los tradicionales cochinitos o marranitos de piloncillo, una receta que sirvió para dos propósitos durante el proceso de mestizaje: la adaptación de los pueblos originarios al trigo, pero también a la forma del cerdo que tardó casi un siglo en entreverarse entre el gusto de los locales.

Pero si de pasear en domingo se trata, entonces el señor de los gaznates se tiene que localizar en los parques y plazas del centro del país, estos buñuelos cilíndricos rellenos de merengues o cremas pasteleras son el antojo de chicos y grandes en un paseo que incluya globo para el niño o la magia del pajarito para los creyentes de la suerte y el destino.

En la misma charola de los gaznates el paseante podrá encontrar los merengues rosas de pulque, ya sea en vasito o con cubierta firme, éstos son prueba de la más pura convergencia entre los productos endémicos de nuestra tierra y las delicias de la repostería europea o asiática, en este caso los crujientes, pero a la vez etéreos, merengues hechos con clara de huevo y azúcar.

Hablar del dulce y de la hora del postre es referirnos a la exactitud de sus recetas, por años los chefs y cocineros especializados en la panadería, pastelería, confitería o chocolatería han sido relegados a un segundo término, pues los reflectores se han enfocado en los chefs de cocina salada, quienes sin así pedirlo se han llevado todo el crédito. Hoy en día buscan regresar al oficio, pues saben que una materia tan exacta como ésta se basa en el excelente producto, pero también en lo inmediato de su venta, en la frescura de sus anaqueles.

Vaya un reconocimiento a estos 29 maravillosos exponentes de la cocina del dulce, el pan y el chocolate en México. La experiencia y la vanguardia van de la mano en cada uno de ellos, promotores de su tierra, embajadores de los productos que México ha legado al mundo. El futuro es claro y brillante, por eso al final siempre el dulce, el dulce final.

Refranes de pan

Del libro *El pan nuestro de cada día*, publicado por Canainpa (Cámara Nacional de la Industria Panificadora y similares de México). Autores: Sonia Iglesias y Cabrera y Samuel Salinas Álvarez

- A falta de pan buenas son cemitas
- A pan duro diente agudo
- A pan y agua
- A quién le dan pan que llore
- A quien no le sobra pan no cría can
- Adentro, ratones, que todo lo blanco es harina
- Al pan pan y al vino vino
- Ara bien y hondo y cogerás pan en abondo
- Cásate con Juan que las piedras se te volverán pan
- Casose Juan y piedras se le volvió el pan
- Coger uno el pan bajo el sobaco
- Comer el pan de uno
- Comer pan con corteza
- Comerse el pan de los niños
- Como Juan panadero y el loro, golpe a golpe

- Como el pan de Acámbaro
- Como las semitas de Puebla, con la ganancia adentro
- Con buen hambre no hay mal pan
- Con las manos en la masa
- Con pan y vino se anda el camino
- Con su pan se lo coma
- Contigo pan y cebolla
- Contigo pan y cebolla… y años después arde Troya
- Cuando compres pan y vino sea en casa de tu enemigo
- Dame pan y llámame tonto
- Dar pan con cordonazo
- De los olores el pan, de los sabores la sal
- Del pan y del palo
- Dulce es al hombre el pan de la mentira, mas luego se llena su boca de guijarros

- El día más triste es el que se pasa sin pan
- El pan ajeno hace al hijo bueno
- El pan bien ahechado, dos veces es floreado
- ¡El pan de cada día!
- El pan y el cariño no han de ser recalentados
- El que hambre tiene en pan piensa
- Él sabrá de qué lado le unta la manteca a su pan
- En el modo de partir el pan se conoce al que es tragón
- Engañar el pan
- Es muy bueno: hasta pan come
- Es pan comido
- Hacer pan como unas hostias
- La gente sin capitán es la casa sin mujer y sin ella es el placer como la mesa sin pan
- Los duelos con pan son menos
- Los perros mueven la cola por tu pan, no tanto por ti
- No está el horno para bollos
- No le pido pan al hambre
- No se puede comer el pan y conservarlo
- No tanto pan como queso que se hace capirotada
- No sólo de pan vive el hombre
- Otra vez la burra al trigo y la acaban de sacar
- Pan a hartura y vino a mesura
- Pan caliente, fuera diente
- Pan con atole
- Pan con pan, no sabe
- Pan por mi dinero, ¿qué favor le debo al panadero?
- ¿Por qué con tamal me pagas teniendo bizcochería?
- Quien da pan a perro ajeno, pierde el pan y pierde el perro
- Quien pan mea, pan no desea
- Quitarse el pan de la boca
- Repartir como pan bendito
- Se vende como pan caliente
- Sea de pan la cuchara y dure lo que durare
- Ser bueno como un pan
- Ser un pan de Dios
- Si eso dice mamón blando, qué dirá bizcocho duro
- Si los duelos con pan son menos, con dinero no son duelos
- Siempre es mejor medio pan que no tener nada
- Usted no será de harina, pero huele a bizcocho

Panes de todo el país

Banderilla
Bolillo
Bonete
Budín
Concha
Cuerno
Dona
Galleta de animalito
Galleta María
Hojaldra
Niño envuelto
Oreja
Pambazo
Pan de caja
Pan de manteca
Pan de muerto
Pan de queso

Pan de sal
Pan español
Pan nevado
Panqué
Panquecito
Pay
Pellizcada
Polvorón
Rebanada
Rchilcte
Riel
Rosca
Rosca de Reyes
Tajamanil
Telera
Timbre
Trenza

"El que es panadero tiene estas propiedades, que sabe bien cernir la harina y amasarla y sobarla, e henchir los panes y leudarlos, y hacer tortas y meter en el horno, y cocer bien el pan y el pan que vende es blanco, bien cocido, tostado y a veces quemado o moreno, y no por el contrario mal; y si está como ha de estar y no está avinagrado, es sabroso, suave, dulce.

"El que vende trigo es labrador y tiene heredades, y vende trigo de todo género, blanco, amarillo, trechel, candeal, gordo, y macizo y duro; y si no es labrador, cómpralo de vendedores para tornarlo a vender.

"El que usa mal de este oficio suele vender trigo bien ruin, menudo, vano y podrido, mohoso y que tiene neguilla y helado, y el trigo bueno lo revuelve con aquel que es ruin, y con el malo y mal sazonado, y comido de gorgojo.

"El que vende la harina de Castilla suele llevar el trigo al molino y la harina que vende es bien molida, y deshojada, muy blanca, como la nieve; el que es mal tratante de esto, la harina que vende es mal molida, francolada, y para aumentarla suele mezclarla con el maíz molido que parece también harina".

Fray Bernardino de Sahagún.
Libro X, Capítulo XIX

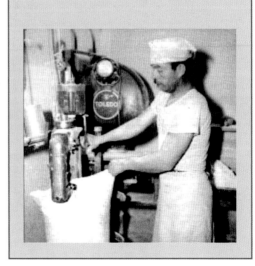

Estados	Dulces y postres	Panes
Aguascalientes	licor de guayaba, piloncillo, jamoncillo, trompadas, charrascas, charamuscas, gorditas de cuajada, cajetas de leche, rollos de guayaba	chamucos, ladrillos, pan de nata, alamares, picón
Baja California	acitrón, postre de papaya	bollitos de plátano, torlitos de maíz, pan de Tecate
Baja California Sur	dulce de chilacayota, jamoncillos, melcochas, cocadas, empanadas de frijol dulce, jalea de mango	marranito, coyotas
Campeche	negritos, frailes, mazapanes, conservas de nance, marañón y ziricote, mantecados	pan de Pomuch, patas de canela, roscas, camelias, polvorones, macizos de anís, escotafí, pan de agua, pan de negros, riñón, suspiro
Chiapas	palanquetas de cacahuate, dulces de yema, gaznates, tártaras de turrón y de yema, nuégados, chimbos, copepé, mazapán, empanizados de cacahuate, dulce de ante, melcocha, mulitas, ante de marquesote, salvadillo, bolona, camote horneado	africano, cazueleja, galleta de ojo de buey, galleta güerita. galleta rayada, pan de indo, pan de San Cristóbal, rosquilla de San Juan, turuletes
Chihuahua	ate, obleas, tamarindos, manzanas chapeteadas, jamoncillo de Parral, palanquetas, crema de nuez, nueces garapiñadas, torrejas	muéganos, cemita, corico, harinilla, pan menonita, rayada
Ciudad de México	alegrías, frutas cristalizadas, gaznates, merengues, buñuelos, gorditas de la Villa, chocolates, tamal de frutas	cubilete, aguácata de piloncillo, borrachito, marranito de piloncillo, pan de pulque, pan fino, rosa, tijera de manteca, tornillo
Coahuila	palanquetas de nuez, quesos de nuez, manzanas de Arteaga, rollos de membrillo, empanadas de obispo, semita chorreada, pan de pulque	hechizo, rancherita de trigo
Colima	obleas de pepitas, limón relleno de coco	cemitas, pan de Comala, pan de nopal
Durango	gorditas de nata, gorditas de maíz rellenas, torrejas con miel de maguey	cemitas de anís
Estado de México	frutas cristalizadas, mosquitos, calaveritas de azúcar, alfeñiques, lagrimitas de anís	chilindrinas, mestiza, pan de Jilotepec, pan de pulque
Guanajuato	charamuscas, cajeta de Celaya, compota de fresas	fruta de horno, pan de Acámbaro
Guerrero	cocadas, tamarindos (tarugos)	cajita, chamuco, marquesote, muñeco de muerto, pan de huevo, semita
Hidalgo	alegrías, pastes de piña, tamales dulces, palanquetas, jamoncillos	apretado, enchancacada, gordita de pinole, pan de pulque
Jalisco	jericalla, cueritos de membrillo	birote, fleyman, galleta de camino, pan de tierra, picón, tachihual
Michoacán	cocada, ate de membrillo y de guayaba, chongos zamoranos, morelianas	cuninicho, michoacana
Morelos	cacahuates garapiñados	cajita de arroz
Nayarit	cocada, tamarindos	pan de plátano, picón
Nuevo León	dulce de mostachón, glorias de Linares, natillas, jamoncillo	despicado, empanada de almendra, empanada de calabaza, pan de agua, pan de maíz al pastor, rosquita, semita
Oaxaca	nieve de tuna roja y de leche quemada, tamarindos, nicuatole, arroz con leche, bocadillo de garbanzo, garbanzos en miel de piloncillo, nanches en dulce, gollorías, buñuelos, chocolate de metate, crema de mezcal	bizcocho envinado, borrego, carlitos, cemitas, cono de lechecilla, conejillo, marquesote, mollete, muertito, pan amarillo, pan bollo, pan de cazuela, pan de yema, pelona, pucha, rosca de yema
Puebla	macarrón de leche, borrachitos, jamoncillo, tortitas de Santa Clara, camotes, limones rellenos de coco, mazapán, muéganos, palanquetas, alfeñiques, rompope, moyetes	chancla, cemita, regañada

Estados	Dulces y postres	Panes
Querétaro	nieve de mantecado, tamales de azúcar, trompaditas, embarradillas, achicalado	chorreada, fruta de horno, garapacho
Quintana Roo	cocada, crema de coco, calabaza melada, galletas de mazapán, postres de mamey	pan de elote
San Luis Potosí	jamoncillo, galletas de vino, panecitos de pulque, gelatina de tuna, pastel de naranja, uvate, mermelada de zanahorita, capirotada, dulce de garbanzo, tamales de limón y de naranja	fruta de horno, panecito de queso, pemol
Sinaloa	malvavisco de Mazatlán, jamoncillo, torta de garbanzo, empanochadas, jamoncillo, conserva de limones, dulces de cuajada, galletas marineras, bizcoteles, cocadas, gallitos, pepitorias, guayabates con cajeta, guacamote, cajeta de frijol, torrejas	coricos, tacuarines, empanochadas, pastel de tres leches, ponteduros, torta de garbanzo
Sonora	pepitorias, capirotadas, champurro, empanadas dulces	coyotas, pan de nata
Tabasco	dulce de coco, dulce de plátano, dulce de papaya, chocolate, dulce de coyol, torrejas de yuca, platanitos rellenos, merengón	ixguá, pan de huevo, pan francés
Tamaulipas	niño envuelto, maicillos, gorditas de sorgo, garapachos, mermelada de nopal, arroz con leche	chichimbré, garapacho
Tlaxcala	muéganos (Huamantla), gorditas de elote, chayotes rellenos, buñuelos con requesón y miel de piloncillo, empanadas de membrillo	chimisclán, cocol, pan de fiesta
Veracruz	dulce de leche, cocada, arroz con leche, arepitas dulces, alfajores de Veracruz, cachum (calabaza con azúcar), gorditas de leche, jamoncillo de pepita de calabaza, tamales cabeza de perro, tamales morados de coco y anís, chatines de plátano.	bizcochuelo, bizcotela, canilla, chanclacuda, chavacanes, cocol de queso, cocotazo, pan resobado, rosquilla de maíz, tintines
Yucatán	marquesitas, sorbetes, cremitas de coco, dulce de calabaza, mazapanes, dulce de papaya, nance en almíbar	escotafí, media manteca, pan francés, pata, rosca nevada
Zacatecas	obleas de pepitas, rollitos de guayaba y ate, chocolate de metate, miel de maguey, queso de tuna, besos, polvorones de cacahuate, dulce de elote, ate de mamey y cajeta almendrada	fruta de horno, panocha de trigo

Fuentes del cuadro de dulces, postres y panes

Experiencias por México de Culinaria Mexicana

Muñoz Zurita, Ricardo, *Larousse Diccionario Enciclopédico de la Gastronomía Mexicana,* México, Larousse, 2012.

Iturriaga, José, *Confieso que he comido: de fondas, zaguanes, mercados y banquetes,* México, CONACULTA, 2011.

Museo de Arte Popular Mexicano (MAP)

Los chefs y sus recetas

Comenzó la carrera de gastronomía en 2006, cuando ingresó al plan profesional de la Universidad del Claustro de Sor Juana, en la Ciudad de México. Fue durante esa etapa que tuvo el primer contacto con el chocolate. "Recuerdo que vi a dos chefs hacer esculturas espectaculares y de inmediato supe que esa sería mi especialidad; las características del chocolate, con el que puedes hacer prácticamente cualquier cosa en la cocina, me convencieron de que sería mi camino".

Al término de sus estudios trabajó como chocolatero en las entonces ya reconocidas Panaderías Da Silva, lo cual le dio la perspectiva del mundo de la panadería y un nuevo enfoque: se podía mezclar el cacao con la harina.

En 2011 comenzó a trabajar con uno de los mayores productores de chocolate en el mundo: Barry Callebaut. Su primer puesto en la empresa trasnacional fue capacitar a chefs pasteleros de supermercados en todo México. Después, fue chef asistente en la Chocolate Academy, organismo consultor académico de la marca, donde colaboró por dos años.

Para 2015, y también de la mano de Barry Callebaut, continuó como chef promotor en Cancún durante tres años, en los cuales logró la creación de nuevos negocios y la capacitación a clientes en la industria hotelera y restaurantera.

En 2018 fue nombrado director de la Chocolate Academy Mexico City y responsable de los chefs promotores de Barry Callebaut en México.

Ha dado cursos de chocolatería fina en L'Escoffier en Ecuador, en Sweet Club de Artegel en Colombia y en Crème Caramel en Costa Rica, donde no sólo enseñó la parte técnica, sino también la histórica. Además, ha impartido clases en escuelas de gastronomía en todo el continente con el fin de transmitir el conocimiento ancestral del cacao y el chocolate como su principal derivado.

Ha participado en ferias, congresos y eventos dando talleres de chocolate, entre ellos Chocoshow – Experiencia del cacao al chocolate, en Colombia. En 2017 impartió una Master Class de Pastelería Creativa y Chocolatería en Aula Sabor, en Monterrey.

Actualmente, Alan es un reconocido chocolatero, pues además de poseer el conocimiento de la técnica, ha desarrollado una interesante plataforma académica que lo perfila como uno de los pocos maestros chocolateros de México.

Bombón de chocolate Ruby
con ganache de cereza y pistache

▲ Ingredientes

Precristalizado o temperado de chocolate
- ◢ 1 kg de chocolate Ruby troceado

Ganache de cereza
- ◢ 10 g de crema 35% de grasa
- ◢ 45 g de puré de cerezas
- ◢ 16 g de sorbitol en polvo
- ◢ 11 g de dextrosa
- ◢ 10 g de jarabe de glucosa
- ◢ 12 g de mantequilla
- ◢ 134 g de chocolate Ruby troceado

Ganache de pistache
- ◢ 50 g de leche
- ◢ 15 g de sorbitol en polvo
- ◢ 10 g de dextrosa
- ◢ 77 g de pasta de pistache
- ◢ 51 g de praliné de avellanas
- ◢ 72 g de chocolate blanco

Terminado
- ◢ cantidad suficiente de chocolate Ruby precristalizado

▲ Procedimiento

Precristalizado o temperado de chocolate

1. Caliente en el microondas el chocolate Ruby durante 1 minuto. Mueva el chocolate para uniformar la temperatura. Caliéntelo nuevamente durante 40 segundos y muévalo otra vez. Caliéntelo durante 30 segundos y muévalo de nuevo. Verifique la fluidez del chocolate y la temperatura: si aún presenta trozos sólidos y no alcanza los 45 °C, caliéntelo en intervalos de 30 segundos, moviéndolo después de cada uno, hasta alcanzar una fluidez sin sólidos y la temperatura indicada.
2. Vierta dos terceras partes del chocolate fundido sobre una superficie de mármol a 18 °C. Reserve el chocolate restante a 45 °C.
3. Remueva el chocolate del mármol, continuamente, con ayuda de una espátula y una raspa, hasta que alcance una temperatura de 26 °C.
4. Vierta el chocolate a 26 °C en la tercera parte del chocolate fundido que reservó, y mezcle ambos hasta conseguir una temperatura de 29 °C.

Casquillos

1. Llene con chocolate Ruby precristalizado cavidades, con forma de media esfera de 2.5 centímetros de diámetro, de un molde de policarbonato.
2. Golpee la base del molde contra la superficie de trabajo, con golpes cortos y rápidos, durante 20 segundos, con el objetivo de eliminar burbujas de aire.
3. Dé vuelta al molde sobre el recipiente que contiene el chocolate precristalizado y deje que éste escurra. Retire el exceso de chocolate de la superficie del molde con una raspa. Obtendrá de esta forma una capa delgada de chocolate al interior de cada cavidad.
4. Deje reposar los casquillos durante 5 minutos a 18 °C. Después, deje que reposen durante 7 minutos a 4 °C.

Ganache de cereza

1. Mezcle todos los ingredientes, excepto el chocolate Ruby, y caliéntelos a 55 °C.
2. Vierta la mezcla de ingredientes sobre el chocolate Ruby e incorpore ambos con ayuda de un procesador manual. Cerciórese de que la ganache llegue a 29 °C.

3. Introduzca la preparación en una manga pastelera con duya lisa y distribúyala en las cavidades de los moldes de policarbonato, dejando libre poco menos de la mitad de la altura de las cavidades. Resérvelos.

Ganache de pistache

1. Mezcle la leche, el sorbitol y la dextrosa, y caliéntelos a 55 °C.
2. Vierta la mezcla de leche sobre el chocolate blanco e incorpore ambos con ayuda de un procesador manual. Incorpore también de la misma forma la pasta de pistache y el praliné de avellanas.
3. Introduzca la ganache de pistache en una manga pastelera con duya lisa y distribúyala en las cavidades de los moldes de policarbonato, encima de la ganache de cereza, hasta llegar casi al borde de las cavidades. Deje que los moldes reposen a 18 °C durante 24 horas.

Terminado

1. Vierta una cantidad moderada de chocolate Ruby precristalizado encima de la Ganache de pistache en cada cavidad del molde hasta que las llene por completo. Alise la superficie con ayuda de una raspa de acero inoxidable y deje que los bombones reposen a 18 °C durante 1 hora.
2. Desmolde los bombones volteando el molde sobre una superficie limpia y golpeándolo ligeramente contra ésta. Si los bombones no caen inmediatamente, refrigere el molde durante 5 minutos más e intente desmoldarlos de nuevo.

Si el chocolate precristalizado o temperado se espesa demasiado mientras está trabajando con él, caliéntelo en el microondas en lapsos de 5 segundos, sin que rebase los 29 °C, hasta que se vuelva fluido de nuevo.

Para verificar que el chocolate se precristalizó o temperó adecuadamente, al sumergir la punta de un cuchillo en él, éste debe solidificarse de forma homogénea en un lapso de 3 a 5 minutos a una temperatura ambiente de 20 °C.

Choux con crema mousseline
de pepitas de calabaza

Rendimiento: 25 *choux*

▲ Ingredientes

Craquelin para pasta choux

- ◣ 75 g de mantequilla
- ◣ 90 g de piloncillo
- ◣ 90 g de harina de trigo

Choux

- ◣ 140 g de harina de trigo
- ◣ 125 g de leche
- ◣ 125 g de agua
- ◣ 5 g de sal
- ◣ 5 g de azúcar
- ◣ 112 g de mantequilla
- ◣ 4 huevos

Crema pastelera

- ◣ 1 vaina de vainilla de Papantla
- ◣ 60 g de yemas
- ◣ 25 g de fécula de maíz
- ◣ 60 g de azúcar
- ◣ 250 g de leche
- ◣ 25 g de mantequilla

Crema mousseline de pepitas de calabaza

- ◣ 150 g de mantequilla fría cortada en cubos
- ◣ 90 g de pasta de pepitas
- ◣ 45 g de praliné de avellanas
- ◣ 1 g de sal

Pepitas de calabaza caramelizadas

- ◣ 50 g de azúcar
- ◣ 12.5 g de agua
- ◣ 100 g de pepitas peladas
- ◣ 10 g de manteca de cacao
- ◣ 1 g de sal

Terminado

- ◣ trozos pequeños de hoja de oro, al gusto
- ◣ cereal de trigo confitado con chocolate con leche, al gusto

▲ Procedimiento

Craquelin para pasta choux

1. Mezcle todos los ingredientes hasta que obtenga una preparación homogénea.
2. Coloque la mezcla entre dos hojas de papel siliconado, presiónela y extiéndala hasta que tenga un grosor de 2 milímetros. Congélela durante 2 horas.
3. Forme en la mezcla círculos del mismo diámetro que tendrá la base de cada *choux* y extráigalos. Resérvelos.

Choux

1. Tamice la harina de trigo y resérvela.
2. Coloque sobre el fuego la leche con el agua, la sal, el azúcar y la mantequilla. Cuando esté a punto de hervir, agréguele la harina y cueza la masa, sin dejarla de mover con una espátula, hasta que se despegue fácilmente de las paredes del cazo y se mantenga unida.
3. Coloque la pasta *choux* en el tazón de una batidora y, con el aditamento de pala, bátala hasta que se enfríe. Añádale los huevos poco a poco, siempre permitiendo que se integren por completo antes de añadir más.
4. Precaliente el horno a 250 °C.
5. Introduzca la pasta *choux* en una manga pastelera con duya lisa de 4 centímetros de diámetro. Forme *choux* en una charola para hornear con papel siliconado o con un tapete de silicón.
6. Coloque encima de cada *choux* un disco de Craquelin para pasta choux.
7. Apague el horno, meta los *choux*, cierre el horno y déjelos dentro durante 15 minutos. Encienda el horno a 180 °C y deje los *choux* dentro durante 15 minutos más.

Crema pastelera

1. Blanquee las yemas con la fécula de maíz y la mitad del azúcar.

2. Abra la vaina de vainilla por la mitad a lo largo y extraiga el interior raspándolo con la punta de un cuchillo. Mézclelo con la leche y el azúcar restante y ponga esta mezcla sobre el fuego. Cuando hierva, añada una pequeña cantidad de esta mezcla a las yemas blanqueadas para temperarlas y añádalas a la preparación sobre el fuego. Cocínela a fuego bajo, moviéndola constantemente, hasta que obtenga una consistencia ligeramente espesa. Retírela del fuego, añádale la mantequilla y mezcle bien.
3. Distribuya la crema en una charola y cúbrala con plástico autoadherente, cerciorándose de que este último tenga contacto con la crema. Cuando se enfríe, pese 225 gramos para utilizarla en la Crema mousseline de pepitas de calabaza. Reserve el resto de la crema para otros usos.

Crema mousseline de pepitas de calabaza

1. Procese los 225 gramos de Crema pastelera con el resto de los ingredientes en un robot de cocina o procesador de alimentos, hasta que obtenga una consistencia untable.
2. Introduzca la crema en una manga pastelera con duya rizada y resérvela.

Pepitas de calabaza caramelizadas

1. Ponga sobre el fuego el azúcar con el agua. Cuando la mezcla llegue a 115 °C, incorpórele las pepitas y cocínelas, moviéndolas continuamente, hasta que se caramelicen.
2. Añada a las pepitas la manteca de cacao y la sal.
3. Vierta las pepitas caramelizadas sobre un tapete de silicón y sepárelas de inmediato.

Terminado

1. Distribuya encima de los Choux la Crema mousseline de pepitas de calabaza. Decórelos con las Pepitas de calabaza caramelizadas, los trozos de hoja de oro y el cereal de trigo confitado con chocolate con leche.

Tableta con ganache de hueso de mamey
y chocolate blanco caramelizado

▲ Ingredientes

Precristalizado o temperado de chocolate
- 1 kg de chocolate oscuro troceado

Casquillos
- cantidad suficiente de manteca de cacao pintada de negro

Ganache de hueso de mamey
- 150 g de crema 35% de grasa
- 35 g de leche
- 10 g de hueso de mamey rallado (solo la parte blanca)
- 10 g de sorbitol en polvo
- 10 g de dextrosa
- 16 g de mantequilla
- 290 g de chocolate blanco caramelizado
- 15 g de amaretto

Terminado
- cantidad suficiente de chocolate oscuro precristalizado

▲ Procedimiento

Precristalizado o temperado de chocolate

1. Caliente en el microondas el chocolate oscuro durante 1 minuto. Mueva el chocolate para uniformar la temperatura. Caliéntelo nuevamente durante 40 segundos y muévalo otra vez. Caliéntelo durante 30 segundos y muévalo de nuevo. Verifique la fluidez del chocolate y la temperatura: si aún presenta trozos sólidos y no alcanza los 45 °C, caliéntelo en intervalos de 30 segundos, moviéndolo después de cada uno, hasta alcanzar una fluidez sin sólidos y la temperatura indicada.
2. Vierta dos terceras partes del chocolate fundido sobre una superficie de mármol a 18 °C. Reserve el chocolate restante a 45 °C.
3. Remueva el chocolate del mármol, continuamente, con ayuda de una espátula y una raspa, hasta que alcance una temperatura de 26 °C.
4. Vierta el chocolate a 26 °C en la tercera parte del chocolate fundido que reservó, y mezcle ambos hasta conseguir una temperatura de 29 °C.

Casquillos

1. Pinte con la manteca de cacao pintada de negro cavidades con forma de tableta alargada y ondulada de 80 gramos de capacidad de un molde de policarbonato. Llénelas con chocolate oscuro precristalizado.
2. Golpee la base del molde contra la superficie de trabajo, con golpes cortos y rápidos, durante 20 segundos, con el objetivo de eliminar burbujas de aire.
3. Dé vuelta al molde sobre el recipiente que contiene el chocolate precristalizado y deje que éste escurra. Retire el exceso de chocolate de la superficie del molde con una raspa. Obtendrá de esta forma una capa delgada de chocolate al interior de cada cavidad.
4. Deje reposar los casquillos durante 5 minutos a 18 °C. Después, deje que reposen durante 7 minutos a 4 °C.

Ganache de hueso de mamey

1. Ponga sobre el fuego la crema con la leche y el hueso de mamey. Cuando hierva, retire la mezcla del fuego, tápela y deje que se infusione durante 10 minutos.
2. Cuele la leche y añádale el sorbitol, la dextrosa y la mantequilla. Caliéntela hasta que llegue a 55 °C.
3. Vierta la mezcla de leche sobre el chocolate blanco caramelizado e incorpore ambos con ayuda de un procesador manual. Incorpore de la misma forma el amaretto. Cerciórese que la ganache llegue a 29 °C.
4. Vierta la ganache de hueso de mamey en una manga pastelera con duya lisa y distribúyala en las cavidades de los moldes de policarbonato, hasta llegar casi al borde. Deje que los moldes reposen a 18 °C durante 24 horas.

Terminado

1. Vierta una cantidad moderada de chocolate oscuro precristalizado encima de la Ganache de hueso de mamey en cada cavidad del molde, hasta que las llene por completo. Alise la superficie con ayuda de una raspa de acero inoxidable y deje que las barras reposen a 18 °C durante 1 hora.
2. Desmolde las barras volteando el molde sobre una superficie limpia y golpeándolo ligeramente contra ésta. Si las barras no caen inmediatamente, refrigere el molde durante 5 minutos más e intente desmoldarlos de nuevo.

Si el chocolate precristalizado o temperado se espesa demasiado mientras está trabajando con él, caliéntelo en el microondas en lapsos de 5 segundos, sin que rebase los 29 °C, hasta que se vuelva fluido de nuevo.

Para verificar que el chocolate se precristalizó o temperó adecuadamente, al sumergir la punta de un cuchillo en él, éste debe solidificarse de forma homogénea en un lapso de 3 a 5 minutos a una temperatura ambiente de 20 °C.

Tarta de 5 texturas de chocolate
con miel y xtabentún

Rendimiento: 16 tartas de 8 cm de diámetro

Ingredientes

Sablé de cacao
- 120 g de mantequilla pomada
- 80 g de azúcar glass
- 2 g de sal
- 180 g de harina de trigo
- 30 g de almendra en polvo
- 30 g de cacao en polvo
- 1 huevo

Bizcocho suave de chocolate
- 47 g de pasta de almendra
- 53 g de mantequilla pomada
- 77 g de yemas
- 18 g de crema para batir
- 18 g de cocoa
- 112 g de claras
- 25 g de azúcar
- 3 g de sal
- 25 g de chocolate 70%

Crujiente de arroz inflado
- 45 g de chocolate oscuro 54%
- 10 g de manteca de cacao
- 15 g de aceite de girasol
- 60 g de arroz inflado
- 1 g de sal

Ganache de xtabentún
- 185 g de crema para batir 35% de grasa
- 35 g de glucosa
- 175 g de chocolate oscuro 54%
- 20 g de xtabentún

Mousse de chocolate y miel de Yucatán
- 30 g de yemas
- 15 g de azúcar
- 65 g de crema para batir + 250 g
- 65 g de leche
- 100 g de chocolate oscuro 70%
- 60 g de chocolate con leche
- 75 g de miel de Yucatán

Glaseado de chocolate
- 12 g de grenetina
- 60 g de agua fría + 75 g
- 150 g de azúcar
- 150 g de glucosa
- 100 g de leche condensada
- 150 g de chocolate oscuro 54%

Terminado
- 16 discos de chocolate oscuro precristalizado o temperado, de 8.5 cm de diámetro
- 16 hojas de chocolate oscuro precristalizado o temperado
- hoja de oro, al gusto

Procedimiento

Sablé de cacao
1. Acreme la mantequilla con el azúcar glass y la sal.
2. Cierna la harina con la almendra y el cacao en polvo e incorpórelos a la mantequilla. Deje de mezclar cuando se forme una masa homogénea.
3. Coloque la masa entre dos hojas de papel siliconado, presiónela y extiéndala hasta que tenga un grosor de 2 milímetros. Refrigérela durante 12 horas.
4. Extraiga de la masa círculos de 7.5 centímetros de diámetro y tiras de 25 centímetros de largo por 2 de ancho. Con las segundas forre la pared lateral de moldes para tarta de 8 centímetros de diámetro por 2 de altura, y con los círculos forme las bases de la tarta. Resérvelas en refrigeración.

Bizcocho suave de chocolate
1. Procese la pasta de almendra con la mantequilla y las yemas en un robot de cocina o procesador de alimentos hasta que obtenga una mezcla homogénea. Añádale la crema para batir y la cocoa. Resérvela.
2. Precaliente el horno a 160 °C.
3. Bata las claras con el azúcar y la sal hasta que adquieran una consistencia firme.
4. Funda el chocolate a 45 °C y añádalo a la mezcla de pasta de almendra con crema. Incorpore a la preparación las claras batidas con movimientos envolventes.

Tartas
1. Hornee las tartas durante 7 minutos. Retírelas del horno, añada a cada una 20 gramos de masa de Bizcocho suave de chocolate, hornéelas durante 8 minutos más. Resérvelas.

Crujiente de arroz inflado
1. Derrita el chocolate con la manteca de cacao a 45 °C.
2. Agregue a la mezcla de chocolate el aceite de girasol y mezcle. Incorpore el arroz inflado y la sal.
3. Extienda la preparación dentro de las tartas y refrigérelas.

Ganache de xtabentún
1. Caliente la crema y la glucosa a 60 °C y viértalas sobre el chocolate oscuro. Deje reposar la mezcla durante 1 minuto y licuela con un procesador manual sin generar burbujas. Incorpore de la misma forma el xtabentún.
2. Vierta la preparación dentro de las tartas y deje que reposen durante 1 hora a 20 °C.

...continúa en la página 296

A rmando Muñoz Vasconcelos nació en Tlaxcala, pero desde pequeño visitaba constantemente a sus abuelos en Tabasco, quienes le enseñaron el valor del cacao y la herencia milenaria del chocolate. A diferencia de otras historias en el medio gastronómico, la de Armando no comenzó en la cocina; para él era más común pasar el tiempo en las milpas de Tlaxcala, o quebrando cacao en la hacienda cacaotera de sus abuelos en Cunduacán, Tabasco. Llegado el momento de elegir una profesión, decidió estudiar y trabajar como profesor en Puebla. A los pocos años regresó a Tlaxcala, donde cofundó el Instituto Gastronómico y Restaurantero de México, mismo que a la fecha continúa en funcionamiento.

En la búsqueda de nuevas experiencias viajó a Nueva York, ciudad donde se estableció por un tiempo. Poco después se le presentó una gran oportunidad, pues su abuelo heredó a su hija menor la misma casa de Cunduacán, Tabasco, en la que él vacacionaba de niño. Decidió comprársela a su tía para mantener la hacienda cacaotera que fuera trabajada por cuatro generaciones en la familia. Después de vivir un año en la hacienda, trabajar en su remodelación y en los cultivos de cacao, decidió en 2012 fundar DRUPA Museo Interactivo del Chocolate. El objetivo de este proyecto es que los asistentes disfruten y aprendan todo sobre el cacao, el chocolate y otros productos derivados de este fruto.

Armando ha representado a Tabasco y a México en eventos de difusión y promoción gastronómica; ha participado en el Salon du Chocolat, en París, y en el Festival Artesanal de Cacao y Chocolate. En 2014 formó parte del Festival Gastronómico de Tabasco en los restaurantes Azul, del laureado chef Ricardo Muñoz Zurita. Ha sido ponente en el Festival del Cacao y Chocolate en Tabasco. También fue invitado a presentarse en la sección de productos ahumados dentro de la justa Grill Master, en Monterrey. Ha ofrecido cenas con cacao ahumado, así como interesantes presentaciones de bebidas en diversos restaurantes, entre ellos, Pangea, así como en la Sociedad Gastronómica de Monterrey.

En Estados Unidos colaboró en el International Chocolate Festival de Miami; mientras que en Panamá se involucró en una gira de promoción turística como representante del cacao tabasqueño. En 2018 fue invitado a San Antonio, Texas, al Culinary Institute of America para impartir una clase que mostrara la biodiversidad del cacao. También participó en una cena con postres de cacao y chocolate mexicano en la James Beard Foundation, de Nueva York.

Entre sus más recientes creaciones destaca el Chocolate Emocional, chocolate que busca recordar al comensal el sabor de una comida mexicana tradicional. Parte de las utilidades de este proyecto se destinan a acrecentar el acervo de DRUPA.

Bebida de pinole

▲ Ingredientes

- ◢ 60 g de maíz
- ◢ 30 g de semillas de cacao tostadas y peladas
- ◢ 2 g de pimientas gordas
- ◢ 5 g de canela entera
- ◢ 1.2 ℓ de agua
- ◢ 150 g de azúcar

▲ Procedimiento

1. Tueste el maíz hasta que cambie su color, pero sin quemarlo. Muélalo en el molino junto con las semillas de cacao.
2. Mezcle el molido de maíz y cacao con las pimientas gordas y la canela; muela nuevamente. Al final, debe obtener un polvo.
3. Ponga sobre el fuego 1 litro de agua. Disuelva el molido de maíz y cacao en los 200 mililitros de agua restantes. Cuando el agua hierva, añádale el molido de maíz y cacao que disolvió. Deje que la bebida hierva, moviéndola constantemente, hasta que se espese ligeramente.
4. Incorpore a la bebida el azúcar y sírvala.

Cacaguada

Ingredientes

- 10 frutos de cacao
- 1.5 ℓ de agua
- 100 g de azúcar
- cubos de hielo, al gusto

Procedimiento

1. Lave y desinfecte los frutos de cacao. Pártalos por la mitad y extraiga las semillas con su pulpa. Colóquelas en un tazón.
2. Añada un poco del agua a las semillas con su pulpa y frótelas entre ellas para que se desprenda la pulpa. Retire las semillas y resérvalas para otros usos.
3. Licue la pulpa con el resto del agua y el azúcar.
4. Sirva la cacaguada a temperatura ambiente o con cubos de hielo.

La cacaguada es una bebida típica de Tabasco que se elabora con la pulpa del cacao. Los jornaleros del cacao acostumbran detener sus labores rutinarias para beberla, antes de mediodía. Mediante un cernidor extraen la pulpa con las manos y la mezclan con agua. De acuerdo con el dulzor de los frutos de la cosecha, le añaden azúcar o no, ya que en ocasiones la pulpa es demasiado dulce.

Xocoatl

▲ Ingredientes

- ◢ 8 g de chiles secos tatemados
- ◢ 200 g de semillas de cacao tostadas
- ◢ 4 g de pimientas gordas enteras, asadas
- ◢ 5 g de achiote
- ◢ 1.6 ℓ de agua caliente
- ◢ 100 g de miel de abeja

▲ Procedimiento

1. Triture los chiles con ayuda de un molino para obtener hojuelas.
2. Muela las semillas de cacao en el molino. Mezcle el molido resultante con las hojuelas de chile, las pimientas y el achiote. Muela la preparación tres veces más, apretando la mariposa del molino en cada vuelta para obtener al final una pasta tersa.
3. Licue la pasta de cacao que obtuvo con el agua durante 1 minuto. Sin detener la licuadora, añada la miel. Cuando se forme una espuma consistente, detenga el molido.
4. Sirva.

Si tiene una chocolatera, no licue la pasta de cacao con el agua, sino disuelva en ella la pasta de cacao en el agua y bátala hasta que forme espuma.

Armando Muñoz

Nacido en Montemorelos, Nuevo León, es egresado de la Facultad de Economía por la Universidad Autónoma de Nuevo León, donde se graduó con honores en 1994. Al finalizar su formación migró a la capital de México para estudiar una maestría en El Colegio de México, y después se fue a Inglaterra a estudiar un posgrado en Economía en la University of York. Fue durante un viaje a Europa, en 2009, donde probó una espectacular cantidad de panes, por lo que decidió iniciarse en el oficio de la panadería artesanal. Un año después estableció en Monterrey un pequeño taller de producción llamado BreAd, el cual fundó en conjunto con su socio hasta la fecha: Alex Reyes.

Hablar de Bernardo es reconocer en él a un decidido emprendedor del medio gastronómico de Monterrey, ya que fue de los primeros empresarios en apostar a la organización de un congreso que reuniera a una gran cantidad de cocineros de México. Así, Expo Culinaria Monterrey fue el antecesor a otros encuentros del estado como el Foro Paralelo; su capacidad organizativa y su don social lo han hecho una figura entrañable para el medio culinario de Nuevo León. "Hace 10 años buscábamos abrir el negocio del pan artesanal en el noreste, recreando panes elaborados con ingredientes de alta calidad, naturales, sin conservadores y bajo estrictos procesos artesanales. Fue así como iniciamos el camino para desarrollar productos, pero también talleres y capacitación en el oficio de panadero en el estado", comparte. Debido al éxito, en 2012, Flores y Reyes abrieron un espacio más amplio de producción y venta al público en San Pedro Garza García. El siguiente paso fue integrar y entrenar a un equipo propio de panaderos y, simultáneamente, formalizar y enriquecer sus estudios de panadería con instructores de escuelas como el San Francisco Baking Institute y L'École Internationale de Boulangerie.

Su deseo por aprender más los llevó a tomar diversos cursos organizados por el Bread Bakers Guild of America, comunidad de panaderos de la que son miembros activos desde 2013. Bernardo se dice fanático de la fermentación natural. "En la fermentación puedes experimentar y ver posibilidades infinitas para crear texturas, aromas y sabores", asegura.

Trabaja con una gran diversidad de harinas; ingredientes, tiempos, temperaturas, técnicas de fermentación, niveles de acidez, de hidratación, cultivos de levaduras y bacterias, y demás variables involucradas para lograr panes a los que llama dinámicos, pues se encuentran en constante evolución y generan sorpresa a quien los prueba. Ha incursionado en otros dos temas gastronómicos: la pizza y el café. Desde 2017 participa y opera MILK Pizzería, siendo parte de un equipo de socios con reconocido prestigio en el medio gastronómico del área metropolitana de Monterrey. En 2018 participó en la fundación del café Pistola, junto a un experimentado tostador, con el fin de desarrollar una marca de café mexicano de especialidad que contara con una barra de baristas dentro de la segunda sucursal de BreAd Panaderos, ubicada al interior del moderno centro comercial y restaurantero Arboleda, también en San Pedro Garza García.

Barra de pan
con atole de avena

Ingredientes

Atole de avena
- 250 g de agua + cantidad suficiente
- 1 raja de canela pequeña
- 65 g de hojuelas de avena
- 1 g de levadura instantánea

Masa
- 380 g de harina de trigo
- 40 g de harina de trigo integral
- 10 g de sal
- 3 g de levadura instantánea
- 300 g de agua
- 30 g de miel de abeja
- cantidad suficiente de aceite

Terminado
- cantidad suficiente de harina de trigo
- cantidad suficiente de hojuelas de avena
- 1 cucharada de agua
- 1 cucharada de aceite

Procedimiento

Atole de avena
1. Ponga sobre el fuego una olla con los 250 gramos de agua y la raja de canela. Deje que hierva durante 5 minutos.
2. Retire la canela del agua y añádale las hojuelas de avena. Deje que hiervan durante un par de minutos o hasta que la preparación adquiera una consistencia de atole
3. Retire el atole de avena del fuego, transfiéralo a un recipiente y deje que se enfríe. Disuelva la levadura instantánea en un poco de agua e incorpórela al atole. Tápelo y deje que repose a temperatura ambiente durante 2 horas.

Masa
1. Mezcle ambas harinas con la sal, la levadura y el agua y amase esta mezcla en una batidora con el aditamento de gancho a velocidad mínima entre 5 y 7 minutos. Suba la velocidad a media y amásela durante 2 minutos más. O bien, amase todo a mano hasta que la masa tenga una consistencia elástica.
2. Añada a la masa el Atole de avena y siga amasando durante un par de minutos hasta que el atole se haya incorporado bien.
3. Agregue a la masa la miel y sígala amasando hasta que este último ingrediente se haya incorporado por completo.
4. Engrase con aceite un tazón que sea lo suficientemente grande para contener la masa. Forme una esfera con la masa, colóquela en el tazón engrasado y deje que repose a temperatura ambiente durante 2 horas o hasta que duplique su tamaño.

Terminado
1. Enharine ligeramente una superficie de trabajo. Saque la Masa del tazón y colóquela en la superficie de trabajo en la misma posición en que se encontraba en el tazón.
2. Dele a la Masa forma ovalada sin añadirle harina encima. Forme dos puntas estirando el óvalo a lo largo y júntelas en el centro de la Masa.
3. Forme un cilindro con la Masa enrollándola de arriba abajo y presionándola contra la superficie de trabajo.
4. Coloque suficientes hojuelas de avena en un recipiente extendido. Humedezca con el agua la parte superior del cilindro de Masa y páselo sobre las hojuelas de avena, para que se le adhieran.
5. Engrase un molde de barra de pan o uno de panqué. Coloque dentro el cilindro de Masa.
6. Realice un corte a lo largo de la Masa, dejando unos cuantos centímetros sin cortar en los extremos. Deje que la Masa fermente a temperatura ambiente durante 1½ horas, o en refrigeración durante 12-18 horas.
7. Precaliente el horno a 200 °C. Hornee el pan durante 25 minutos. Sáquelo del horno, desmóldelo, reduzca la temperatura del horno a 180 °C y hornéelo durante 10 minutos más.
8. Saque el pan del horno y deje que se enfríe.

Varíe la presentación de este pan horneándolo dentro de moldes del tamaño que desee.

Battard
con semilla de ramón

Rendimiento: 1 pieza

▲ Ingredientes

Prefermento de semilla de ramón
- ◢ 30 g de semilla de ramón molida
- ◢ 30 g de harina de trigo integral
- ◢ 60 g de agua caliente
- ◢ 1 pizca de levadura instantánca

Masa
- ◢ 280 g de harina de trigo
- ◢ 2 g de levadura instantánea
- ◢ 195 g de agua
- ◢ 7 g de sal
- ◢ cantidad suficiente de aceite

Terminado
- ◢ cantidad suficiente de harina de trigo

▲ Procedimiento

Prefermento de semilla de ramón
1. Mezcle los ingredientes en un tazón, excepto la levadura, y deje que se enfríen.
2. Añada a la mezcla la levadura instantánea e intégrela bien. Cubra el tazón con plástico autoadherente y deje que la mezcla se fermente durante 2 horas.

Masa
1. Mezcle todos los ingredientes, excepto el aceite, y amáselos en una batidora, con el aditamento de gancho y a velocidad mínima, entre 5 y 7 minutos. Luego, añádale el Prefermento de semillas de ramón y bata la masa a velocidad media durante 2 minutos más; o bien, amase todo a mano hasta que la masa tenga una consistencia elástica.
2. Engrase un tazón con aceite, forme una esfera con la masa y colóquela en él. Cubra el tazón con plástico autoadherente y deje que la masa fermente durante 2 horas a temperatura ambiente o hasta que haya duplicado su volumen.

Terminado
1. Enharine ligeramente una superficie de trabajo. Saque la Masa del tazón y colóquela en la superficie de trabajo en la misma posición en que se encontraba en el tazón.
2. Dele a la Masa forma ovalada sin añadirle harina encima. Forme dos puntas estirando el óvalo a lo largo y júntelas en el centro de la Masa.
3. Forme un cilindro con la Masa enrollándola de arriba abajo y presionándola contra la superficie de trabajo; si lo desea, ejerza mayor presión en los extremos para que queden puntiagudos.
4. Coloque un trozo de tela rugosa o loneta dentro de un recipiente o una canasta de pan donde quepa la Masa; asegúrese de que la tela cubra toda la superficie interna de la canasta o recipiente. Enharine el trozo de tela o loneta, y coloque encima la Masa, con la juntura hacia arriba. Deje que se fermente a temperatura ambiente entre 1 y 1½, o entre 12 y 18 horas en refrigeración.
5. Precaliente el horno a 240 °C y meta en él una cazuela de hierro colado con tapa.
6. Retire la Masa del recipiente o canasta volteándolo en un trozo de papel encerado o siliconado sobre la superficie de trabajo. Hágale encima un corte decorativo con un cuchillo de sierra o una navaja.
7. Cuando el horno tenga la temperatura adecuada, saque de él la cazuela, destápela e introduzca en ella la Masa con ayuda del papel encerado o siliconado. Tape la cazuela, introdúzcala al horno, baje la temperatura a 220 °C, y hornee el pan entre 20 y 25 minutos. Destape la cazuela, baje la temperatura del horno a 180 °C y deje que se hornee el pan durante 10 minutos más.
8. Saque el pan del horno y deje que se enfríe.

Si no cuenta con una cazuela de hierro colado, puede fermentar el pan durante 1 hora y media en una charola con suficiente harina, hacerle el corte decorativo y hornearlo en ella.

Fougasse
con chile piquín y romero

🔺 Ingredientes

Mezcla de chile piquín

- ◢ 40 g de chiles piquín secos, enteros
- ◢ gotas de aceite de oliva, al gusto
- ◢ sal de grano, al gusto
- ◢ hojas de romero picadas, al gusto

Prefermento

- ◢ 60 g de harina de trigo integral
- ◢ 60 g de agua
- ◢ 1 pizca de levadura instantánea

Masa

- ◢ 520 g de harina de trigo
- ◢ 3 g de levadura instantánea
- ◢ 345 g de agua
- ◢ 13 g de sal

Terminado

- ◢ chile piquín seco, entero, al gusto
- ◢ hojas de romero con sal de grano, al gusto
- ◢ cantidad suficiente de aceite de oliva
- ◢ cantidad suficiente de harina de trigo

🔺 Procedimiento

Mezcla de chile piquín

1. Un día antes de la elaboración de la *fougasse*, mezcle los chiles piquín con gotas de aceite de oliva, sal de grano y las hojas de romero picadas. Guarde la mezcla en un recipiente hermético hasta el día siguiente.

Prefermento

1. Mezcle los ingredientes en un tazón y cúbralo con plástico autoadherente. Deje que la mezcla repose durante 2 horas a temperatura ambiente.

Masa

1. Mezcle todos los ingredientes junto con el Prefermento en una batidora, con el aditamento de gancho y a velocidad mínima, entre 7 y 9 minutos. O bien, amase todo a mano hasta que la masa tenga una consistencia elástica.
2. Añada a la masa la Mezcla de chile piquín e intégrela bien. Engrase con aceite un tazón, forme una esfera con la masa y colóquela en él. Cubra el tazón con plástico autoadherente y deje que la masa fermente durante 2 horas a temperatura ambiente o hasta que haya duplicado su volumen.

Terminado

1. Enharine ligeramente una superficie de trabajo. Saque la Masa del tazón y colóquela en la superficie de trabajo en la misma posición en que se encontraba en el tazón. No añada harina encima de la Masa.
2. Divida la Masa en dos porciones y dé forma rectangular a cada una. Cúbralas con un trapo húmedo y deje que reposen entre 15 y 20 minutos.
3. Extienda con cuidado cada porción de Masa en forma rectangular o la que desee, asegurándose de que queden de 1 centímetro de grosor.
4. Coloque papel encerado o siliconado en dos charolas y engráselo generosamente con aceite de oliva. Coloque en ellas las *fougasses* y deje que fermenten durante 1 hora.
5. Precaliente el horno a 220 °C.
6. Realice a las *fougasses* cortes que traspasen la masa por completo, ya sea tres cortes transversales a lo largo de la masa (forma de escalera), o bien, un corte al centro y varios a los lados (forma de hoja).
7. Barnice las *fougasses* con un poco de aceite de oliva, distribúyales encima chiles piquín y hojas de romero con sal de grano, e introdúzcalas al horno. Baje la temperatura a 200 °C y hornéelas durante 25 minutos.
8. Saque los panes del horno y deje que se enfríen.

Pan de campo
con harina de chapulín

▲ Ingredientes

Prefermento de chapulín
- ◢ 30 g de chapulines molidos
- ◢ 1 pizca de levadura instantánea
- ◢ cantidad suficiente de agua

Masa
- ◢ 275 g de harina de trigo
- ◢ 35 g de harina de trigo integral
- ◢ 2 g de levadura instantánea
- ◢ 225 g de agua
- ◢ 7 g de sal
- ◢ cantidad suficiente de aceite

Terminado
- ◢ cantidad suficiente de harina de trigo

▲ Procedimiento

Prefermento de chapulín
1. Mezcle en un tazón los chapulines molidos, la levadura y el agua suficiente para formar una pasta que apenas esté hidratada sin que quede líquida.
2. Cubra el tazón con plástico autoadherente y deje que la mezcla fermente durante 2 horas.

Masa
1. Mezcle todos los ingredientes, excepto el aceite, y amáselos en una batidora, con el aditamento de gancho y a velocidad mínima, entre 5 y 7 minutos. Luego, añádale el Prefermento de chapulín y bata la masa a velocidad media durante 2 minutos más; o bien, amase todo a mano hasta que la masa tenga una consistencia elástica.
2. Engrase con aceite un tazón, forme una esfera con la masa y colóquela en él. Cubra el tazón con plástico autoadherente y deje que la masa fermente durante 2 horas a temperatura ambiente o hasta que haya duplicado su volumen.

Terminado
1. Enharine una superficie de trabajo. Saque la Masa del tazón y colóquela en la superficie de trabajo en la misma posición en que se encontraba en el tazón.
2. Dele a la Masa forma ovalada sin añadirle harina encima. Forme dos puntas estirando el óvalo a lo largo y júntelas en el centro de la Masa. Gire la Masa sobre su propio eje 90° y repita el proceso de formar dos puntas y juntarlas en el centro.
3. Coloque un trozo de tela rugosa o loneta dentro de un recipiente o una canasta de pan donde quepa la Masa; asegúrese de que la tela cubra toda la superficie interna de la canasta o recipiente. Enharine el trozo de tela o loneta, y coloque encima la Masa, con la juntura hacia arriba. Deje que se fermente a temperatura ambiente entre 1 y 1½ o entre 12 y 18 horas en refrigeración.
4. Precaliente el horno a 240 °C y meta en él una cazuela de hierro colado con tapa.
5. Retire la masa del recipiente o canasta volteándola en un trozo de papel encerado o siliconado sobre la superficie de trabajo. Hágale encima un corte decorativo con un cuchillo de sierra o una navaja.
6. Cuando el horno tenga la temperatura adecuada, saque de él la cazuela, destápela e introduzca en ella la masa con ayuda del papel encerado o siliconado. Tape la cazuela, introdúzcala al horno, baje la temperatura a 220 °C, y hornee el pan entre 20 y 25 minutos. Destape la cazuela, baje la temperatura del horno a 180 °C y deje que se hornee el pan durante 10 minutos más.
7. Saque el pan del horno y deje que se enfríe.

Si no cuenta con una cazuela de hierro colado, puede fermentar la Masa durante 1 hora y media en una charola con suficiente harina, hacerle el corte decorativo y hornearlo en ella.

Nacido en la Ciudad de México y con raíces en la localidad de San Julián de Ramis, en Girona, España, la influencia gastronómica de Ramírez Roure proviene de sus abuelos y su madre, quienes generaron en él un mestizaje cultural que lo define como individuo y hoy, como uno de los grandes panaderos de todo México.

"Mi abuelo materno era un gran cocinero; en casa siempre fue un suceso importante y ceremonioso sentarse a la mesa para degustar más de un platillo", entre los que recuerda con más cariño el arroz.

Hijo de odontólogos, Carlos optó por estudiar gastronomía; no obstante, sus padres creyeron que era únicamente un escape de la vida académica a la que no era muy afín, pero conforme se desarrolló en el ámbito, se dieron cuenta de que realmente había encontrado una vocación y un camino en la vida. Su formación inició en el Centro de Artes Culinarias Maricú, en una época en la que la profesión de cocinero no era, en sus propias palabras, "una profesión tan glamurosa".

Trabajó en la icónica cocina del Club de Industriales de la Ciudad de México, a cargo del recordado chef Olivier Lombard, en el área de pastelería. Ocupó puestos de pastelería, cocina fría y panadería en diferentes países de Europa, como Bélgica, Inglaterra, Francia y España, en distintos establecimientos y tiendas reconocidas por la prestigiosa asociación que enlista las mejores pastelerías del mundo: la Relais Desserts.

También ha sido chef ejecutivo en grupos de exitosos restaurantes, en secciones como operación de cocina, pastelería y panadería. Es copropietario con Mariana Cisneros de La Peña de Sucre i Cacao Patisseria, desde 2004, establecimiento que comenzó como una pastelería, pero que, por exigencia de los clientes, ofreció al poco tiempo pan salado. Ramírez Roure pronto se convirtió en uno de los pioneros de la utilización de fermentación natural en México.

Carlos tiene gran interés en el desarrollo y crecimiento de la industria del pan *levain* en México, un pan que realmente cuenta con alma y sabor que no tiene el pan industrializado y que requiere una sensibilidad única por parte del panadero.

Ha participado como ponente y juez en múltiples congresos y concursos nacionales e internacionales de distintas disciplinas. Fue nombrado Chef del Año 2014 por Vatel Club México, siendo el único panadero que ha logrado tal distinción. En esta asociación fue vicepresidente y presidente del Capítulo Panadería. También, es Miembro de L'Académie Culinaire de France desde 2010.

Dentro de su trayectoria también se ha desempeñado como docente e instructor en distintas escuelas gastronómicas tanto en México como el extranjero.

Focaccia de vegetales

▲ Ingredientes

Fermento natural o masa madre

- 300 g de fruta de cultivo orgánico (ciruela, uva o manzana), sin lavar
- 25 g de miel de abeja
- cantidad suficiente de agua + 250 g a 26 °C + 350 g a 28 °C
- 200 g de harina de trigo integral sin hojuelas
- 250 g de harina de trigo de fuerza + 350 g

Masa

- 1.5 kg de harina de trigo
- 20 g de sal + cantidad al gusto
- 20 g de levadura
- 400 g de agua
- 120 g de aceite de oliva + cantidad suficiente
- 30 g de hoja santa fresca, picada
- 1 kg de jitomates *cherry* troceados
- 1 kg de calabacitas cortadas en rodajas
- las hojas de 20 ramas de cilantro
- 2 dientes de ajo cortados en láminas
- chile de árbol seco troceado, al gusto
- pimienta negra recién molida, al gusto

▲ Procedimiento

Fermento natural o masa madre

1. Retire las semillas a las frutas y corte en cubos las que sean grandes. Colóquelas en un refractario, mézclelas con la miel de abeja, añádales agua a temperatura ambiente hasta cubrirlas y tápelas con plástico autoadherente. Deje que esta mezcla repose durante 5 días a una temperatura entre 30 y 35 °C.
2. Cuele las frutas presionándolas contra el colador para extraer de ellas la mayor cantidad de jugo posible. Incorpore al jugo obtenido la harina integral sin hojuelas, con las manos, añadiendo agua caliente si fuera necesario, hasta que obtenga una especie de papilla. Transfiera la preparación a un recipiente que pueda cerrar; ciérrelo y déjela que repose durante 2 días a una temperatura entre 30 y 35 °C.
3. Pese 150 gramos de la preparación anterior y mézclela con los 250 gramos de agua a 26 °C. Incorpórele los 250 gramos de harina de trigo de fuerza deshaciendo los grumos grandes. Deje que la preparación repose, en un recipiente cerrado, durante 24 horas a 28 °C.
4. Pese 150 gramos de la preparación anterior y mézclela con los 350 gramos de agua. Incorpórele los 350 gramos de harina de trigo de fuerza deshaciendo los grumos grandes. Deje que la preparación repose, en un recipiente cerrado, durante 6 horas entre 28 y 32 °C. Después, deje que repose en refrigeración hasta el día siguiente.
5. Pese 500 gramos de este fermento natural o masa madre y resérvelo. Guarde el resto para otros usos.

Masa

1. Mezcle la harina de trigo con los 20 gramos de sal, la levadura, los 500 gramos de Fermento natural o masa madre y el agua. Amase los ingredientes hasta lograr una masa elástica. Incorpore los 120 gramos de aceite de oliva y la hoja santa.
2. Unte una charola con abundante aceite de oliva, coloque en ella la masa y déjela fermentar durante 3 horas, oxigenándola cada hora dándole un doblez.

Terminado

1. Precaliente el horno a 245 °C. Si su horno no cuenta con la función de calor húmedo, coloque en el piso de éste un recipiente con agua.
2. Extienda la masa uniformemente hasta abarcar toda la charola. Humecte la superficie de la masa con aceite de oliva y hunda ligeramente en ella las yemas de los dedos. Distribuya encima los ingredientes restantes.
3. Si su horno cuenta con la función de calor húmedo, hornee con vapor la *focaccia* durante los primeros 10 segundos. Si introdujo el recipiente con agua al precalentarlo, retírelo antes de meterla. El tiempo total de horneado es de 25-30 minutos.
4. Retire la *focaccia* del horno y déjela enfriar antes de servirla.

Si desea mantener vivo el Fermento natural o masa madre para emplearlo cotidianamente, debe alimentarlo cada día. A cada tanto de fermento debe incorporarle dos tantos de agua y dos tantos de harina de trigo de fuerza. Siempre debe conservarlo en refrigeración e irlo empleando conforme lo necesite.

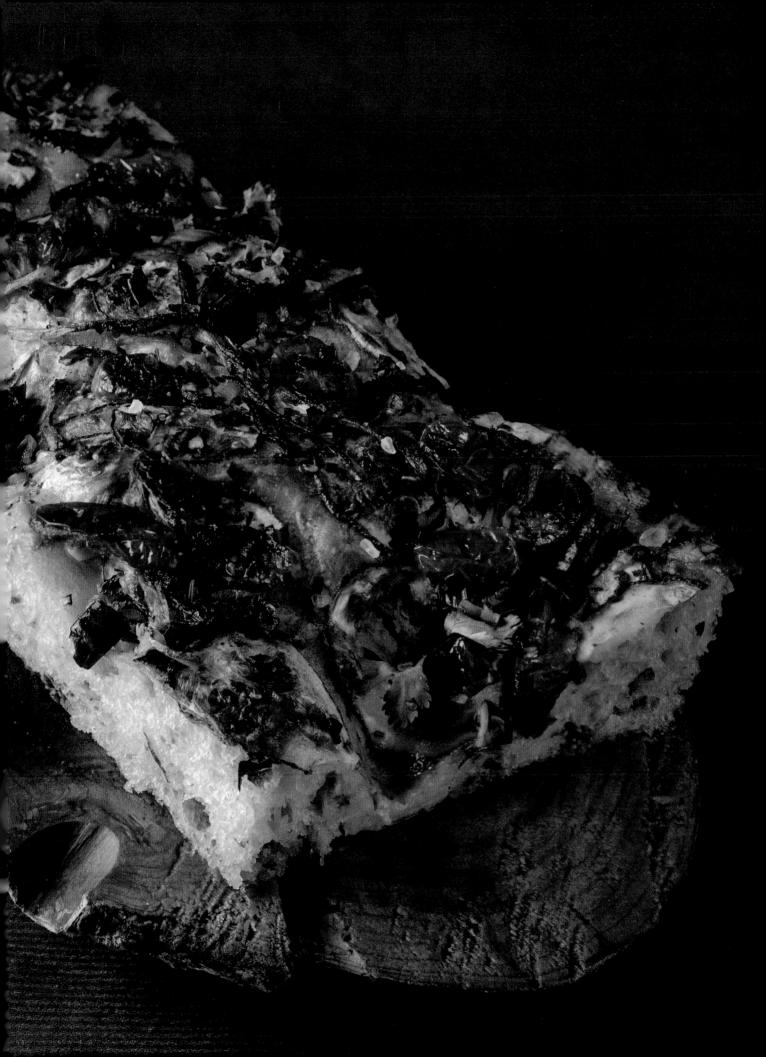

Pan de muerto

Rendimiento: 4 panes grandes o 30 panes chicos aprox.

▲ Ingredientes

Masa principal

- ◢ 50 g de levadura fresca
- ◢ 50 g de leche
- ◢ 1 kg de harina de trigo de fuerza
- ◢ 15 g de sal
- ◢ 400 g de huevo sin cascarón
- ◢ 300 g de azúcar
- ◢ 300 g de mantequilla a temperatura ambiente, hecha pomada
- ◢ la ralladura de 3 naranjas
- ◢ 5 g de agua de azahar

Masa para huesos

- ◢ 15 g de levadura fresca
- ◢ 15 g de leche
- ◢ 400 g de harina de trigo
- ◢ 5 g de sal
- ◢ 135 g de huevo sin cascarón
- ◢ 100 g de azúcar
- ◢ 100 g de mantequilla a temperatura ambiente, hecha pomada
- ◢ la ralladura de 1 naranja
- ◢ 1.5 g de agua de azahar

Terminado

- ◢ cantidad suficiente de huevo batido
- ◢ cantidad suficiente de mantequilla fundida
- ◢ cantidad suficiente de azúcar

▲ Procedimiento

Masa principal

1. Disuelva la levadura fresca en la leche y colóquela en el tazón de una batidora junto con la harina de trigo de fuerza, la sal y el huevo. Amase los ingredientes con el aditamento de gancho, a velocidad baja, hasta formar una masa homogénea.
2. Añada el azúcar a la masa y continúe batiéndola, no excesivamente ni a velocidad alta, durante 7 minutos o hasta que la masa se despegue de las paredes del tazón.
3. Agregue a la masa la mantequilla, la ralladura de naranja y el agua de azahar. Cuando se incorporen, detenga el amasado.
4. Deje reposar la masa en refrigeración durante 24 horas.

Masa para huesos

1. Elabore esta masa de la misma forma que la Masa principal. Déjela reposar en refrigeración durante 24 horas.

Terminado

1. Divida la Masa principal y la Masa para huesos como sigue: para panes individuales, 60 gramos de Masa principal y 20 gramos de Masa para huesos. Para panes grandes, 450 gramos de Masa principal y 150 gramos de Masa para huesos.
2. Divida las porciones de Masa para huesos, de forma que de cada una pueda hacer 4 huesos y la esfera de la parte superior; deles forma rodándolas sobre una superficie de trabajo.
3. Bolee las porciones de Masa principal y barnícelas con huevo; coloque encima los huesos y la esfera, y barnícelos.
4. Deje que los panes se fermenten hasta que dupliquen su volumen.
5. Precaliente el horno a 210 °C para panes chicos y a 160 °C para panes grandes. Hornee los panes chicos durante 13 minutos, y los panes grandes durante 45 minutos. Retírelos del horno.
6. Barnice los panes con mantequilla fundida inmediatamente después de sacarlos del horno. Una vez fríos, revuélquelos en abundante azúcar.

Pan de papas
con chorizo

▲ Ingredientes

Papas con chorizo

- 300 g de chorizo desmenuzado
- 1 cebolla fileteada
- 2 papas cocidas, peladas y cortadas en cubos
- hojas de cilantro picadas, al gusto
- sal y pimienta negra recién molida, al gusto

Masa

- 1.820 kg de harina de trigo de fuerza
- 540 g de harina de trigo integral sin hojuelas
- 44 g de sal
- 540 g de Fermento natural o masa madre (ver receta Focaccia de vegetales)
- 900 g de agua

▲ Procedimiento

Papas con chorizo

1. Prepare esta receta una noche antes de elaborar el pan. Sofría en una cacerola el chorizo con la cebolla y los cubos de papa, hasta que los dos primeros ingredientes estén bien cocidos. Añada sal y pimienta al gusto, así como cilantro picado. Deje enfriar la preparación y resérvela.

Masa

1. Amase todos los ingredientes en una batidora o en una amasadora a baja velocidad y a 54 °C, hasta que se forme una pasta homogénea y lisa.
2. Añada a la masa las Papas con chorizo y continúe amasando hasta que éstas últimas se integren por completo.
3. Coloque la masa dentro de un recipiente, tápela y deje que repose durante 4 horas a temperatura ambiente.
4. Divida la masa en 5 porciones iguales y boléelas dos veces. Enharine 5 canastos y coloque en cada uno una porción de masa, con la parte más lisa hacia abajo. Cubra cada canasto con un trozo de lino o de plástico, introdúzcalos en el refrigerador y deje que reposen entre 12 y 24 horas.
5. Introduzca las masas en una fermentadora a 24 °C y déjelas allí entre 3 y 5 horas; o deje que reposen a temperatura ambiente hasta que dupliquen su volumen.

Terminado

1. Precaliente el horno a 245 °C. Si su horno no cuenta con la función de calor húmedo, coloque en el piso de éste un recipiente con agua.
2. Voltee las masas sobre charolas y hágales con una navaja cuatro cortes en la parte superior para formar un cuadrado.
3. Si su horno cuenta con la función de calor húmedo, hornee con vapor los panes durante los primeros 10 segundos. Si introdujo el recipiente con agua al precalentarlo, retírelo antes de meter los panes. El tiempo total de horneado es de 45 minutos.
4. Saque los panes del horno y deje que se enfríen.

Los tiempos y temperaturas están tomados en cuenta para que las masas sean amasadas en amasadora o batidora y horneadas en horno de piso.

Panettone
a mi manera

Rendimiento: 11 panes de 550 g c/u aprox.

▲ Ingredientes

Frutas maceradas
- 200 g de cáscara de naranja cristalizada, cortada en cubos pequeños
- 170 g de limón confitado, cortado en cuadros pequeños
- 170 g de chilacayote confitado, cortado en cubos pequeños
- 200 g de nueces pecanas troceadas
- cantidad suficiente de mezcal

Primer empaste
- 1 kg de harina de trigo
- 750 g de Fermento natural o masa madre (ver receta Focaccia de vegetales)
- 440 g de azúcar
- 250 g de agua + 175 g
- 312 g de yemas + 250 g
- 560 g de mantequilla cortada en cubos, a temperatura ambiente

Crema pastelera
- 1 ℓ de leche
- 250 g de azúcar
- 2 trozos de canela en raja
- 2 vainas de vainilla partidas por la mitad
- la ralladura de 3 limones
- 200 g de yemas
- 90 g de fécula de maíz

Segundo empaste
- 225 g de yemas
- 162 g de azúcar
- 50 g de jarabe de agave
- 562 g de harina de trigo
- 150 g de jugo de naranja
- 300 g de mantequilla a temperatura ambiente, hecha pomada
- 40 g de sal
- el interior de 3 vainas de vainilla

Topping
- 600 g de mantequilla a temperatura ambiente
- 300 g de azúcar
- 5 g de sal
- 150 g de almendra en polvo
- 300 g de harina de trigo
- 150 g de claras

Terminado
- cantidad suficiente de mantequilla fundida

▲ Procedimiento

Frutas maceradas
1. Una noche antes de elaborar el pan, sumerja las frutas confitadas y las nueces en suficiente mezcal. Guárdelas hasta que las vaya a utilizar.

Primer empaste
1. Amase en una batidora o amasadora la harina de trigo con el Fermento natural o la masa madre, el azúcar, los 250 gramos de agua y los 312 gramos de yemas hasta obtener una masa elástica y lisa.
2. Añada a la masa el agua y las yemas restantes, así como la mantequilla. Continúe amasándola hasta que la consistencia sea similar a la de una masa de brioche; la temperatura de la masa no debe superar los 24 °C.
3. Deje que la masa repose a temperatura ambiente durante 12 horas.

Crema pastelera
1. Ponga sobre el fuego la leche con la mitad del azúcar, la canela, las vainas de vainilla y la ralladura de limón. Cuando la preparación hierva, viértala sobre las yemas, el azúcar restante y la fécula de maíz, mientras integra todo muy bien. Cuele la preparación y cocínela a fuego medio, sin dejarla de mover, hasta que tenga una consistencia espesa.
2. Transfiera la preparación a una charola y cúbrala con plástico autoadherente, asegurándose de que el plástico tenga contacto con toda la crema. Cuando se enfríe, introdúzcala al refrigerador y deje que repose hasta el día siguiente.
3. Pese 170 gramos de la crema para utilizarla en el Segundo empaste. Reserve el resto de la crema para otros usos.

Segundo empaste
1. Mezcle las yemas con el azúcar y el jarabe de agave. Reserve.
2. Amase nuevamente en la batidora o amasadora el Primer empaste con la harina. Cuando esta última se haya integrado, agregue los 170 gramos de Crema pastelera y el jugo de naranja. Continúe amasando hasta que la masa quede lisa y elástica.
3. Incorpore a la masa, en forma de hilo, la mezcla de yemas con azúcar y jarabe de agave hasta que se integre por completo.
4. Agregue a la masa, sin dejar de batirla, la mantequilla, la sal y el interior de las vainas de vainilla.
5. Drene las Frutas maceradas si tienen exceso de mezcal y añádalas a la masa. Cuando se hayan integrado por completo, detenga el amasado. Coloque la masa en un recipiente, tápelo y déjela reposar a temperatura ambiente durante 12 horas.

...continúa en la página 297

Originaria de Monterrey, Nuevo León, Denise Theurel es una mujer apasionada por el diseño y la gastronomía, mismos que conjuga en su vida diaria. Graduada de la carrera de Arquitectura por el Instituto Tecnológico y de Estudios Superiores de Monterrey, Theurel decidió viajar a Francia antes de comenzar a ejercer su carrera. Su deseo por vivir en ese país siempre estuvo latente debido a que su familia es originaria de San Rafael, Veracruz, colonia francesa en México desde 1833.

Fue así como el destino la llevó a establecerse en París, y a partir de ese momento tuvo un primer acercamiento formal con la gastronomía y después con el diseño de interiores. Dos años más tarde, cuando regresó a Monterrey, probó suerte en un despacho de arquitectos; sin embargo, se dio cuenta de que su verdadera pasión se encontraba en las artes culinarias.

En 2009, junto con su familia, Theurel fundó la primera boutique de *macarons* cien por ciento mexicanos: Theurel&Thomas. Desde su apertura y hasta la actualidad, la firma se ha dedicado a enaltecer la creación, el diseño y, sobre todo, el sabor de los *macarons*, mismos que están elaborados con sabores únicos, que van de lo tradicional hasta lo más vanguardista, como el de helado de galletas Marías y el de gloria de Linares. También están: pétalos de rosa, *cheesecake* de coco con moras, lavanda, horchata, pistache, entre otros.

Uno de los principales objetivos de Denise es que, con ayuda de su equipo de trabajo, su boutique de *macarons* sea reconocida como una marca mexicana que se enfoca en el diseño y el sabor por medio de la fusión de técnicas clásicas francesas, pero con ingredientes, talento y manos nacionales.

Cuida cada detalle dentro de sus locales, en los cuales predominan los colores blancos que resaltan la tonalidad de sus productos, lo cual convierte a la firma en un elegante escaparate para los más delicados sabores. Actualmente cuenta con boutiques en Monterrey, Saltillo y la Ciudad de México, pero busca expandirse a nivel internacional, sin perder de vista la calidad de los ingredientes y los objetivos que hacen de esta marca uno de los grandes fenómenos del dulce en México.

Macarons
de café de olla

Rendimiento: 50 *macarons*

▲ Ingredientes

Ganache de café de olla
- 5 g de grenetina en polvo
- 20 ml de agua
- 500 g de crema para batir
- 150 g do piloncillo rallado
- 10 g de semillas de anís enteras
- 1 raja de canela
- 650 g de chocolate con leche
- 35 g de extracto de café

Tapas
- 200 g de azúcar glass
- 200 g de almendra en polvo
- 70 g de claras + 90 g
- colorante vegetal café
- 15 g de café soluble en polvo
- 40 ml de agua
- 200 g de azúcar

▲ Procedimiento

Ganache de café de olla
1. Hidrate la grenetina en el agua durante 5 minutos.
2. Hierva un par de minutos, a fuego bajo, la crema para batir con el piloncillo rallado, las semillas de anís y la raja de canela. Añada la grenetina y deje que la mezcla hierva un par de minutos más.
3. Coloque el chocolate en un tazón y añádale la mezcla hirviendo de crema para batir y el extracto de café. Mezcle bien hasta que obtenga una ganache homogénea. Refrigérela durante 2 horas.

Tapas
1. Muela en un procesador de alimentos el azúcar glass junto con la almendra en polvo y cierna la mezcla.
2. Forme en un tazón un volcán con la mezcla de azúcar glass y almendra. Vacíe en medio los 70 gramos de claras y disuelva en ellas la cantidad que desee de colorante vegetal café. Reserve.
3. Disuelva el café en el agua y viértalo junto con el azúcar en un cazo muy limpio, de preferencia de cobre. Colóquelo sobre el fuego y deje que el azúcar se funda y se cocine hasta que obtenga un jarabe con una temperatura de 110 °C.
4. Bata los 90 gramos de claras a punto de nieve, y cuando el jarabe alcance 118 °C, viértalo lentamente en las claras sin dejarlas de batir. Continúe batiendo hasta que obtenga un merengue con una temperatura de 45 °C.
5. Añada la mitad del merengue al tazón con la mezcla de almendra y azúcar glass que tiene las claras pintadas de café en medio, y mezcle todo con movimientos envolventes (*macaronage*). Agregue la mitad restante del merengue y mezcle de la misma forma, hasta que obtenga una mezcla con punto de listón.
6. Introduzca la mezcla en una manga pastelera con duya lisa y forme discos de 4 centímetros de diámetro en charolas cubiertas con tapetes de silicón. Deje que reposen durante 25 minutos.
7. Precaliente el horno a 120 °C.
8. Hornee los discos durante 13 minutos.

Armado
1. Distribuya la Ganache de café de olla en la parte interna de las Tapas y únalas en pares para formar los *macarons*.

Receta creada en colaboración con Ana de la Torre.

Macarons
de pastel de elote

Ingredientes

Bizcocho de elote

- 100 g de mantequilla
- 75 g de queso crema
- 67 g de yemas
- 320 g de leche condensada
- 8 g de polvo para hornear
- 660 g de granos de elote blanco
- 100 g de claras

Tapas

- 200 g de azúcar glass
- 200 g de almendra en polvo
- 70 g de claras + 90 g
- colorante vegetal amarillo
- 40 ml de agua
- 200 g de azúcar

Armado

- dulce de leche, al gusto
- nueces picadas, al gusto

Procedimiento

Bizcocho de elote

1. Acreme en una batidora la mantequilla. Añádale el queso crema, las yemas, la leche condensada y el polvo para hornear; bata la mezcla hasta que se incorporen todos los ingredientes.
2. Vierta en un tazón los granos de elote y añádalos la preparación anterior. Mezcle bien.
3. Precaliente el horno a 175 °C.
4. Bata las claras a punto de nieve e incorpórelas con movimientos envolventes a la mezcla de granos de elote.
5. Distribuya la preparación dentro de un marco rectangular o cuadrado sobre una charola cubierta con un tapete de silicón.
6. Hornee el bizcocho de elote durante 20 minutos. Sáquelo del horno, deje que se enfríe y porciónelo en discos de 8 centímetros de diámetro.

Tapas

1. Siga las instrucciones de la receta Macarons de café de olla omitiendo el extracto de café, sustituyendo el colorante café por el amarillo y realizando discos de 8 centímetros de diámetro.

Armado

1. Distribuya dulce de leche en la parte interna de las Tapas y en el borde exterior de los discos de Bizcocho de elote. Cubra este último con las nueces y arme los *macarons* colocando entre dos Tapas un Bizcocho de elote.

Receta creada en colaboración con Ana de la Torre.

Macarons de praliné
de cacahuate

▲ Ingredientes

Praliné de cacahuate
- 500 g de azúcar
- 100 g de cacahuates pelados, sin sal

Crema de mantequilla
- 13 g de grenetina en polvo
- 40 ml de agua + 200 ml
- 100 g de azúcar
- 210 g de claras
- 500 g de mantequilla cortada en cubos, a temperatura ambiente

Tapas
- 200 g de azúcar glass
- 200 g de almendra en polvo
- 70 g de claras + 90 g
- colorante vegetal café
- 40 ml de agua
- 200 g de azúcar
- cantidad suficiente de cacahuates sin cáscara y sin sal, troceados

▲ Procedimiento

Praliné de cacahuate
1. Vierta el azúcar en un cazo muy limpio, de preferencia de cobre. Colóquelo sobre el fuego y deje que el azúcar se funda y se cocine hasta que obtenga un caramelo claro.
2. Añada los cacahuates al caramelo, retire el cazo del fuego e incorpórelos bien. Regrese la preparación al fuego durante algunos segundos, retírela y viértala sobre un tapete de silicón. Extiéndala y deje que se enfríe.
3. Muela en un procesador de alimentos los cacahuates con caramelo hasta que obtenga un praliné. Resérvelo para elaborar la Crema de mantequilla.

Crema de mantequilla
1. Hidrate la grenetina en 40 mililitros de agua durante 5 minutos.
2. Coloque sobre fuego medio un cazo limpio con el azúcar y el agua restante y deje que la preparación hierva hasta que tenga una temperatura de 110 °C.
3. Bata las claras a punto de nieve, y cuando el jarabe alcance 118 °C, viértalo lentamente en las claras sin dejarlas de batir. Añada al merengue la grenetina hidratada y continúe batiéndolo hasta que obtenga un merengue tibio.
4. Incorpore al merengue los cubos de mantequilla sin dejarlo de batir. Cuando obtenga una crema homogénea y montada, agregue el Praliné de cacahuate e intégrelo bien.
5. Refrigere la crema durante un par de horas.

Tapas
1. Siga las instrucciones de la receta Macarons de café de olla omitiendo el extracto de café y espolvoreando cacahuate antes de hornear.

Armado
1. Distribuya la Crema de mantequilla en la parte interna de las Tapas y únalas en pares para formar los *macarons*.

Receta creada en colaboración con Ana de la Torre.

De ascendencia portuguesa y con estudios en Administración de Empresas Turísticas, Eduardo Gomes-da Silva se dedicaba profesionalmente a la industria de la ropa y el calzado, hasta que un mal momento de la economía mexicana provocó la quiebra de su empresa en 1994.

A los 40 años de edad decidió estudiar cocina en el programa del Cordon D'Or de la Universidad Anáhuac. A los pocos meses se percató de que sentía una gran pasión por la cocina francesa, sobre todo por su repostería.

Un día, su hermana, dueña del entrañable restaurante Casa Portuguesa, ubicado en Polanco, Ciudad de México, le pidió que hiciera y vendiera postres para su restaurante; Eduardo aprovechó la oportunidad y cumplió con el pedido, logrando gran aceptación entre los comensales.

Después de ese primer trabajo, tomó un curso especializado en repostería y se inscribió en la academia de la chef Maricú Ortiz. Al finalizar estos estudios, el 17 de marzo del 2000, Da Silva Panadería Artesanal levantó formalmente la cortina de su primera tienda.

"En ese entonces vendíamos pasteles, galletas y chocolates, sin gran éxito, hasta que un buen amigo francés me orientó para que también vendiera baguettes y croissants".

Eduardo siguió su consejo y comenzó a preparar una gran variedad de panes artesanales, cuya diferencia con las demás panaderías comerciales era que ellos utilizaban levadura fresca y masa madre; así, poco a poco Da Silva adquirió gran fama.

Es miembro activo del Vatel Club de México y de la Academia Culinaria de Francia. Ha sido conferencista en importantes eventos como Mexipan; Expo Alimentaria México; el Festival del Cacao Tabasco, entre otros. Además, fungió como juez en el Concurso Mundial de las Artes Dulces de París, en 2015; en el certamen World Chocolate Masters en 2017 y 2018, así como en el Trofeo Thierry Blouet.

Actualmente participa en Millesime México y es también embajador de Grupo Barry Callebaut, la fábrica más grande a nivel mundial de cacao y chocolate.

Con los años ha desarrollado líneas de panadería artesanal dulce y salada de tipo europeo, así como repostería, chocolatería y confitería con tendencias internacionales. Su cadena de establecimientos es reconocida en diversos sectores de la sociedad como un referente a seguir. Además, sigue ejerciendo su labor como chef repostero y panadero del restaurante familiar Casa Portuguesa.

Pan con aceituna verde

▲ Ingredientes

Masa

- ◢ 950 g de harina de trigo de fuerza
- ◢ 583 g de agua
- ◢ 15 g de sal
- ◢ 282 g de aceitunas verdes sin semilla, troceadas
- ◢ 15 g de levadura fresca
- ◢ 94 g de calabacita italiana cortada en cubos de 1 cm
- ◢ 65 g de aceite de oliva + cantidad suficiente

Terminado

- ◢ cantidad suficiente de harina de trigo
- ◢ cantidad suficiente de aceite de oliva

▲ Procedimiento

Masa

1. Amase en la batidora, con el aditamento de gancho y a velocidad 1, la harina y el agua durante 3 minutos.
2. Añada la sal y amase durante 2 minutos.
3. Agregue a la masa la mitad de las aceitunas y la levadura, suba la velocidad a 2, y continúe batiendo durante 3 minutos.
4. Incorpore las aceitunas restantes y amase durante 3 minutos.
5. Añada los cubos de calabacita y el aceite de oliva en forma de hilo. Cuando estén todos los ingredientes bien incorporados, saque la masa del tazón de la batidora y déjela reposar durante 15 minutos.

Terminado

1. Precaliente el horno a 220 °C.
2. Enharine una superficie de trabajo y divida la Masa en 4 porciones de 500 gramos aproximadamente. Dé forma rectangular a cada una, con 20 centímetros de largo aproximadamente. Deje que las Masas fermenten hasta que dupliquen su volumen.
3. Barnice los panes con aceite de oliva y hornéelos durante 28 minutos. Retírelos del horno y deje que se enfríen.

Pan con avena y dátiles

Ingredientes

Masa madre sólida
- 500 g de uvas pasas
- 500 g de agua a temperatura ambiente + 100 g + cantidad suficiente
- 50 g de azúcar mascabado
- 700 g de harina de fuerza + 200 g + cantidad suficiente
- 200 g de levadura natural + cantidad suficiente

Esponja
- 237 g de harina de trigo de fuerza
- 71 g de agua
- 4.5 g de sal
- 1 g de levadura fresca

Esponja de avena
- 151 g de harina de trigo de fuerza
- 151 g de agua
- 75 g de avena
- 1 g de levadura fresca
- 3 g de sal

Remojo de avena
- 76 g de avena en hojuelas
- 76 g de agua

Remojo de dátiles
- 380 g de dátiles sin semilla, picados
- 170 g de agua

Masa
- 380 g de harina de trigo de fuerza
- 8 g de sal

Terminado
- cantidad suficiente de harina de trigo
- cantidad suficiente de amaranto

Procedimiento

Masa madre sólida
1. Mezcle en un recipiente que tenga tapa las uvas pasas, los 500 gramos de agua y el azúcar mascabado. Deje que la mezcla repose, tapada, durante 6 días a temperatura ambiento.
2. Cuele la mezcla y mida 500 gramos del líquido. Deseche el resto.
3. Vierta el líquido en el tazón de la batidora junto con la harina de fuerza. Amáselos con el aditamento de gancho durante 5 minutos. Coloque la masa en un tazón, tápela y deje que repose durante 48 horas o hasta que triplique su volumen.
4. Amase la preparación con la levadura natural, así como con los 200 gramos de harina de fuerza y los 100 gramos de agua restantes, hasta que obtenga una masa lisa y compacta. Ponga la masa en recipiente que tenga tapa, tápela y deje que repose entre 26 y 28 °C hasta que triplique su volumen; el tiempo deberá ser menor a 48 horas.
5. Repita el paso 4, las veces que sea necesario, hasta que la masa triplique su volumen en menos de 4 horas.
6. La masa está lista para usarse.
7. Aparte 155 gramos de la masa y reserve el resto para otros usos.

Esponja
1. La noche anterior a realizar el pan, integre muy bien todos los ingredientes y deje reposar la mezcla a temperatura ambiente hasta que la utilice.

Esponja de avena
1. La noche anterior a realizar el pan, integre muy bien todos los ingredientes y deje reposar la mezcla a temperatura ambiente hasta que la utilice.

Remojo de avena
1. La noche anterior a realizar el pan, mezcle ambos ingredientes y deje reposar la mezcla a temperatura ambiente hasta que la utilice.

Remojo de dátiles
1. La noche anterior a realizar el pan, mezcle ambos ingredientes y deje reposar la mezcla a temperatura ambiente hasta que la utilizó.

Masa
1. Amase en la batidora, con el aditamento de gancho y en velocidad 1, to-dos los ingredientes junto con la Esponja, la Esponja de avena, el Remojo de avena y el Remojo de dátiles, durante 18 minutos o hasta que obtenga una masa suave y elástica.
2. Saque la masa de la batidora y deje que repose durante 40 minutos a no más de 25 °C.

Terminado
1. Enharine una superficie de trabajo y divida en ella la Masa en 4 porciones de 500 gramos cada una. Dé a cada una forma de barra, de 20 a 22 centímetros de largo, y deje que fermenten durante 20 minutos.
2. Coloque el amaranto en una charola y pase la parte superior de las masas encima de él. Colóquelas boca abajo sobre un paño húmedo y deje que fermenten hasta que dupliquen su tamaño.
3. Precaliente el horno a 220 °C.
4. Dé vuelta a las masas y con un esténcil del diseño de su elección, haga con harina de trigo una figura en su superficie. Hornee las masas durante 18 minutos.
5. Reduzca la temperatura a 200 °C y hornee los panes durante 15 minutos más. Retírelos del horno y deje que se enfríen.

Si desea mantener viva la Masa madre sólida, asegúrese de no usar, de una sola vez, más del 50% y añadirle cada vez la cantidad proporcional de levadura, harina de fuerza y agua para reponer la masa que utilizó.

Pan victoriano

Rendimiento: 2 panes de 900 g c/u aprox.

🔺 Ingredientes

Masa
- 930 g de harina de trigo de fuerza
- 61 g de harina de papa
- 70 g de leche en polvo
- 582 g de agua
- 19 g de sal
- 93 g de mantequilla cortada en cubos, fría
- 28 g de levadura fresca
- 10 g de azúcar

Terminado
- 1 huevo batido ligeramente
- 40 g de pepitas de calabaza sin cáscara

🔺 Procedimiento

Masa
1. Amase en la batidora, con el aditamento de gancho y en velocidad 1, las harinas de trigo y de papa, la leche en polvo y el agua durante 3 minutos. Añada la sal y continúe amasando durante 5 minutos.
2. Suba la velocidad de la amasadora a 2 y añada a la masa la mantequilla y la levadura. Siga amasando durante 4 minutos.
3. Agregue a la masa el azúcar y amásela durante 6 minutos más. Retírela de la batidora y deje que repose durante 10 minutos.

Terminado
1. Precaliente el horno a 220 °C.
2. Divida la Masa en dos porciones y coloque cada una en un molde de pan de caja. Deje que fermenten hasta que dupliquen su volumen.
3. Barnice la superficie de las Masas con huevo y espolvoréeles las pepitas. Hornéelas durante 25 minutos. Desmolde los panes, regréselos al horno y hornéelos entre 8 y 10 minutos más.
4. Saque los panes del horno y deje que se enfríen.

Originaria de la Ciudad de México, Elena Reygadas es hoy por hoy una de las cocineras más reconocidas del país. En su infancia, y a raíz de un cambio de dieta radical en su nicho familiar por la enfermedad de su padre, quien siempre la impulsó a probar nuevos platillos –en especial los pocos convencionales–. Elena comenzó a tener un gran interés en la cocina y la nutrición. Sin embargo, ninguna de estas dos opciones las consideró, en un inicio, para adoptar como profesión.

Tenía claro que quería dedicarse a las humanidades, por lo que ingresó a la carrera de Filosofía; pero ésta no llamó su atención, así que optó por estudiar Letras Inglesas en la Universidad Nacional Autónoma de México (UNAM). Con los años, su inquietud por la cocina no desapareció, así que decidió realizar prácticas profesionales dentro de restaurantes, como el icónico Champs Elysées. Una vez reafirmada su vocación culinaria, llevó a cabo un entrenamiento gastronómico a nivel profesional en Nueva York, dentro del International Culinary Center de Manhattan –antes French Culinary Institute–. Posteriormente, trabajó en el restaurante español Fino y en Locanda Locatelli, al lado del chef Giorgio Locatelli. Fue en ese momento cuando aprendió uno de los principios que guían su trabajo: lo más importante es el respeto al ingrediente. Volvió a México y poco tiempo después, en 2010, abrió Rosetta, un espacio acogedor dentro de una espectacular casona porfiriana en la calle de Colima, en la colonia Roma, la cual adaptó personalmente para recibir a los comensales y así llevarlos de la mano a una experiencia culinaria de alto nivel.

Reygadas, quien en 2014 obtuvo el reconocimiento Latin America's Best Female Chef, ha creado un mundo propio que ha transformado la escena gastronómica nacional. Además de Rosetta, su restaurante insignia, es propietaria de Lardo, Café Nin y dos panaderías, lo cual la ha colocado, además de su título de gran chef mexicana, como una de las mejores cocineras panaderas del país. Su proyecto creativo está marcado por la idea de que la cocina puede, por un lado, fomentar la compartición, el disfrute y la convivencia y, por el otro, impulsar el bienestar de las personas y de la tierra.

Elena ha llevado sus habilidades culinarias a distintos lugares dentro y fuera del país, posicionándose como un referente de la cocina en México y en el extranjero. Su empeño por perfeccionar los métodos y respetar el uso de los ingredientes, así como su origen nacional y temporalidad, ha resultado en un estilo limpio y de gran carácter. Rosetta ha aparecido numerosas veces en la lista Latin America's 50 Best Restaurants y su panadería, reconocida como una de las mejores en la Ciudad de México, suele estar abarrotada de clientes ansiosos por probar las delicias que salen de los hornos y que aromatizan las calles de la colonia Roma. Actualmente cuenta con un libro, *Rosetta*, en el que compila algunas de sus mejores y más populares recetas, así como ensayos reflexivos en los que profundiza acerca de los productos y sus raíces, así como de temas sociales vinculados con la alimentación.

Bollos de romero

▲ Ingredientes

Masa madre
Día 1
- ◢ 120 g de agua
- ◢ 5 uvas grandes cortadas en cubos
- ◢ 2 g de azúcar mascabado o miel

Día 4
- ◢ 100 g de harina de trigo

Día 5
- ◢ 100 g de harina de trigo
- ◢ 100 g de agua

Días 6 a 10
- ◢ 500 g de harina de trigo
- ◢ 500 g de agua

Día 11, primera alimentación
- ◢ 200 gramos harina
- ◢ 200 gramos agua

Día 11, segunda alimentación
- ◢ 200 g de harina
- ◢ 200 g de agua

Bollos
- ◢ 250 g de harina de trigo + cantidad suficiente
- ◢ 6 g de sal
- ◢ 2 g de levadura seca
- ◢ 150 g de agua
- ◢ 75 g de manteca de cerdo
- ◢ 75 g de azúcar
- ◢ 5 g de hojas de romero fresco, picadas

▲ Procedimiento

Masa madre
Día 1
1. Mezcle todos los ingredientes en un frasco de vidrio con tapa y deje que la mezcla repose durante 24 horas a temperatura ambiente.

Días 2 y 3
1. Introduzca la mezcla al refrigerador y deje que repose durante 48 horas.

Día 4
1. Pese 100 gramos de la mezcla de los días 2 y 3 y deseche el resto.
2. Combine los 100 gramos de mezcla con la harina en un frasco que tenga tapa. Deje que la mezcla repose durante 24 horas a temperatura ambiente.

Día 5
1. Pese 100 gramos de la mezcla del día 4 y deseche el resto.
2. Combine los 100 gramos de la mezcla con la harina y el agua en un frasco que tenga tapa. Deje que la mezcla repose durante 24 horas a temperatura ambiente.

Días 6 a 10
1. Repita el paso del día 5, pesando cada día 100 gramos de la mezcla del día anterior y mezclándola con 100 gramos de harina y 100 gramos de agua.

Día 11, primera alimentación
1. Pese 100 gramos de la mezcla del día 9 y deseche el resto.
2. Realice una primera alimentación de la masa madre combinando los 100 gramos de la mezcla con la harina y el agua en un recipiente que tenga tapa. Deje que la mezcla repose entre 8 y 12 horas a una temperatura de 10-15 °C.

Día 11, segunda alimentación
1. Pese 100 gramos de la mezcla anterior y deseche el resto.
2. Realice una segunda alimentación de la masa madre combinando los 100 gramos de la mezcla con la harina y el agua en un recipiente que tenga tapa. Deje que la mezcla repose entre 8 y 12 horas a una temperatura de 10-15 °C.

Día 12
1. La masa madre está lista para usarse. Si dese mantener viva la masa madre para posteriores usos, repita indefinidamente la segunda alimentación.

Bollos
1. Coloque en un recipiente la harina con la sal y fórmele un hueco en el centro.
2. Disuelva la levadura en el agua y añádala, junto con los 100 gramos de Masa madre que reservó, al hueco que formó en la harina. Incorpore todos los ingredientes con los dedos, de adentro hacia fuera, hasta que estén mezclados.
3. Coloque la masa sobre una superficie de madera y amásela, dándole ligeros golpes hasta obtener una textura tersa y elástica.
4. Deje reposar la masa en un recipiente tapado durante 1 hora y media.
5. Mezcle la manteca de cerdo con el azúcar hasta obtener una pasta homogénea.
6. Coloque la masa en una superficie enharinada y dele forma de rectángulo de 20 por 30 centímetros, extendiéndola con un rodillo.
7. Extienda sobre el rectángulo de masa la pasta de manteca con azúcar y distribuya encima el romero.
8. Corte 12 cuadros del mismo tamaño con un cortador de pizza. Divídalos imaginariamente en tres rectángulos verticales y doble uno de ellos sobre la parte central; traslape el rectángulo restante. Gire la pieza de masa 45° y doble nuevamente de la misma manera para obtener al final bollos cuadrados.
9. Engrase una charola honda de 5 centímetros de alto e introduzca en ella los bollos, uno junto al otro. Déjelos reposar durante 1 hora en un lugar cálido.
10. Precaliente el horno a 250 °C.
11. Realice a cada Bollo un corte superficial con la punta de unas tijeras. Hornéelos, con la función de calor húmedo o con un recipiente con agua en el piso del horno, durante 15 minutos.

Si desea mantener viva la Masa madre que no empleará en esta receta, es necesario que repita diario el paso 5. De esta forma, siempre tendrá disponibles 500 gramos de Masa madre.

Mamey, pixtle y taxcalate

Ingredientes

Laminado de mamey
- 1 mamey

Migas de taxcalate
- 20 g de harina de trigo
- 30 g de taxcalate en polvo
- 14 g de azúcar mascabado
- 1 pizca de sal
- 1 pizca de canela en polvo
- 38.5 g de mantequilla a temperatura ambiente

Espuma de pixtle
- 2 g de grenetina en hoja
- 75 g de leche
- 180 g de crema para batir
- 26.5 g de pixtle rallado
- 12 g de azúcar
- 7.5 g de glucosa en polvo o atomizada

Sorbete de mamey
- 390 g de pulpa de mamey
- 140 g de agua + 100 g
- 100 g de azúcar
- 65 g de glucosa
- 3 g de estabilizante para helado

Procedimiento

Laminado de mamey
1. Corte el mamey en láminas lo más finas posible, similares a un *carpaccio*.
2. Consérvelas entre polipapel en refrigeración hasta su uso.

Migas de taxcalate
1. Mezcle todos los ingredientes secos en un recipiente e incorpóreles la mantequilla con la mano hasta que obtenga una preparación homogénea.
2. Divida la preparación en porciones, colóquelas sobre una charola cubierta con un tapete de silicón o papel siliconado y congélelas durante 2 horas o hasta que se endurezcan.
3. Precaliente el horno a 180 °C. Cuando esté a la temperatura adecuada, hornee las porciones de la preparación durante 6 minutos. Muévalas con una pala para que comiencen a deshacerse, se horneen uniformemente y comiencen a formar migas. Continúe horneándolas durante 18 minutos más, moviéndolas otra vez a la mitad del tiempo. Al final, las migas deben estar tostadas y tener un tono menos intenso que al inicio.
4. Retire las migas del horno y déjalas enfriar a temperatura ambiente.
5. Reserve 60 gramos de las migas para el montaje y guarde el resto para otros usos.

Espuma de pixtle
1. Sumerja la hoja de grenetina en un poco de agua fría con hielos.
2. Coloque sobre el fuego una cacerola con la leche, la crema y el pixtle, y retírela del fuego cuando llegue a 60 °C. Deje que se infusione durante 15 minutos.
3. Licue la mezcla para que el pixtle suelte más sabor y cuélela. Colóquela de nuevo sobre el fuego, añada el azúcar y la glucosa y retírela del calor cuando alcance 60 °C.
4. Incorpore a la mezcla de leche la hoja de grenetina hidratada y escurrida, cuélela e introdúzcala en el sifón. Cierre el sifón, colóquele 1 carga, agítelo y déjelo reposar en refrigeración hasta el momento de usarlo, durante un par de horas por lo menos.

Sorbete de mamey
1. Mezcle la pulpa del mamey con los 140 gramos de agua y muélala con una licuadora de inmersión hasta que quede un puré ligero y terso.
2. Coloque sobre el fuego una cacerola con el agua restante, el azúcar y la glucosa. Cuando la mezcla llegue a 40 °C, incorpórele el estabilizante. Retírela del fuego cuando alcance 85 °C. Enfríela hasta que llegue a 4 °C, colocando la cacerola dentro de un recipiente con agua y hielos.
3. Incorpore la pulpa de mamey a la mezcla de azúcar con glucosa. Deje que repose entre 6 y 12 horas.
4. Muela la preparación con una licuadora de inmersión y procésela en la máquina para helados.
5. Reserve 200 gramos de este sorbete para el montaje y guarde el resto para otros usos.

Montaje
1. Distribuya un poco más de la mitad de las Migas de taxcalate en el centro de los platos, sobre éstas distribuya el Sorbete de mamey y cúbralo con la Espuma de pixtle.
2. Cubra la Espuma de pixtle con las Láminas de mamey. Espolvoree alrededor el resto de las Migas de taxcalate.

Ochos de calabaza en tacha

🔺 Ingredientes

Masa para rol

- ◢ 300 g de harina de trigo + cantidad suficiente
- ◢ 26 g de azúcar
- ◢ 6 g de sal
- ◢ 5 g de levadura seca
- ◢ 12 g de Masa madre (ver receta Bollos de romero)
- ◢ 96 ml de agua
- ◢ 96 ml de leche
- ◢ 265 g de mantequilla fría

Crema pastelera de vainilla

- ◢ 200 ml de crema para batir
- ◢ 200 ml de leche
- ◢ ½ vaina de vainilla
- ◢ 50 g de yemas
- ◢ 50 g de azúcar
- ◢ 20 g de fécula de maíz

Calabaza en tacha

- ◢ 750 g de calabaza de Castilla troceada
- ◢ 175 g de piloncillo troceado
- ◢ 5 g de anís estrella
- ◢ 3 g de canela en raja
- ◢ 2 clavos
- ◢ la ralladura de ¼ de mandarina
- ◢ 60 ml de agua

🔺 Procedimiento

Masa para rol

1. Mezcle la harina y el azúcar y colóquelos en forma de volcán en una superficie de trabajo. Esparza alrededor del volcán la sal, y al centro la levadura y la Masa madre.
2. Añada el agua y la leche al centro del volcán, poco a poco, al mismo tiempo que incorpora todos los ingredientes del centro hacia afuera. Cuando todos los ingredientes hayan formado una masa, amásela, dándole regularmente ligeros golpes contra la superficie de trabajo, hasta que tenga una consistencia elástica y una textura tersa.
3. Introduzca la masa en un recipiente, tápelo y deje que repose durante 40 minutos. Presione la masa para expulsarle el aire, transfiérala al congelador y deje que repose durante 25 minutos.
4. Extienda la mantequilla en forma de rectángulo sobre un trozo de plástico autoadherente, Refrigérela entre 5 y 10 minutos, de forma que su consistencia no sea suave, pero sí manejable.
5. Coloque un poco de harina sobre la superficie de trabajo, ponga encima la masa y forme con ella un rectángulo 1 centímetro más ancho y 6 centímetros más largo que el rectángulo de mantequilla.
6. Acomode el rectángulo de masa de forma horizontal, ponga encima el rectángulo de mantequilla en el extremo izquierdo y quítele el plástico autoadherente. Doble hacia dentro del rectángulo de masa el borde izquierdo, así como el superior e inferior, para evitar que se salga la mantequilla.
7. Divida imaginariamente el rectángulo en tres partes iguales a lo largo. Doble la parte derecha encima de la central, y luego doble la izquierda encima de la derecha.
8. Extienda la masa con un rodillo para formar un rectángulo alto. Gire la masa 45° a la derecha.
9. Divida el rectángulo imaginariamente en cuatro partes a lo largo. Doble cada extremo encima de la parte contigua y luego doble la mitad derecha encima de la izquierda. Repita este paso nuevamente. Extienda un poco la masa con el rodillo, envuélvala en plástico autoadherente y refrigérela durante 24 horas.

Crema pastelera de vainilla

1. Coloque sobre el fuego la crema para batir, la leche y la vaina de vainilla. Cuando hierva, retire la preparación del fuego y déjela infusionar durante 20 minutos.
2. Mezcle las yemas con el azúcar, la fécula de maíz y un poco de la leche infusionada. Bata la mezcla con un batidor globo hasta que se blanquee e incorpórela a la leche. Coloque la preparación sobre el fuego y, sin dejarla de mover con el batidor globo, retírela en cuanto comience a hervir o llegue a 85 °C. Asegúrese de que en el proceso no quede ninguna porción de crema sin remover para evitar que se formen grumos.
3. Transfiera la crema a un recipiente, coloque éste dentro de otro recipiente más grande con cubos de hielo y mueva la mezcla hasta que se enfríe. Consérvela en refrigeración hasta su utilización.

Calabaza en tacha

1. Precaliente el horno a 180 °C.
2. Distribuya en una charola todos los ingredientes, cúbralos con papel aluminio y hornéelos durante 1 hora. Retire a los trozos de calabaza la cáscara, las venas y las semillas y deséchelas. Desmenuce la calabaza.

Terminado

1. Estire la Masa en forma de cuadrado de ½ centímetro de grosor. Enrolle los lados derecho e izquierdo sobre sí mismos hasta llegar al centro y gire la Masa 45°.
2. Corte la masa en 10 segmentos con un cuchillo y tuerza cada uno por la mitad sobre sí mismo. Colóquelos sobre charolas cubiertas con papel o tapete siliconado, y deje que reposen entre 1½ y 2 horas.
3. Precaliente el horno a 180 °C.
4. Distribuya la Crema pastelera de vainilla en el centro de cada círculo, extendiéndola un poco, y encima coloque la Calabaza en tacha desmenuzada.
5. Hornee los panes durante 25 minutos.

Pulque, tuna roja,
xoconostle y pitahaya

▲ Ingredientes

Sorbete de xoconostle
- 4 g de grenetina en hoja
- 900 g de jugo de xoconostle
- 150 g de azúcar
- 7.5 g de glicerina
- 22.5 g de glucosa en polvo
- 4 g de estabilizante para helado

Espuma de pulque
- 75 g de chocolate blanco
- 75 g de yogur natural a temperatura ambiente
- 90 ml de pulque natural

Granizado de tuna roja
- 50 ml de agua
- 35 g de azúcar
- 5 g de jugo de limón
- 125 g de jugo de tuna roja
- 0.5 g de sal

Terminado
- 1 pitahaya

▲ Procedimiento

Sorbete de xoconostle
1. Hidrate las láminas de grenetina en suficiente agua fría.
2. Procese con una licuadora de inmersión la mitad del jugo de xoconostle con el azúcar, la glicerina y la glucosa. Coloque esta mezcla sobre el fuego, y cuando alcance los 40 °C, incorpórele el estabilizante para helado. Retírela del fuego cuando alcance 85 °C.
3. Enfríe la mezcla hasta que llegue a 60 °C. Escurra la grenetina e incorpórela. Siga enfriando la mezcla hasta que llegue a 4 °C, colocándola dentro de un recipiente con agua y hielos.
4. Incorpore a la mezcla el resto del jugo de xoconostle. Deje que repose ente 6 y 12 horas.
5. Muela la preparación con una licuadora de inmersión y procésela en la máquina para helados.
6. Reserve 200 gramos para esta receta y reserve el resto en congelación para otros usos.

Espuma de pulque
1. Funda el chocolate blanco a baño María.
2. Mezcle el chocolate blanco con el yogur e incorpore el pulque. Procese la mezcla con una licuadora de inmersión hasta que obtenga una preparación homogénea. Cuélela.
3. Introduzca la mezcla dentro de un sifón de 500 mililitros de capacidad, aplíquele 1 carga, agítelo y deje que repose en refrigeración durante 2 horas como mínimo.

Granizado de tuna roja
1. Caliente el agua con el azúcar hasta que lleguen a 60 °C. Deje que la mezcla se enfríe a temperatura ambiente e incorpórele el jugo de limón, el jugo de tuna y la sal. Introdúzcala al congelador y remuévala cada 20 minutos hasta que la mezcla forme cristales de hielo.

Terminado
1. Corte la pitahaya por la mitad a lo ancho. Pele una mitad y córtela en cubos pequeños. De la mitad restante, extraiga 4 rodajas.
2. Coloque 1 rodaja de pitahaya en cada plato, encima, ponga 2 cucharadas de Sorbete de xoconostle en cada plato y cúbralas con la Espuma de pulque. Esparza encima los cubos de pitahaya y añada 1 cucharada de Granizado de tuna roja en cada plato y sirva.

Nacida en Ensenada, Baja California, Elsa Judith Olmos creció en una familia de agricultores y ganaderos en la cual aprendió a valorar la calidad de los ingredientes y productos del campo. Desde los 14 años supo que quería estudiar gastronomía, y disfrutaba de ambos mundos: el dulce y el salado. Por ello, experimentó en diversas cocinas mientras cursaba la preparatoria para asegurarse de que fuera una profesión a la cual dedicarse el resto de su vida. En 2004, antes de ingresar a la universidad, se fue de intercambio cultural por un año a Australia, país donde pudo trabajar en cinco restaurantes y ampliar aún más su gusto y conocimiento por las virtudes de la industria de la hospitalidad. De carácter amable y poseedora de un talento nato, Elsa ingresó en 2005 al Instituto Culinario de México campus Puebla (ICUM), donde pudo reforzar sus conocimientos en la gastronomía mexicana. Dos años después, en 2007, realizó prácticas profesionales en España.

En 2012 comenzó a trabajar en el reconocido restaurante Corazón de Tierra, ubicado en el Valle de Guadalupe, en la mítica Ruta del Vino mexicana. En un principio arrancó en el área de cocina salada, pero, al abrirse la vacante de pastelería, no dudó en tomar el cargo. En esa etapa de su vida fue cuando se dio cuenta de que debía ampliar su conocimiento técnico para cumplir con el reto de hacer postres que sólo tuvieran ingredientes del espectacular huerto del lugar. Así, comenzó especializaciones en la materia dulce, primero en el Culinary Art School de Tijuana y luego en la entonces sucursal de Espai Sucre (Barcelona, España), ubicada en la Ciudad de México. En 2014 se postuló para el concurso que organizaba dicha escuela a nivel internacional y fue así como ganó dos premios: The Best Restaurant Dessert y The Best Chocolate Dessert. Esto le dio la oportunidad de viajar a España por año y medio.

Durante la travesía cursó el diplomado anual de postres en el restaurante de Espai Sucre; a la par, hizo prácticas con el mundialmente reconocido chef chocolatero Oriol Balaguer en el área de panadería, repostería y chocolatería. Al terminar el diplomado, trabajó tres meses en el que ha sido considerado en diferentes ocasiones como el mejor restaurante del mundo, El Celler de Can Roca, y tomó dos cursos con Raúl Bernal y Josep María Ribé en la Chocolate Academy.

A su regreso a México, continuó laborando en el área dulce en los restaurantes de Diego Hernández. En 2016, Elsa decidió mudarse a la Ciudad de México y probar suerte en la repostería de Alelí y Lorea, de la mano del chef Oswaldo Oliva. En 2018 incursionó en su primer proyecto restaurantero en la Ciudad de México: Cercano Comedor, el cual se ubica en la colonia Condesa y opera junto a su esposo, el también reconocido chef César Vázquez. Elsa es reconocida como una de las mejores chefs postreras de México y durante la elaboración de este libro tuvo la dicha de convertirse en madre, por lo que hoy reparte su gran talento entre los comensales y su creciente familia.

Pan francés
de panqué de plátano

▲ Ingredientes

Panqué

- ◢ 370 g pulpa de plátano Tabasco muy maduro
- ◢ 40 g de yogur griego
- ◢ 3 huevos
- ◢ 150 ml de aceite + cantidad suficiente
- ◢ 250 g de azúcar morena
- ◢ 350 g de harina de trigo de fuerza + cantidad suficiente
- ◢ 4 g de sal
- ◢ 7 g de bicarbonato
- ◢ 7 g de polvo para hornear
- ◢ 3 g de canela en polvo
- ◢ 150 g de nueces pecanas troceadas

Crema de caramelo

- ◢ 200 g de azúcar
- ◢ 100 ml de crema para batir
- ◢ 30 g de mantequilla fría

Rodajas de plátano dominico

- ◢ 3 plátanos dominicos
- ◢ 100 g de azúcar

Terminado

- ◢ 200 ml de leche
- ◢ 200 ml de crema entera + cantidad al gusto
- ◢ 30 g de azúcar
- ◢ 2 huevos
- ◢ 16 cucharadas de mantequilla
- ◢ azúcar mascabado al gusto

▲ Procedimiento

Panqué

1. Precaliente el horno a 170 °C.
2. Acreme en la batidora, con el aditamento de pala, la pulpa del plátano con el yogur. Reserve.
3. Mezcle, sin incorporar aire, los huevos, el aceite y el azúcar.
4. Tamice la harina con la sal, el bicarbonato, el polvo para hornear y la canela. Mézclelos con las nueces.
5. Incorpore a la mezcla de harina la mezcla de huevos y, después, la mezcla de plátano.
6. Engrase con aceite un molde rectangular, enharínelo y llénelo con la mezcla. Hornéelo durante 45 minutos. Sáquelo del horno, deje que el panqué se enfríe por completo, desmóldelo y córtelo en ocho rebanadas.

Crema de caramelo

1. Caramelice sobre el fuego el azúcar hasta que tenga una temperatura de 180 °C. Retírela del fuego e incorpórele la crema con mucho cuidado. Ponga la mezcla sobre el fuego un par de minutos e incorpórele la mantequilla. Retírela del fuego y resérvela hasta que la utilice.

Rodajas de plátano dominico

1. Corte los plátanos en rodajas de 1.5 milímetros aproximadamente y uniforme su tamaño cortándolas con un cortador de 1.5 centímetros de diámetro.
2. Extienda las rodajas de plátano sobre papel siliconado y espolvoréelas con el azúcar. Caramelícelas con ayuda de un soplete y resérvelas hasta que las utilice.

Terminado

1. Licue todos los ingredientes, excepto la mantequilla y el azúcar mascabado.
2. Coloque sobre el fuego un sartén con 2 cucharadas de mantequilla. Cuando esté caliente, sumerja una rebanada de Panqué en la mezcla de leche y fríala en el sartén por todos sus lados, hasta que se dore. Cubra con azúcar mascabado toda la rebanada y resérvela caliente. Repita este paso con las rebanadas de Panqué restantes, añadiendo más mantequilla con cada rebanada.
3. Sirva cada rebanada decorada con Rodajas de plátano dominico y Crema de caramelo.

Tamal de mandarina,
crema de guayaba y nopalitos tiernos

Rendimiento: 12 tamales

▲ Ingredientes

Puré de mandarina
- 400 g de mandarinas
- cantidad suficiente de agua
- 250 g de azúcar

Crema de guayaba
- 15 g de hojas de guayabo
- 500 g de guayabas sin semillas
- cantidad suficiente de agua
- 2 yemas
- 40 g de azúcar
- 15 g de fécula de maíz
- 200 g de leche

Nopalitos tiernos
- 200 g de azúcar
- 120 ml de agua
- 3 nopales tiernos sin espinas

Tamal de mandarina
- 160 g de manteca de cerdo
- 160 g de azúcar
- 800 g de masa de maíz azul
- 10 g de polvo para hornear, diluido en un poco de agua
- cantidad suficiente de hojas de maíz, hidratadas
- 12 gajos de mandarina

▲ Procedimiento

Puré de mandarina
1. Pele las mandarinas y separe las cáscaras de los gajos.
2. Retire toda la parte blanca a las cáscaras con ayuda de un cuchillo pequeño. Colóquelas sobre una olla pequeña, cúbralas con agua y póngalas sobre el fuego. Cuando el agua hierva, cuélelas y deseche el agua. Hiérvalas de la misma forma cuatro veces más.
3. Ponga de nuevo las cáscaras en la olla, cúbralas con agua y añádales 125 gramos de azúcar. Póngalas sobre el fuego y nuevamente, cuando el agua hierva, cuélelas y deseche el agua. Hiérvalas de la misma forma dos veces más, pero disminuyendo la cantidad de azúcar a 75 gramos en cada hervida y no desechando el agua de la última.
4. Extraiga y deseche las semillas de los gajos de mandarina y licúelos con las cáscaras y suficiente agua en donde hirvieron hasta que obtenga un puré fino y terso.
5. Pese 300 gramos de la preparación y resérvela para elaborar el tamal. Aparté un poco para el Terminado y guarde el resto para otros usos.

Crema de guayaba
1. Ponga a hervir las hojas de guayabo y las guayabas, con el agua necesaria para que cubra estas últimas, hasta que las guayabas estén suaves. Saque las hojas de guayabo y deséchelas; licue las guayabas con el agua hasta obtener un puré. Aparte muy poco de éste para hacer unas decoraciones al momento de servir el tamal y reserve el resto para esta preparación.
2. Mezcle las yemas con el azúcar y la fécula de maíz. Ponga la leche sobre fuego medio y, cuando hierva, añada un poco de ella a la mezcla de yemas; bata muy bien. Agregue la mezcla de yemas a la leche, reduzca el fuego, y sin dejar de mover la preparación, cocínela hasta que llegue a 82 °C o tenga una consistencia de crema espesa.
3. Mezcle la crema anterior con el puré de guayaba que reservó. Deje que la preparación se enfríe y resérvela en refrigeración.

Nopalitos tiernos
1. Ponga sobre el fuego el azúcar con el agua y deje que la mezcla hierva hasta que obtenga un almíbar. Retírelo del fuego y deje que se enfríe.
2. Extraiga de los nopales discos de 2 centímetros de diámetro con ayuda de un cortador circular, y pártalos por la mitad. Colóquelos dentro de una bolsa con cierre hermético junto con la mitad del almíbar y deje que reposen a temperatura ambiente durante 1 noche.
3. Cuele los discos de nopal y deje que reposen de la misma forma con la otra mitad del almíbar durante 3 horas.
4. Cuele los discos de nopales y resérvelos hasta que los utilice.

Tamal de mandarina
1. Bata en la batidora la manteca de cerdo con el azúcar durante 5 minutos o hasta que duplique su tamaño y se torne blanca.
2. Incorpore a la manteca, poco a poco, la masa de maíz, los 300 gramos de Puré de mandarina que reservó y el polvo para hornear. Continúe batiendo hasta que al introducir una bolita de masa en agua, flote.
3. Coloque sobre el fuego una vaporera con agua.
4. Extienda dos cucharadas de la masa en una hoja de maíz, coloque en medio un gajo de mandarina y cierre la hoja, traslapando los bordes laterales, empujando la masa hacia el extremo inferior de la hoja y doblando la punta hacia atrás del tamal. Repita este paso con los ingredientes restantes.
5. Acomode los tamales en forma vertical en la vaporera y cocínelos a fuego medio durante 1 hora.
6. Retire los tamales del fuego y déjelos reposar durante 15 minutos.

Terminado
1. Sirva cada Tamal con un poco de la Crema de guayaba y de los Nopalitos tiernos. Decore con algunos puntos del Puré de mandarina que reservó.

Tarta tatin
de plátano dominico

Rendimiento: 8 porciones

🔺 Ingredientes

- 600 g de azúcar + cantidad suficiente
- 200 ml de agua
- 350 g de pasta hojaldre
- cantidad suficiente de harina de trigo
- 40 plátanos dominicos
- 8 cucharadas de mantequilla
- 8 bolas de helado de vainilla

🔺 Procedimiento

1. Precaliente el horno a 220 °C.
2. Elabore con los 600 gramos de azúcar y el agua un caramelo a punto medio, es decir, que llegue a una temperatura de cocción de 160 °C.
3. Coloque una porción de 40 gramos de pasta hojaldre sobre una superficie de trabajo enharinada y estírela con un rodillo hasta que tenga unos cuantos milímetros de grosor; extraiga un disco de 12 centímetros de diámetro con un cortador. Repita este paso con el resto de la pasta hojaldre hasta obtener 8 discos y resérvelos en refrigeración.
4. Coloque sobre el fuego un recipiente individual y circular de hierro colado que pueda introducir al horno, como un sartén pequeño o una cazuela. Cuando esté caliente, añádale 2 cucharadas de caramelo, 5 plátanos sin cáscara y cortados por la mitad y 1 cucharada de mantequilla. Repita este paso con los ingredientes restantes hasta obtener en total 8 tartas.
5. Cubra cada recipiente de hierro colado con un disco de pasta hojaldre, espolvoréeles un poco de azúcar y pique con un tenedor la superficie.
6. Hornee las tartas durante 5 minutos. Deje que se entibien un poco, voltéelas y sirva cada una con 1 bola de helado de vainilla.

Elsa Olmos

100

Tres leches Fidel

Rendimiento: 8 porciones

Ingredientes

Cremoso de chocolate blanco

- 8 g de grenetina en polvo
- 40 ml de agua
- 125 ml de leche
- 375 ml de crema entera
- 2 yemas
- 25 g de azúcar
- 340 g de chocolate blanco
- 100 g de yogur

Bizcocho

- 320 g de harina de trigo + cantidad suficiente
- 8 g de polvo para hornear
- 2 g de sal
- 130 g de yemas
- 130 ml de aceite vegetal
- 330 ml de claras
- 190 g de azúcar
- cantidad suficiente de mantequilla

Leches

- 125 ml de leche
- 125 ml de leche evaporada
- 125 ml de crema entera
- 80 ml de leche condensada

Compota de capulín y zarzamora

- 20 g de azúcar
- 3 g de pectina
- 125 g de capulines sin semilla
- 125 g de zarzamoras
- 50 g de frambuesas

Merengue suizo

- 60 g de azúcar
- 2 claras
- 30 g de azúcar glass
- gotas de jugo de limón al gusto

Procedimiento

Cremoso de chocolate blanco

1. Añada la grenetina al agua y deje que se hidrate durante 5 minutos.
2. Coloque sobre el fuego la leche con la crema. Cuando la mezcla hierva, combine las yemas con el azúcar e incorpóreles la mezcla de leche y crema caliente. Ponga la preparación sobre fuego bajo-medio y cocínela, sin dejarla de mover, hasta que llegue a 82 °C.
3. Vacíe la preparación anterior sobre el chocolate blanco y añada la grenetina. Licue todos los ingredientes con una licuadora de inmersión sin incorporarles aire. Verifique que la temperatura sea de 60 °C e incorpórele el yogur. Licue nuevamente y reserve tapado.

Bizcocho

1. Precaliente el horno a 160 °C.
2. Cierna la harina con el polvo para hornear y la sal. Reserve.
3. Licue las yemas con el aceite vegetal en una licuadora de inmersión. Reserve.
4. Bata las claras con el azúcar en una batidora hasta que estén montadas. Añádales, a velocidad baja y en forma de hilo, la mezcla de yemas y aceite. Incorpore a la preparación, con movimientos envolventes, la mezcla de harina.
5. Engrase con mantequilla moldes circulares individuales de 8 centímetros de diámetro y 5 de altura aproximadamente, enharínelos. Llénelos a ¾ partes de su capacidad con la preparación.
6. Hornee los bizcochos durante 20 minutos. Retírelos del horno y déjelos enfriar antes de desmoldarlos.

Leches

1. Mezcle todos los ingredientes y refrigere.

Compota de capulín y zarzamora

1. Mezcle el azúcar con la pectina.
2. Ponga sobre el fuego los capulines con las zarzamoras y las frambuesas. Cuando comiencen a hervir, añada la mezcla de pectina con azúcar y cocine la preparación hasta que obtenga una consistencia de compota. Deje que se enfríe antes de usarla.

Merengue suizo

1. Ponga a baño María el azúcar con las claras y mézclelas. Cuando se disuelva el azúcar, transfiera la mezcla a una batidora y bátala, con el aditamento de globo, hasta que la mezcla comience a crecer y formar espuma.
2. Incorpore a la preparación el azúcar glass en forma de lluvia y continúe batiéndola hasta que obtenga un merengue firme. Finalmente, incorpore las gotas de jugo de limón.
3. Introduzca la preparación en una manga pastelera con duya rizada y resérvela hasta que la utilice.

Terminado

1. Retire con un cuchillo de sierra la capa externa de los Bizcochos, excepto de la base. Corte en tres discos cada Bizcocho.
2. Arme cada pastel mojando la base del Bizcocho con la mezcla de Leches y colocando encima un poco de Cremoso de chocolate blanco. Después, moje el disco central, póngalo encima del Cremoso y distribuya un poco de la Compota de capulín y zarzamora.
3. Decore los pasteles con el Merengue suizo y dórelo con un soplete de cocina.
4. Refrigere los pasteles antes de servirlos.

Originaria de Guadalajara, Jalisco, Fernanda cursó la licenciatura en Administración de Empresas Turísticas en la Universidad Autónoma de Guadalajara; complementó sus estudios trabajando en diversos restaurantes de la ciudad, entre ellos, Ofelia Bistró y Cabernet.

En el transcurso de su carrera consiguió una pasantía en Sevilla, España, en la Hacienda Benazuza, lugar galardonado con dos estrellas Michelin. A pesar de la poca experiencia con la que contaba en ese entonces, aprendió a adaptarse y a destacar por su marcado espíritu autodidacta y sobre todo por la disciplina que siempre la ha caracterizado. A partir de ese momento descubrió que su vocación estaba bien determinada.

La perseverancia y la búsqueda del perfeccionismo la llevaron a trabajar en grandes sitios como responsable de pastelería, junto con los mundialmente reconocidos Ferran Adrià, en España, y Heston Blumenthal, en Reino Unido, ambos considerados los padres de la cocina tecnoemocional, que alguna vez se conociera como "molecular".

Terminadas sus pasantías volvió a México y fue jefa de pastelería del restaurante Benazuza, en Cancún, donde puso en práctica toda su creatividad. En 2013 regresó a su tierra natal para desarrollar todo lo aprendido e investigado a lo largo de sus viajes; fue así como fundó La Postrería junto al reconocido chef español Jesús Escalera.

Fernanda ha participado en importantes festivales gastronómicos, como Morelia en Boca, Vallarta Gastronómica, COME Jalisco, entre otros. Además, ha impartido talleres y conferencias en diferentes universidades en México. También ha representado a la cocina de vanguardia mexicana en ciudades como Chicago, Houston y Nueva York, en Estados Unidos, y en Honduras y Suiza.

En 2015 La Postrería fue reconocida por los Gourmet Awards, de la revista *Travel+Leisure*, como Mejor Experiencia Dulce. En 2016 formó parte de los mejores 120 restaurantes de México en la *Guía México Gastronómico Culinaria Mexicana. S. Pellegrino | Nespresso* y en 2018 recibió de manos de la revista *Food and Travel México* el Reader Award como Mejor Espacio Dulce de México.

Cacao Tabasco

▲ Ingredientes

Streussel de semilla de cacao

◢ 20 g de cocoa
◢ 150 g de almendra en polvo
◢ 150 g de harina de trigo
◢ 150 g de azúcar
◢ 150 g de mantequilla a temperatura ambiente
◢ 100 g de semillas de cacao tostadas y picadas

Cáscara de cacao de manitol

◢ 300 g de manitol
◢ colorante café en gel, al gusto
◢ colorante rojo en gel, al gusto
◢ polvo de oro, al gusto

Mousse cocida de chocolate con semilla de cacao

◢ 180 g de claras
◢ 50 g de azúcar
◢ 180 g de chocolate 70% + 100 g picado
◢ 80 g de mantequilla a temperatura ambiente
◢ 100 g de yemas
◢ 15 g de *nibs* de cacao

Puré de cáscara de naranja

◢ 120 g de cáscara de naranja sin la parte blanca
◢ 120 g de azúcar
◢ 140 g de jugo de naranja
◢ 30 g de mantequilla

Bizcocho de especias

◢ 360 g de leche
◢ 240 g de azúcar mascabado
◢ 70 g de miel de abeja
◢ 360 g de huevos sin cascarón
◢ 16 g de una mezcla de las siguientes especias: anís, cardamomo, pimienta negra, pimienta de Jamaica, nuez moscada, canela, clavo y jengibre en polvo
◢ 6 g de ralladura de naranja
◢ 450 g de harina de trigo
◢ 4 g de sal
◢ 40 g de ron añejo
◢ 36 g de polvo para hornear

Espuma de haba tonka

◢ 375 g de crema para batir
◢ 375 g de leche
◢ 1 semilla de haba tonka rallada
◢ 75 g de arroz blanco
◢ 80 g de azúcar morena

Sorbete de cacao amargo

◢ 1 ℓ de agua
◢ 200 g de azúcar morena
◢ 100 g de azúcar invertido
◢ 7 g de estabilizante para sorbete
◢ 250 g de chocolate 99%
◢ 60 g de cacao en polvo

Gelatina de café de Tabasco

◢ 200 g de café espresso D.O. Tabasco, concentrado
◢ 1 g de agar-agar

Cáscara de naranja

◢ la cáscara de 3 naranjas sin la parte blanca, cortadas en tiras de 5 mm de ancho x 7 cm de largo
◢ cantidad suficiente de almíbar TPT

Infusión de cascarilla de cacao

◢ 500 g de agua
◢ 50 g de piloncillo
◢ 25 g de cascarillas de cacao

▲ Procedimiento

Streussel de semilla de cacao

1. Mezcle la cocoa con la almendra en polvo, la harina de trigo y el azúcar.
2. Incorpore a la mezcla anterior la mantequilla y estire la preparación hasta que tenga un grosor de ⅓ centímetro. Introdúzcala en refrigeración hasta que se endurezca.
3. Precaliente el horno a 180 °C. Trocee la preparación con las manos, y cuando el horno tenga la temperatura adecuada, hornéela durante 20 minutos, moviendo los trozos de vez en cuando para que se horneen uniformemente. Saque los trozos del horno y déjelos enfriar.
4. Rompa los trozos un poco más con las manos y mézclelos con las semillas de cacao. Reserve la preparación en un recipiente hermético.

Cáscara de cacao de manitol

1. Funda el manitol a 180 °C. Añádale unas gotas de colorante café y rojo hasta obtener el color de un haba de cacao madura. Deje reposar el manitol hasta que su temperatura descienda a 150 °C.
2. Vierta el manitol en una mitad de un molde en forma de fruto de cacao, distribuyéndolo en toda la superficie lo más rápido posible para que quede cubierta por completo y se forme una película fina de entre 10 y 15 gramos. Cuando se enfríe, desprenda con cuidado el manitol de los moldes. Espolvoree con polvo de oro uno de los laterales de cada mitad de cacao. Repita este paso hasta terminar los ingredientes. Reserve las cáscaras en un recipiente hermético hasta su utilización.

Mousse cocida de chocolate con semilla de cacao

1. Bata las claras con el azúcar hasta que obtenga un merengue. Resérvelo.
2. Funda los 180 gramos de chocolate a baño María y retírelo del fuego cuando tenga una temperatura de 45 °C. Mézclelo con la mantequilla en el tazón de la batidora, añada las yemas y bata la preparación hasta que tenga mucho aire en su interior.
3. Precaliente el horno a 180 °C.
4. Incorpore el merengue, con movimientos envolventes, a la preparación anterior. Añada el chocolate picado y los *nibs* de cacao, mézclelos delicadamente y vierta la preparación sobre una charola cubierta con un tapete siliconado, cerciorándose de que tenga 2.5 centímetros de altura.
5. Hornee la preparación durante 11 minutos. Deje que se enfríe y rómpala en trozos irregulares. Resérvela en refrigeración.

...continúa en la página 298

Macaron Margarita

🔺 Ingredientes

Base de macaron
- ◢ 300 g de almendra en polvo
- ◢ 300 g de azúcar glass
- ◢ 110 g de claras + 100 g
- ◢ 30 g de azúcar + 300 g
- ◢ 100 g de agua

Puré de cáscara de limón y naranja
- ◢ 120 g de cáscara de limón verde sin la parte blanca
- ◢ 120 g de azúcar
- ◢ 120 g de licor de naranja
- ◢ 40 g de mantequilla

Gomitas de tequila
- ◢ 100 g de glucosa
- ◢ 75 g de azúcar
- ◢ 40 g de tequila + 35 g + 40 g
- ◢ 15 g de grenetina
- ◢ cantidad suficiente de fécula de maíz

Terminado
- ◢ azúcar pintada del color de su elección, al gusto
- ◢ ácido cítrico, al gusto

🔺 Procedimiento

Base de macaron
1. Muela en el procesador de alimentos la almendra con el azúcar glass y tamícelo. Reserve.
2. Bata los 110 gramos de claras con los 30 gramos de azúcar hasta que obtenga un merengue. Reserve.
3. Coloque sobre el fuego los 300 gramos de azúcar restantes con los 100 gramos de agua. Cuando la preparación tenga una temperatura de 118 °C y se haya formado un almíbar, retírelo del fuego. Deje que se enfríe hasta que llegue a 85 °C y añádalo al merengue.
4. Incorpore a la preparación anterior los 100 gramos de claras junto con el colorante. Incorpore esta mezcla a la almendra en polvo y el azúcar tamizados haciendo *macaronage*, es decir, con los menores movimientos posibles y de forma envolvente con ayuda de una espátula flexible.
5. Precaliente el horno a 140 °C.
6. Porcione la preparación en discos de 4 centímetros de diámetro sobre charolas forradas con tapetes de silicón. Deje que reposen a temperatura ambiente durante 15 minutos o hasta que al tocarlos con la punta de un dedo su consistencia no sea pegajosa.
7. Hornee los discos entre 12 y 15 minutos. Deje que se enfríen a temperatura ambiente y guárdelos tapados en congelación.

Puré de cáscara de limón y naranja
1. Coloque sobre el fuego la cáscara de limón con el agua suficiente para que la cubra. Cuando el agua hierva, cuente 20 segundos y retire la cáscara del agua. Repita este paso una vez más. Realice otra vez el paso anterior, pero deje que la cáscara hierva durante 20 minutos. Cuélela.
2. Muela con una licuadora de inmersión la cáscara de limón, el azúcar y el licor de naranja. Cuele y añada la mantequilla.
3. Introduzca el puré en una manga pastelera con duya lisa y consérvelo en refrigeración.

Gomitas de tequila
1. Coloque sobre el fuego la glucosa, el azúcar y 40 gramos de tequila. Cuando obtenga un almíbar con una temperatura de 124 °C, retírelo del fuego. Deje que se enfríe hasta que tenga 100 °C.
2. Mezcle los 35 gramos de tequila con la grenetina y caliéntelos a 60 °C. Añada esta mezcla al almíbar junto con los 40 gramos de tequila restante.
3. Coloque la preparación en una charola cubierta con un poco de fécula de maíz en la base. Refrigérela hasta que esté rígida.
4. Porcione la preparación cortando gomitas cúbicas de 1 centímetro por lado.

Terminado
1. Coloque una Gomita de tequila en un disco de Base de macaron. Alrededor de la gomita distribuya el Puré de cáscara de limón y naranja y tape con otro disco. Repita este paso hasta terminar los ingredientes y congele los *macarons* durante 2 horas como mínimo.
2. Espolvoree los *macarons* con un poco de azúcar y ácido cítrico. Deje que reposen durante 15 minutos y sírvalos.

Mandarina Cheesecake

🔺 Ingredientes

Mousse de queso y mandarina
- 440 g de crema para batir
- 120 g de leche
- la ralladura de 4 mandarinas
- 160 g de azúcar
- 10 g de grenetina en polvo
- 20 g de jugo de mandarina
- 300 g de queso crema untable
- 45 g de licor de mandarina

Baño de gelatina
- 500 g de leche
- la cáscara de 4 mandarinas
- colorante anaranjado líquido, al gusto
- 3 g de carragenina kappa

Puré de cáscara de mandarina
- 120 g de cáscara de mandarina sin la parte blanca
- 120 g de azúcar
- 120 g de jugo de mandarina
- 30 g de mantequilla

Streussel de cacao
- 40 g de cacao en polvo
- 150 g de almendra en polvo
- 150 g de harina de trigo
- 150 g de azúcar
- 150 g de mantequilla a temperatura ambiente

Sorbete de mandarina y albahaca
- 300 g de agua
- 40 g de dextrosa
- 210 g de azúcar
- 4 g de estabilizante para sorbete
- la ralladura de 4 mandarinas
- 1 ℓ de jugo de mandarina
- 100 g de jugo de limón
- 5 g de hojas de albahaca

Terminado
- 1 receta de Mousse cocida de chocolate con semilla de cacao (ver receta Cacao Tabasco)
- hojas de mandarina tiernas, al gusto

🔺 Procedimiento

Mousse de queso y mandarina
1. Coloque sobre el fuego la crema para batir, la leche y la ralladura de mandarina. Cuando la preparación hierva, retírela del fuego, tápela con plástico autoadherente y deje que se infusione durante 30 minutos.
2. Mezcle el azúcar con la grenetina. Caliente la preparación a 70 °C y disuelva en ella la mezcla de azúcar con grenetina. Añádale el jugo de mandarina, el queso crema y el licor de mandarina y procésela con una licuadora de inmersión. Deje que repose en refrigeración durante 3 horas como mínimo.
3. Bata la preparación en la batidora hasta que quede muy aireada y firme. Introdúzcala en una manga pastelera con duya lisa y resérvela en refrigeración.

Baño de gelatina
1. Coloque sobre el fuego la leche con la cáscara de las mandarinas. Cuando hierva la leche, retírela del fuego, tápela con plástico autoadherente y deje que se infusione durante 30 minutos.
2. Cuele la leche y añada el colorante y la carragenina kappa. Muela la preparación con una licuadora de inmersión y colóquela sobre el fuego hasta que hierva. Deje que se enfríe y resérvela en refrigeración.

Puré de cáscara de mandarina
1. Realice el mismo procedimiento que para el Puré de cáscara de naranja (ver receta Cacao Tabasco).

Streussel de cacao
1. Mezcle el cacao con la almendra en polvo, la harina y el azúcar. Incorpore la mantequilla.
2. Precaliente el horno a 180 °C.
3. Desmenuce la preparación anterior en una bandeja y congélela durante 15 minutos. Rómpala con las manos y hornéela durante 20 minutos, moviendo los trozos de vez en cuando para que se horneen uniformemente.
4. Deje enfriar la preparación, rómpala un poco más con las manos y reserve el streussel en un recipiente hermético a temperatura ambiente.

Sorbete de mandarina y albahaca
1. Mezcle el agua con la dextrosa y caliéntela a 40 °C.
2. Combine el estabilizante para sorbete con el azúcar y la ralladura de mandarina y añada esta mezcla a la preparación anterior. Caliéntela hasta que tenga 85 °C y enfríela de inmediato, colocándola dentro de un recipiente con agua y cubos de hielo. Introdúzcala al refrigerador y deje que repose durante 6 horas como mínimo.

...continúa en la página 299

Vainilla de Papantla

🔺 Ingredientes

Flor de yogur
- 100 g de azúcar glass
- 5 g de Metil©
- 500 g de yogur natural
- 5 g de goma xantana

Caramelo de aceituna negra
- 150 g de aceitunas negras sin semilla
- 170 g de azúcar

Bizcocho de nata
- 180 g de huevo sin cascarón
- 225 g de azúcar
- 250 g de crema para batir montada
- 250 g de harina de trigo
- 8 g de impulsor
- cantidad suficiente de mantequilla

Almíbar de vainilla
- 1 vaina de vainilla abierta por la mitad
- 600 g de agua
- 300 g de azúcar

Manzana impregnada con vainilla
- 5 manzanas peladas
- 60 g de almíbar TPT con 2 gotas de extracto de vainilla

Caramelo salado
- 150 g de crema para batir
- 220 g de azúcar
- 6 g de sal de Guérande
- 50 g de mantequilla cortada en cubos
- cantidad suficiente de leche

Semillas de chía y bourbon
- 14 g de semillas de chía
- 80 g de agua
- 80 g de almíbar TPT
- 80 g de bourbon

Embebido
- 100 g de leche
- 60 g de leche condensada
- 50 g de licor de anís

Puré de manzana
- 500 g de manzanas Granny Smith con piel, descorazonadas
- 50 g de almíbar TPT
- 1 g de goma xantana
- 3 g de ácido ascórbico

Vainas de vainilla miméticas
- 110 g de azúcar mascabado
- 2 g de pasta de regaliz
- 230 g de café espresso
- 1 gota de colorante negro
- 6 g de agar-agar

Yogur de vainilla
- 200 g de yogur natural
- las semillas de ½ vaina de vainilla

Pistilos de vainilla
- cantidad suficiente de vainas de vainilla secas
- cantidad suficiente de almíbar TPT

Helado de vainilla
- 3 vainas de vainilla
- 100 g de crema para batir
- 750 g de leche
- 30 g de leche en polvo
- 30 g de dextrosa
- 100 g de azúcar
- 4 g de estabilizante

🔺 Procedimiento

Flor de yogur
1. Mezcle el azúcar glass con el Metil© y licue ambos con el yogur en una licuadora de inmersión. Añada la goma xantana y vuelva a licuar. Deje que la mezcla repose en refrigeración durante 1 hora.
2. Coloque la mezcla sobre plantillas con forma de orquídea, sobre una charola cubierta con un tapete siliconado, y deshidrátela en un deshidratador a 45 °C durante 2 horas.
3. Dé forma a las flores lo más real posible e introdúzcalas nuevamente al deshidratador durante 6 horas como mínimo.

Caramelo de aceituna negra
1. Haga un puré con las aceitunas y colóquelo sobre un colador. Cubra la parte superior con plástico autoadherente y deje que el puré escurra durante 2 horas.
2. Coloque el azúcar en un recipiente sobre el fuego y caliéntelo hasta que obtenga un caramelo oscuro. Añada el puré de aceituna negra e intégrelo sin dejar de mover la preparación. Muela la preparación, cuélela y déjela enfriar. Introdúzcala en una manga pastelera con duya y resérvela en refrigeración hasta su uso.

Bizcocho de nata
1. Bata el huevo con el azúcar a velocidad media-alta durante 10 minutos.
2. Añada al huevo la mitad de la crema para batir montada e intégrela con movimientos envolventes.
3. Precaliente el horno a 180 °C.
4. Mezcle la harina con el impulsor e integre esta mezcla a la preparación anterior, añadiéndola en forma de lluvia con ayuda de un colador mientras incorpora todo con movimientos envolventes.
5. Incorpore el resto de la crema para batir montada.
6. Distribuya la mezcla en una bandeja untada con mantequilla y cubierta con papel siliconado, cerciorándose de que la mezcla quede de 3 centímetros de altura.
7. Hornee la mezcla durante 15 minutos. Retírela del horno, deje que se enfríe, desmóldela y porciónela en rectángulos de 3 x 5 centímetros. Resérvelos.

Almíbar de vainilla
1. Raspe con un cuchillo el interior de ambas mitades de la vaina de vainilla y mezcle todo con el agua y el azúcar. Coloque la preparación sobre el fuego y cuando hierva, retírela del fuego. Tápela con plástico autoadherente y deje que se infusione durante 1 noche. Cuélela y resérvela.

...continúa en la página 300

Nacida en la Ciudad de México, Fernanda Prado decidió, desde muy joven, dedicarse al ámbito gastronómico. Estudió Artes Culinarias y Administración de Restaurantes en el Centro Culinario Ambrosía de la Ciudad de México.

Comenzó su carrera profesional en diversas áreas de Banquetes Ambrosía, así como en Madrid en distintos restaurantes. Formó parte de diversas aperturas de establecimientos de alimentos y bebidas, como La Leche, en Puerto Vallarta, México.

En 2008, el Instituto Coronado reconoció el talento de Fernanda y la convirtió en instructora y, al poco tiempo, llegó a ser encargada de Raíz, el restaurante-escuela, en el equipo del chef Arturo Fernández.

Su especialización en repostería continuó en Espai Sucre, Barcelona, de la mano de los míticos chefs Jordi Butrón y Xano Saguer, donde se capacitó para traer la sede de esta institución a México y desempeñarse como directora de la escuela de Postres para Restaurante.

Ha participado en diversos eventos gastronómicos en México, como Foro Paralelo Norte, COME Fest, Morelia en Boca, Vallarta Nayarit Gastronómica, Sobremesa y San Miguel Food Festival. También, desarrolló con un grupo de cocineros líderes en la cocina dulce de México el evento Edible Art, liderado por Janice Wong. Recientemente, formó parte de la delegación de México en el evento Star Chef China, en Guangzhou.

Fernanda ha ganado en dos ocasiones el premio a la Mejor Experiencia Dulce de los Gourmet Awards por *Travel + Leisure*: la primera cuando estuvo en Espaisucre, y la segunda con su proyecto actual, Gelatoscopio, el cual busca crear nuevos referentes de postres en México enalteciendo la tradición heladera y enriqueciéndola con técnicas modernas al hacer postres helados.

Helado de beso de ángel

Rendimiento: 8 porciones

Ingredientes

Malvaviscos de rosas
- 200 g de azúcar
- 50 g de agua
- 350 g de claras
- 25 g de grenetina en hojas, hidratada previamente en agua
- 5 gotas de esencia de rosas
- cantidad suficiente de colorante rojo

Helado
- 600 g de leche
- 4 gotas de aceite esencial de rosas
- 100 g de crema para batir
- 60 g de leche en polvo sin grasa
- 220 g de azúcar
- 150 g de dextrosa
- 2 g de sal
- 10 g de pétalos de rosas troceados
- 30 g de nueces pecanas tostadas y picadas
- 60 g de cerezas negras sin semilla, troceadas

Terminado
- 8 conos rosas para helado
- pétalos de rosa cristalizados, al gusto
- nueces pecanas tostadas y picadas, al gusto

Procedimiento

Malvaviscos de rosas
1. Coloque sobre el fuego un cazo con el azúcar y el agua. Cuando la preparación alcance los 110 °C, comience a batir las claras en la batidora a velocidad alta. Una vez que el almíbar alcance 118 °C y que las claras estén espumosas y blancas, vacíelo a las claras montadas sin dejar de batirlas. El almíbar debe incorporarse a las claras por completo.
2. Añada, poco a poco las hojas de grenetina hidratadas. Incorpore la esencia de rosas y las gotas de colorante necesarias para que el batido adquiera un color rosa. Continúe batiendo la preparación hasta que se enfríe.
3. Engrase una charola y distribuya en ella la preparación. Deje que repose a temperatura ambiente durante 2 horas.
4. Corte la preparación en cubos pequeños con ayuda de un cuchillo, engrasando éste antes de cada corte.
5. Reserve 100 gramos de malvaviscos y guarde el resto en un recipiente hermético a temperatura ambiente o en congelación.

Helado
1. Mezcle la leche con el aceite esencial de rosas y la crema para batir. Incorpore la leche en polvo, el azúcar, la dextrosa y la sal, y licue la preparación con una licuadora de inmersión hasta que tenga una consistencia homogénea. Refrigérela durante 8 horas.
2. Procese la preparación en una máquina para helados.
3. Incorpore al helado los pétalos de rosas, las nueces pecanas, las cerezas negras y 60 gramos de Malvaviscos de rosas que reservó. Deje que repose en congelación durante 4 horas.

Terminado
1. Sirva el Helado en conos y decórelos con los 40 gramos de Malvaviscos de rosas restantes, los pétalos cristalizados y las nueces.

Lichi, jitomate

Ingredientes

Sorbete de lichi-jitomate
- 300 g de agua
- 1.2 kg de pulpa de lichi
- 800 g de pulpa de jitomate sin semillas
- 300 g de azúcar
- 120 g de dextrosa
- 20 g de jugo de limón

Gel de frambuesa
- 300 g de pulpa de frambuesa
- 40 g de azúcar
- 7 g de Gellan©
- 1 hoja de grenetina hidratada en agua fría

Panna cotta de vainilla
- 800 g de leche
- 500 g de crema para batir
- 80 g de azúcar
- 2 vainas de vainilla
- 80 g de ron de vainilla

Compota de jitomates cherry
- 10 jitomates cherry rojos
- 80 g de azúcar
- 8 g de pectina
- 180 g de agua
- 10 g de agua de rosas

Crumble neutro
- 215 g de harina de trigo
- 100 g de azúcar
- 3 g de sal
- 115 g de mantequilla cortada en cubos, congelada

Terminado
- brotes, al gusto

Procedimiento

Sorbete de lichi-jitomate
1. Licue en el agua las pulpas de lichi y de jitomate. Cuele el molido e incorpórele el resto de los ingredientes. Deje que la preparación repose en refrigeración durante 12 horas.
2. Procese la preparación en una máquina para helados. Deje reposar el sorbete durante 2 horas en congelación.

Gel de frambuesa
1. Coloque sobre el fuego la mitad de la pulpa de frambuesa. Mezcle el azúcar con el Gellan© y añádalos a la pulpa, moviéndola continuamente. Cuando hierva, retírela del fuego y añada la grenetina, moviéndola para que se disuelva. Agregue la mitad restante de pulpa de frambuesa, deje que se enfríe y conserve el gel en refrigeración.

Panna cotta de vainilla
1. Mezcle todos los ingredientes. Distribuya la preparación en moldes individuales y cocínelas a baño María, a 90 °C, durante 3 horas o hasta que la consistencia de la panna cotta sea compacta. Deje que los moldes se enfríen y refrigérelos durante 10 horas como mínimo.

Compota de jitomates cherry
1. Retire la piel de los jitomates y córtelos en cuartos.
2. Mezcle el azúcar con la pectina. Coloque sobre el fuego un cazo con el agua; cuando hierva, añádale la mezcla de azúcar y pectina y los cuartos de jitomate. Deje que hiervan durante 10 minutos y retire la compota del fuego; cuando se enfríe, añádale el agua de rosas.

Crumble neutro
1. Tamice la harina con el azúcar y la sal y colóquelas en el tazón de la batidora. Encienda la batidora a máxima velocidad, cubriendo el tazón de la batidora lo más que pueda, y añada poco a poco los cubos de mantequilla. Continúe batiendo la preparación hasta que toda tenga forma de bolitas de 1 centímetro aproximadamente.
2. Deje que la preparación repose en congelación durante 1 hora.
3. Precaliente el horno a 170 °C. Vacíe la preparación en una charola cubierta con un tapete de silcón y hornéela durante 15 minutos, removiéndola cada 5 minutos.

Terminado
1. Desmolde cada Panna cotta de vainilla. Coloque cada una en el centro de un plato.
2. Muela con una licuadora de inmersión el Gel de frambuesa y coloque gotas de él alrededor de la Panna cotta de vainilla.
3. Reparta alrededor de la Panna cotta de vainilla la Compota de jitomates cherry, el Crumble neutro y los brotes.
4. Sirva una quenelle grande de Sorbete de lichi-jitomate sobre cada Panna cotta de vainilla.

En este postre, el jitomate y el lichi combinan perfecto, pues se balancean la acidez y acuosidad del primero, y el dulzor del segundo. Además, resaltan las notas florales del jitomate, empleado generalmente en la cocina salada.

Sándwich té verdísimo

Ingredientes

Helado de té verde
- 35 g de té verde natural
- 2 kg de leche
- 100 g de dextrosa
- 300 g de azúcar
- 20 g de estabilizante neutro para helados
- 5 g de sal
- 10 gotas de colorante verde

Toffee
- 100 g de agua
- 300 g de azúcar
- 50 g de glucosa
- 2 gotas de jugo de limón
- 200 g de crema para batir
- 3 g de sal
- 70 g de mantequilla

Galleta de vainilla
- 20 g de vaina de vainilla
- 300 g de mantequilla
- 200 g de azúcar
- 100 g de huevo sin cascarón
- 500 g de harina de trigo

Terminado
- cantidad suficiente de chocolate blanco fundido con 20% extra de manteca de cacao
- matcha, al gusto
- palomitas de maíz con caramelo, al gusto

Procedimiento

Helado de té verde
1. Infusione el té verde en la leche y deje que la mezcla repose durante 8 horas en refrigeración.
2. Cuele la leche y añádale el resto de los ingredientes. Deje que repose durante 8 horas en refrigeración.
3. Procese la leche en la máquina para helados. Cuando obtenga el helado, introdúzcalo en una manga pastelera y deje que repose en congelación.

Toffee
1. Mezcle el agua con el azúcar, la glucosa y las gotas de jugo de limón. Coloque esta preparación sobre el fuego y cocínela hasta que obtenga un caramelo a 190 °C.
2. Caliente la crema con la sal, sin que hierva, e incorpórela al caramelo. Cuando la preparación llegue a los 40 °C, añádale la mantequilla. Emulsiónela con ayuda de una licuadora de inmersión.

Galleta de vainilla
1. Abra la vaina de vainilla por la mitad y raspe el interior con un cuchillo. Resérvelo.
2. Acreme la mantequilla con el azúcar. Añádale el huevo poco a poco y, una vez incorporado, agregue la harina y el interior de la vaina de vainilla. Deje reposar la preparación durante una hora en refrigeración.
3. Precaliente el horno a 170 °C.
4. Coloque la preparación entre dos tapetes de silicón y extiéndala hasta que tenga un grosor de 5 milímetros. Extraiga discos con un cortador circular de entre 8 y 10 centímetros aproximadamente.
5. Hornee los discos durante 10 minutos.

Terminado
1. Coloque un disco de Galleta de vainilla dentro del aro con el cual lo formó. Ponga dentro Helado de té verde, y luego el Toffee en el centro, sin llegar al borde superior. Tape el helado con otro disco de Galleta de vainilla. Repita este paso para formar el resto de los sándwiches y deje que reposen en congelación durante 24 horas.
2. Sumerja en el chocolate blanco fundido la mitad de cada sándwich e inmediatamente, antes de que se cristalice, espolvoree esta parte con el matcha y adhiera las palomitas de maíz. Mantenga los sándwiches en congelación hasta que los sirva.

Originario de la Ciudad de México, estudió dos años y medio en la Facultad de Administración y Contaduría de la Universidad Nacional Autónoma de México; a la par, tomaba una certificación como barman profesional, estudiaba francés en la Alianza Francesa de la Ciudad de México y trabajaba –sin paga– en un restaurante ubicado en el Centro Histórico de la capital.

Después de dichas experiencias decidió estudiar cocina de manera formal y, con el apoyo de sus padres, eligió la Universidad Iberoamericana de la Ciudad de México para capacitarse como cocinero. Un año antes de concluir su formación académica, en 1998, tuvo la oportunidad de ingresar al Club de Industriales como ayudante de pastelería; fue entonces que descubrió su pasión por esa rama de la gastronomía.

En el 2000 se convirtió en Campeón Nacional de Repostería. Posteriormente, en 2001, obtuvo el título de Campeón Nacional de Piezas Artísticas de Azúcar, en Abastur, la reunión más grande de la industria de la hospitalidad en Latinoamérica; en la misma expo logró el tercer lugar nacional en Esculturas de Hielo, y fue seleccionado para representar a México en la Copa del Mundo de Pastelería, a celebrarse en Lyon, Francia.

Su éxito siguió rindiendo frutos; en 2006 se posicionó como Campeón Nacional de Piezas Artísticas de Chocolate en Abastur y, más tarde, en 2010, cosechó otra victoria en la chocolatería y se coronó campeón regional de Piezas Artísticas de Chocolate, en Quintana Roo.

Ha sido invitado como ponente y chef en diversos festivales, como Wine & Food Fest Riviera Maya; Masters of Food & Wine en Mendoza, Argentina; Masters of Food, Wine & Golf en Mayakoba, y TACA en Dallas, Texas, entre otros.

Como destacado exponente del mundo dulce, fue nombrado embajador de la marca de chocolate belga Callebaut de 2014 a 2017.

Además, ha trabajado en prestigiosas empresas como Le Cirque, Hyatt, Trump Hotels, Grupo Vidanta y Club de Industriales, y ha realizado múltiples consultorías y aperturas de hoteles, como el Rosewood París; Washington DC, Bahamas, Islas Vírgenes Británicas, Dallas, California y en San Miguel de Allende.

Ha sido jurado en diversos concursos, entre ellos Final World Chocolate Masters, París; World Chocolate Masters, México; la Copa Mexicana de Repostería, y la Copa Nacional Panameña. Durante 12 años fue chef ejecutivo pastelero de Rosewood Mayakoba, en la Riviera Maya, y actualmente ha cambiado su residencia a Nuevo Vallarta, donde continúa ejerciendo su labor como uno de los mejores chefs dulces de México en Grupo Vidanta.

Ahí va Fidel
con sus flores y chocolate

Rendimiento: 8 porciones

◢ Ingredientes

Craquelin
- ◢ 50 g de mantequilla
- ◢ 60 g de azúcar
- ◢ 60 g de harina de trigo
- ◢ colorante rojo liposoluble en polvo, al gusto

Choux
- ◢ 200 ml de leche
- ◢ 20 g de azúcar
- ◢ 1 pizca de sal
- ◢ 80 g de mantequilla
- ◢ 120 g de harina de trigo
- ◢ 3 huevos

Ganache cremosa
- ◢ 100 ml de leche
- ◢ 100 ml de crema para batir
- ◢ 20 g de azúcar
- ◢ 40 g de yemas
- ◢ 120 g de chocolate 64%, picado

Confitura de fresas del bosque
- ◢ 100 ml de puré de fresas
- ◢ 20 g de azúcar
- ◢ 3 g de pectina NH
- ◢ 4 g de fécula de maíz
- ◢ 3 g de grenetina en hoja, hidratada previamente en agua
- ◢ 10 g de mantequilla a temperatura ambiente
- ◢ 12 g de manteca de cacao a temperatura ambiente

Ganache montada de chocolate
- ◢ 390 ml de crema para batir 35% grasa
- ◢ 120 g de glucosa
- ◢ 120 g de azúcar invertido
- ◢ 180 g de chocolate con leche, picado

Crema de flor de Jamaica
- ◢ 200 ml de agua de flor de Jamaica, concentrada
- ◢ 100 g de azúcar
- ◢ 6 g de pectina NH
- ◢ 8 g de fécula de maíz
- ◢ 7 g de grenetina en hoja, hidratada previamente en agua
- ◢ 25 g de manteca de cacao
- ◢ 20 g de mantequilla
- ◢ 20 g de chocolate con leche

Crema diplomática
- ◢ 60 g de yemas
- ◢ 50 g de azúcar
- ◢ 175 ml de leche
- ◢ 20 g de fécula de maíz
- ◢ 8 g de harina de trigo
- ◢ 75 ml de crema para batir 35% grasa
- ◢ 12 g de mantequilla a temperatura ambiente

Glaseado de flor de Jamaica
- ◢ 200 g de glaseado neutro transparente Starfix®
- ◢ 50 ml de agua de flor de Jamaica, concentrada

Terminado
- ◢ cantidad suficiente de manteca de cacao pintada de rojo
- ◢ cantidad suficiente de chocolate moldeable café
- ◢ 16 decoraciones de chocolate pintado de rojo en forma de flor, de dos tamaños diferentes
- ◢ hoja de oro, al gusto
- ◢ flores comestibles, al gusto

◢ Procedimiento

Craquelin
1. Mezcle la mantequilla, el azúcar y la harina de trigo en la batidora con el aditamento de pala. Agregue el colorante rojo e incorpórelo bien.
2. Extienda finamente la preparación entre dos trozos de plástico o dos tapetes de silicón y porciónela en discos de 6 centímetros de diámetro. Resérvelos para los *choux*.

Choux
1. Mezcle la leche con el azúcar, la sal, la mantequilla y la harina de trigo. Ponga la preparación sobre el fuego y cocínela, sin dejarla de mover con una pala, hasta que al raspar el fondo pueda verlo, y la preparación se haya dorado ligeramente. Retire del fuego.
2. Bata la preparación en la batidora con el aditamento de pala y añádale los huevos, uno por uno. Continúe batiéndola hasta que se entibie.
3. Precaliente el horno a 180 °C.
4. Introduzca la pasta *choux* en una manga pastelera con duya lisa y forme medias esferas de 6 centímetros de diámetro sobre una charola cubierta con un tapete de silicón. Coloque un disco de Craquelin encima de cada media esfera.
5. Hornee los profiteroles durante 8 minutos. Reduzca la temperatura del horno a 140 °C y hornéelos durante 12-15 minutos o hasta que la superficie se vea dorada y firme. Retírelos del horno, deje que se enfríen y consérvelos en un recipiente hermético.

Ganache cremosa
1. Hierva la leche con la crema, el azúcar y las yemas hasta que llegue a 82 °C. Vacíe esta mezcla sobre el chocolate picado y mezcle bien. Introduzca la ganache en una manga pastelera con duya lisa y consérvela en refrigeración.

Confitura de fresas del bosque
1. Caliente el puré de fresas con el azúcar a 40 °C. Añádale poco a poco, moviendo continuamente, la pectina y la fécula de maíz. Cuando se espese, retire el puré del fuego e incorpórele la grenetina. Deje que su temperatura baje a 36 °C y lícuelo con una licuadora de inmersión junto con la mantequilla y la manteca de cacao. Introduzca la confitura dentro de un molde de media esfera y deje que repose en congelación durante 2 horas o hasta que esté firme.

...continúa en la página 301

Emojis

◢ Ingredientes

Masa de gelatina
- ◢ cantidad suficiente de grenetina en polvo
- ◢ cantidad suficiente de agua

Ganache de vainilla
- ◢ 400 ml de crema para batir 35% grasa
- ◢ 1 vaina de vainilla partida por la mitad a lo largo
- ◢ 2 ml de extracto de vainilla
- ◢ 90 g de chocolate blanco picado

Jelly de mango
- ◢ 200 ml de puré de mango
- ◢ 20 ml de jarabe TXT
- ◢ 3 hojas de grenetina, hidratadas previamente en agua

Untuoso de maracuyá
- ◢ 40 ml de puré de maracuyá
- ◢ 60 ml de puré de mango
- ◢ 20 g de azúcar
- ◢ 30 g de dextrosa
- ◢ 3 g de pectina NH
- ◢ 4 g de fécula de maíz
- ◢ 3 g de grenetina, hidratada previamente en agua
- ◢ 10 g de mantequilla a temperatura ambiente
- ◢ 12 g de manteca de cacao a temperatura ambiente

Dacquoise de coco
- ◢ 130 g de claras
- ◢ 45 g de azúcar
- ◢ 36 g de almendra en polvo
- ◢ 75 g do coco rallado
- ◢ 120 g de azúcar glass

Glaseado
- ◢ 90 g de azúcar
- ◢ 90 g de glucosa
- ◢ 60 ml de agua
- ◢ 60 g de leche condensada
- ◢ 4 hojas de grenetina, hidratadas previamente en agua
- ◢ 95 g de chocolate blanco picado
- ◢ colorante amarillo liposoluble al gusto

Pasta de azúcar
- ◢ 130 g de mantequilla
- ◢ 115 g de azúcar glass
- ◢ 90 g de yemas
- ◢ 1 huevo
- ◢ 7 g de azúcar invertido
- ◢ 300 g de harina de trigo

Terminado
- ◢ cantidad suficiente de chocolate moldeable color rojo, café y blanco
- ◢ cantidad suficiente de chocolate oscuro temperado

◢ Procedimiento

Masa de gelatina
1. Mezcle 1 parte de grenetina en polvo con 6 partes de agua. Deje reposar la preparación hasta que cuaje. Córtela en cubos. Reserve 12 gramos para esta receta y guarde el resto en refrigeración para otros usos.

Ganache de vainilla
1. Caliente la crema para batir con la vainilla y el extracto de vainilla. Cuando hierva, viértala sobre el chocolate blanco y los 12 gramos de Masa de gelatina que reservó, y mezcle hasta que obtenga una ganache homogénea. Cuando se enfríe, deje que repose en refrigeración durante 8 horas como mínimo. Retire la vaina de vainilla.

Jelly de mango
1. Mezcle el puré de mango con el jarabe y caliéntelo. Añádale las hojas de grenetina hidratadas y mézclelas para que se fundan.
2. Vierta la preparación sobre una charola cubierta con un tapete de silicón. Cerciórese de que no tenga más de 1 centímetro de altura. Refrigere la *jelly* hasta que se cuaje.
3. Corte la *jelly* en discos más pequeños que el diámetro de las cavidades del molde flexible de silicón tipo Globe que empleará para formar los emojis. Resérvelos en congelación.

Untuoso de maracuyá
1. Mezcle los purés de maracuyá y de mango con el azúcar y caliente la preparación hasta que alcance 40 °C.
2. Añada a la mezcla de purés, poco a poco y sin dejarla de mover, la dextrosa, la pectina y la fécula de maíz. Cuando espese, retire la preparación del fuego e incorpórele la grenetina. Deje que se enfríe hasta que llegue a 36 °C.
3. Licue la preparación con la mantequilla y la manteca de cacao con una licuadora de inmersión. Reserve.

Dacquoise de coco
1. Bata las claras con el azúcar hasta que obtenga un merengue ligero. Incorpórele con movimientos envolventes la almendra en polvo, el coco rallado y el azúcar glass. Introduzca la preparación en una manga pastelera con duya lisa.
2. Precaliente el horno a 160 °C.
3. Forme con la preparación, sobre una charola cubierta con un tapete de silicón, círculos del mismo diámetro que la base de las cavidades del molde de silicón tipo Globe que empleará para formar los emojis.

...continúa en la página 302

Fish and Chips

▲ Ingredientes

Chips
- ◢ 200 g de chocolate blanco
- ◢ 30 g de papas fritas sabor crema-cebolla, troceadas

Ganache de piña asada al guajillo
- ◢ 180 ml de pulpa de piña asada al carbón, colada
- ◢ 3 g de pectina amarilla
- ◢ 10 g de azúcar
- ◢ 30 ml de crema para batir
- ◢ 190 g de chocolate Bean to Bar (B2B) de Chiapas 60%, picado
- ◢ 90 g de chocolate con leche, picado
- ◢ 8 g de chile guajillo hidratado, molido
- ◢ 12 g de azúcar invertido
- ◢ 8 g de manteca de cacao

Terminado
- ◢ cantidad suficiente de manteca de cacao pintada de color azul a 32 °C
- ◢ cantidad suficiente de manteca de cacao pintada de color plata a 32 °C
- ◢ cantidad suficiente de chocolate 54% temperado

▲ Procedimiento

Chips
1. Funda el chocolate blanco y tempérelo. Incorpórele las papas fritas. Introduzca la mezcla en una manga pastelera con duya lisa.
2. Forme con la mezcla pequeños botones sobre rectángulos de hojas de acetato, separadas varios centímetros uno de otro. Coloque encima más rectángulos de hojas de acetato y aplane los botones con un aplanador de carne para obtener discos muy delgados. Coloque los rectángulos de acetato encima de un tubo para que los discos adquieran forma curva. Cuando los discos se endurezcan, retírelos del plástico y resérvelos.

Ganache de piña asada al guajillo
1. Ponga sobre el fuego la pulpa de piña con la pectina y el azúcar. Cuando hierva, incorpórele la crema para batir. Vierta la preparación sobre ambos chocolates y mezcle con la pasta de chile guajillo y el azúcar invertido. Incorpórele la manteca de cacao. Reserve.

Terminado
1. Pinte, alternadamente con la manteca de cacao pintada de color azul y con la manteca de cacao pintada de color plata, cavidades en forma de pez de un molde de policarbonato. Deje que la manteca de cacao se cristalice.
2. Añada a los moldes un poco del chocolate temperado y cubra con él toda la superficie interna. Escúrralos y deje que el chocolate se solidifique.
3. Rellene los moldes con la Ganache de piña asada, dejando unos cuantos milímetros en la parte superior sin ganache. Cierre los moldes con más chocolate temperado y deje que se solidifiquen durante 3 horas a 20 °C.
4. Sirva los bombones con forma de pescado acompañados con las Chips.

Irving Quiroz

Nacido en la ciudad de Toluca, capital del Estado de México, Quiroz siempre estuvo inmerso en el mundo de la cocina. Hizo la carrera de gastronomía en el Instituto Culinario de México (ICUM) en Puebla.

Al terminar sus estudios, trabajó como repostero para los clientes destacados de la trasnacional de *food service* Unilever; al percatarse de su pasión y habilidades, lo ascendieron a gerente del Instituto Tecnológico de Panificación.

En 2011 regresó a la escuela a estudiar panadería en la École de Boulangerie et de Pâtisserie de París, pastelería en la École des Arts Culinaires et de l'Hotellerie de Lyon, escuela de Paul Bocuse, ambas en Francia, también hizo un máster en la École Supérieure de Cuisine Française Ferrandi. Estuvo un tiempo en la Escuela Ritz Escoffier de París y tomó cursos de chocolatería en la Chocolate Academy, en Chicago. La escuela lo convirtió en un amante de la enseñanza y del eterno aprendizaje, por lo que también se convirtió en profesor del Centro Culinario Ambrosía, el Instituto Culinario de México y la escuela Culinaria Pangea, en Monterrey, donde vive actualmente. Hoy día es reconocido como uno de los profesores de cocina dulce y panadería más importantes del país.

En 2008 participó en las Olimpiadas Culinarias de Alemania y regresó a competir cuatro años después en 2012. Ha sido invitado especial en el Master de Chocolate por la Escuela de Pastelería del Gremio de Barcelona y fue asesor panadero en el Centro Culinario Caterplan de Río de Janeiro, en Brasil.

En 2014 publicó su primer libro *Panes mexicanos*, de editorial Larousse, con más de 70 recetas para preparar los clásicos de la panadería mexicana. Con más de 25 mil ejemplares vendidos y cinco reimpresiones, en 2019 lanzó la segunda edición que incluye códigos QR con acceso a videos de las recetas y 10 agregados más a la colección. En 2019 su segunda obra con Larousse, *Pan artesanal en casa*, fue acreedora del Gourmand World Cookbook Award como segundo Mejor Libro del Mundo en la categoría de Panadería. Fue chef ejecutivo de Theurel&Thomas, boutique mexicana de repostería francesa especializada en *macarons*.

En 2016 participó en el programa de televisión Top Chef México en su primera edición, en el cual tuvo una participación destacada, y ha colaborado en el programa La Pastelería de la cadena Fox Life, antes transmitido por el canal Utilísima.

En 2018 fue nombrado director de Aula Sabor, un espacio para perfeccionar las técnicas culinarias en Monterrey. Es vocero del grupo Lesaffre, donde imparte conferencias sobre panadería en México y Centroamérica.

Concha de chocolate
rellena de crema de rancho

Ingredientes

Cubierta de chocolate
- 50 g de manteca vegetal
- 50 g de mantequilla
- 100 g de harina de trigo
- 90 g de azúcar glass
- 15 g de cocoa

Masa
- 500 g de harina de trigo
- 8 g de sal
- 11 g de levadura en polvo
- 150 g de huevo sin cascarón
- 125 ml de leche + cantidad suficiente
- 110 g de azúcar
- 110 g de mantequilla + cantidad suficiente

Terminado
- cantidad suficiente de manteca vegetal
- 200 g de crema de rancho
- 20 g de azúcar

Procedimiento

Cubierta de chocolate
1. Mezcle todos los ingredientes hasta formar una masa con consistencia maleable. Divídala en 15 porciones y resérvelas.

Masa
1. Haga un volcán con la harina de trigo en una superficie de trabajo. Vierta la sal a un lado del volcán, y en el otro la levadura. Añada al centro el huevo y la mitad de la leche. Comience a mezclar la leche con el huevo, y luego vaya integrando, del centro hacia afuera, el resto de los ingredientes, junto con el azúcar. Agregue un poco más de leche si quedara harina suelta. Amase la preparación hasta que adquiera una consistencia elástica.
2. Agregue a la masa la mantequilla y continúe amasándola hasta que se despegue por completo de sus manos y de la superficie de trabajo.
3. Coloque la masa en un tazón ligeramente engrasado, cúbralo con plástico autoadherente y deje que repose durante 1 hora o hasta que duplique su volumen.
4. Coloque la masa sobre la superficie de trabajo y pónchela. Divídala en porciones de 70 gramos y boléelas. Acomódelas, separadas una de otra, en charolas con tapetes de silicón.

Terminado
1. Unte un poco de manteca vegetal en cada pieza de Masa.
2. Forme con cada porción de Cubierta de chocolate una esfera y tortéelas con las manos para formar un disco.
3. Tape cada pieza de Masa con un disco de Cubierta de chocolate y aplástelo ligeramente. Marque cada concha con un marcador de conchas. Deje que los panes reposen hasta que dupliquen su tamaño.
4. Precaliente el horno a 160 °C; cuando tenga la temperatura adecuada, hornee las conchas durante 18 minutos o hasta que las bases estén bien cocidas. Deje que las conchas se enfríen y ábralas por la mitad.
5. Mezcle la crema con el azúcar y rellene con ésta las conchas.

Garibaldi de cajeta

Ingredientes

- 340 g de harina de trigo
- 8 g de polvo para hornear
- 10 g de sal
- 200 g de huevo sin cascarón
- 20 g de extracto de vainilla
- 250 g de leche
- 340 g de mantequilla a temperatura ambiente + cantidad suficiente
- 100 g de cajeta
- 200 g de azúcar
- cantidad suficiente de cajeta diluida en leche
- 50 g de amaranto

Procedimiento

1. Mezcle la harina con el polvo para hornear y la sal. Reserve.
2. Mezcle el huevo con la vainilla y la leche. Reserve.
3. Bata en la batidora, con el aditamento de pala, la mantequilla con la cajeta y el azúcar durante 5 minutos. Incorpore la mezcla de harina y la mezcla de leche en tandas y de forma alternada.
4. Precaliente el horno a 170 °C.
5. Engrase con mantequilla 10 moldes para mantecada y distribuya en ellos la mezcla anterior, cerciorándose de que cada molde se llene a ¾ partes de su capacidad.
6. Hornee durante 20 minutos. Retire los panes del horno, déjelos enfriar y desmóldelos.
7. Unte cada pan con la cajeta diluida en leche, excepto la base, y revuélquelos de inmediato con el amaranto. Colóquelos dentro de capacillos.

Rosca de Reyes con crujiente
de mazapán de cacahuate y pasta de capulín

Rendimiento: 1 rosca

🔺 Ingredientes

Pasta de capulín
- 300 g de pulpa de capulines sin semilla
- 40 g de azúcar + 330 g
- 10 g de pectina amarilla
- 68 g de glucosa
- 3 g de ácido cítrico
- 5 g de agua

Crujiente de mazapán de cacahuate
- 50 g de mantequilla
- 50 g de mazapán de cacahuate
- 50 g de harina de trigo

Masa
- 500 g de harina de trigo + cantidad suficiente
- 10 g de sal
- 12 g de levadura en polvo
- 200 g de huevo sin cascarón
- 100 g de leche
- 100 g de azúcar
- la ralladura de 1 naranja
- 120 g de mantequilla + cantidad suficiente
- 4 muñequitos de rosca de Reyes

Terminado
- 1 huevo
- 1 pizca de sal
- 1 pizca de azúcar
- cantidad suficiente de brillo neutro
- cantidad suficiente de azúcar candi

🔺 Procedimiento

Pasta de capulín
1. Ponga sobre fuego medio un cazo con la pulpa de capulines.
2. Mezcle los 40 gramos de azúcar con la pectina y añada esta mezcla a la pulpa de capulines. Licue la preparación con una licuadora de inmersión y añádale los 330 gramos de azúcar y la glucosa; mezcle todo con un batidor globo.
3. Diluya el ácido cítrico en el agua y caliéntelo durante 15 segundos. Incorpórelo a la pulpa de capulines cuando ésta llegue a 100 °C y mezcle durante 1 minuto.
4. Vacíe la pasta de capulín dentro de un marco cuadrado de metal de 30 centímetros por lado, sobre una charola con un tapete de silicón. Deje que la mezcla se enfríe.
5. Corte la pasta en tiras y resérvelas.

Crujiente de mazapán de cacahuate
1. Mezcle todos los ingredientes hasta formar una masa con consistencia maleable. Divídala en 6 porciones y resérvelas.

Masa
1. Haga un volcán con la harina de trigo en una superficie de trabajo. Vierta a un lado del volcán la sal, y en el otro la levadura. Añada al centro el huevo y la mitad de la leche. Comience a mezclar la leche con el huevo, y luego vaya integrando, del centro hacia afuera, el resto de los ingredientes, junto con el azúcar. Agregue un poco más de leche si quedara harina suelta. Amase la preparación hasta que adquiera una consistencia elástica. Incorpórele la ralladura de naranja.
2. Agregue a la masa la mantequilla y continúe amasándola hasta que se despegue por completo de sus manos y de la superficie de trabajo.
3. Coloque la masa en un tazón ligeramente engrasado, cúbralo con plástico autoadherente y deje que repose durante 1 hora o hasta que duplique su volumen.
4. Coloque la masa sobre la superficie de trabajo enharinada y pónchela. Extiéndala en forma de rectángulo con ayuda de un rodillo. Distribuya los muñequitos en uno de los lados largos del rectángulo y comience a enrollar la masa sobre sí misma para obtener una tira larga. Una ambas puntas y coloque el pan en una charola para hornear con papel siliconado.

Terminado
1. Bata el huevo con la sal y el azúcar y barnice la rosca con él. Distribuya encima tiras del Crujiente de mazapán de cacahuate. Deje reposar la rosca hasta que duplique su volumen.
2. Precaliente el horno a 160 °C. Cuando el horno tenga la temperatura adecuada, hornee la rosca durante 30 minutos o hasta que la base esté bien cocida. Saque la rosca del horno y deje que se enfríe.
3. Barnice con brillo neutro los espacios sin Crujiente de mazapán y distribuya encima de ellos las tiras de Pasta de capulín y el azúcar candi.

Es originario de la ciudad de Puebla, donde creció influenciado por la medicina por parte de su madre y la ingeniería por su padre; sin embargo, se acercó a la cocina desde muy pequeño, de la mano de su madre, en la preparación de pays y diferentes pasteles.

Su gusto por la cocina lo convenció de estudiar en el Instituto Culinario de México (ICUM), campus Puebla; debido a su dedicación, ganó una de las becas que otorga la Fundación Turquois para viajar a Mónaco, donde practicó en lugares como el hotel L'Hermitage, en el cual aprendió a preparar repostería fina para la realeza local.

Actualmente cuenta con un Master of Business Administration en el instituto Le Cordon Bleu; una maestría en Alta Dirección de Hoteles y Restaurantes por la Universidad Anáhuac, además de estudios internacionales y cursos de formación continua al lado de chefs como Christophe Michalak, Paco Torreblanca, Antonio Bachour y Melissa Coppel.

Ha dedicado gran parte de su tiempo a estudiar pastelería desde diferentes perspectivas internacionales en países como España, Bélgica, Francia, Argentina y en el principado de Mónaco.

Se desarrolló durante varios años en cargos de negociación en empresas trasnacionales, como Nestlé y Rational. Actualmente funge como gerente de Mercadotecnia y Relaciones Institucionales de Grupo Proginox.

Puso en marcha diferentes conceptos de negocio en México, como el de la Pastelería La Galette y Bakery & Co. Es embajador de varias marcas, entre las que destacan Monda Chef, Salón Chocolate y Quetzalt, por mencionar algunas. Ha sido conferencista en foros internacionales, como El Salón de Chocolate, Masters of Gastronomy, Celebrity Chefs, Cumbre Nacional de la Gastronomía, Festival del Cacao, en Tabasco y Expo Repostería & Pan MX, en Puebla.

En medios televisivos a nivel internacional, destaca su participación en la cadena Discovery Home and Health en el Desafío de Buddy Latinoamérica, y en México, en el programa Master Chef de TV Azteca. Ha sido conductor del programa Pet Lovers transmitido por Unicable; actualmente es chef pastelero en el programa de revista Por la mañana, transmitido en el canal 9 Televisa del Estado de México; es colaborador de Aquí Estamos, en Televisa Puebla, y en la sección Ponte Fit, en Televisa Deportes. Además, es colaborador recurrente de medios de comunicación impresos, como la revista *Gourmet de México*; *Food and Travel*, y la sección Buena Mesa, del periódico *Reforma*. También ha participado en colaboraciones con Radio Fórmula, MVS Radio, Amor, entre otras.

Es autor de los libros *Postres casi sin azúcar* y *Recetas para consentir a tu perro*, ambos de editorial Larousse.

Guimauve de vainilla
de Papantla y rompope

🔺 Ingredientes

- 125 ml de agua + 115 ml
- 500 g de azúcar
- 200 g de glucosa
- 190 g de claras
- 23 g de grenetina en polvo
- 2 vainas de vainilla de Papantla abiertas por la mitad a lo largo + 4 vainas enteras
- 200 g de azúcar glass cernido
- 150 ml de rompope
- vainillina en polvo, al gusto
- diamantina comestible, al gusto
- flores comestibles, al gusto

🔺 Procedimiento

1. Ponga los 125 mililitros de agua con el azúcar y la glucosa sobre el fuego. Cuando la mezcla alcance los 110 °C, comience a batir las claras en la batidora a velocidad alta. Cuando llegue a 118 °C, añádala a las claras batidas en forma de hilo, sin dejar de batirlas. Continúe batiendo la preparación.

2. Mezcle la grenetina con los 115 mililitros de agua restantes. Cuando esté hidratada, derrítala en el microondas y añádala al merengue caliente, sin dejarlo de batir.

3. Raspe con la punta de un cuchillo el interior de las 2 vainas de vainilla y añádalo al merengue.

4. Continúe batiendo el merengue hasta que se entibie. Viértalo en una charola cubierta con un papel siliconado. Cubra toda la preparación con otro papel siliconado y deje que repose a temperatura ambiente durante 24 horas.

5. Despegue el papel siliconado de la preparación con ayuda de un soplete. Córtela en cubos con ayuda de una guitarra para pastelería. Pase cada cubo por el azúcar glass para que se cubran por completo y sacúdales el exceso.

6. Sirva los cubos en copas con el rompope. Decore con vainillina en polvo, diamantina comestible, flores comestibles y vainas de vainilla.

Mug Cake
con dulces típicos poblanos

Ingredientes

Bizcocho
- 8 huevos
- 300 g de azúcar
- 300 g de harina de trigo
- 1 cucharada de leche en polvo
- 5 ml de extracto de vainilla
- la ralladura de ½ naranja
- 90 g de mantequilla derretida, a temperatura ambiente

Glaseado real
- 250 g de azúcar glass
- 1 cucharada de merengue en polvo
- 1 pizca de cremor tártaro
- 40 ml de agua
- 1 gota de colorante azul en gel

Terminado
- miniobleas, al gusto
- tortitas de santa Clara, al gusto
- trozos de algodón de azúcar, al gusto
- dulces típicos poblanos, al gusto, como macarrones de yema, cocadas, pirulís, entre otros

Procedimiento

Bizcocho
1. Bata los huevos con el azúcar hasta que la preparación duplique su volumen. Añádale la harina y continúe batiendo hasta que ésta se integre bien.
2. Añada al merengue la leche en polvo, el extracto de vainilla y la ralladura de naranja. Cuando éstos se integren, añada la mantequilla derretida. Bata hasta que esta última se incorpore.
3. Distribuya la preparación en 8 tazas, sin borde metálico y sin que ésta llegue al borde de la taza. Introduzca cada taza al horno de microondas durante 3 minutos a una potencia de 800 watts.

Glaseado real
1. Mezcle todos los ingredientes en la batidora a velocidad media durante 8 minutos. Cubra el glaseado real con un trapo húmedo y deje que repose durante 30 minutos.

Terminado
1. Decore los Mug Cakes con los dulces típicos poblanos pegándolos con el Glaseado real.

Pink Velvet Cupcake
rosa mexicano

🔺 Ingredientes

Bizcocho

- 170 g de harina de trigo
- 1 cucharadita de cocoa
- 5 g de polvo para hornear
- 120 g do azúcar
- 1 pizca de sal
- 1 huevo
- 110 ml de leche
- 5 ml de extracto de vainilla incoloro
- 90 g de mantequilla derretida, a temperatura ambiente
- 4 gotas de colorante rosa en gel

Merengue rosa

- 4 claras
- 350 g de azúcar
- 4 gotas de colorante vegetal rosa
- 5 ml de extracto de vainilla incoloro

Masa de gaznate

- 360 g de harina de trigo
- 40 g de azúcar
- 1 pizca de sal
- 40 g de mantequilla
- 60 ml de pulque
- 180 ml de agua
- cantidad suficiente de aceite

Terminado

- 8 cilindros delgados de masa de gaznate fritos, cubiertos con chocolate pintado de rosa
- flores comestibles, al gusto
- diamantina comestible, al gusto

🔺 Procedimiento

Bizcocho

1. Mezcle la harina de trigo con la cocoa, el polvo para hornear, el azúcar y la sal. Cierna esta mezcla y bátala con el huevo en la batidora durante 5 minutos.
2. Incorpore a la preparación la leche y el extracto de vainilla. Añada la mantequilla derretida y bata hasta que se incorpore. Agregue las gotas de colorante y bata hasta que la preparación tenga un color homogéneo.
3. Precaliente el horno a 165 °C.
4. Distribuya la masa dentro de capacillos metidos dentro de las cavidades de moldes para *cupcakes*. Hornee durante 16 minutos. Doje enfriar los *cupcakes* y sáquelos de las cavidades del molde. Resérvelos.

Merengue rosa

1. Cocine a baño María las claras con el azúcar, batiendo continuamente la preparación. Cuando llegue a 65 °C y se le formen picos firmes, saque el merengue del fuego. Añádale el colorante y el extracto de vainilla. Reserve.

Masa de gaznate

1. Mezcle en la batidora con el aditamento de gancho la harina, el azúcar, la sal y la mantequilla. Añada a esta preparación el pulque y el agua. Continúe mezclando hasta que se forme una masa homogénea y elástica. Deje que la masa repose a temperatura ambiente durante 40 minutos.
2. Coloque sobre el fuego una olla con abundante aceite.
3. Estire la masa y porciónela en las formas que desee. Fríalas hasta que se doren.

Terminado

1. Decore los *cupcakes* con el Merengue rosa, la Masa de gaznate, los cilindros de masa de gaznate cubiertos con chocolate y flores comestibles. Espolvoree con diamantina y sirva.

Tiffany Cake
mi versión

🔺 Ingredientes

Bizcocho

- 620 g de harina de trigo
- 1 cucharada de polvo para hornear
- 135 g de mantequilla + cantidad suficiente
- 330 g de azúcar
- 260 ml de leche
- 5 ml de extracto de vainilla
- 1 pizca de sal
- 5 claras

Fondant

- 1 kg de azúcar glass
- 1 cucharada de grenetina en polvo
- 60 ml de agua
- 2 cucharadas de glicerina
- 120 ml de glucosa
- extracto de vainilla incoloro, al gusto
- 2 gotas de colorante en gel azul cielo
- 1 gota de colorante en gel amarillo yema

Betún de manteca

- 220 g de manteca vegetal
- 500 g de azúcar glass
- 5 g de merengue en polvo
- 1 pizca de sal
- 1 cucharada de extracto de vainilla incoloro
- 2 cucharadas de agua

Relleno de chocolate oaxaqueño

- 100 ml de crema para batir
- 50 g de mantequilla sin sal, en trozos
- 270 g de chocolate oaxaqueño en tableta, troceado

Terminado

- cantidad suficiente de fécula de maíz

🔺 Procedimiento

Bizcocho

1. Mezcle la harina con el polvo para hornear.
2. Acreme los 135 gramos de mantequilla con el azúcar en la batidora, con el aditamento de pala, hasta que tenga consistencia de pomada. Añada en 3 tandas la mezcla de harina de trigo, alternando con la leche. Agregue el extracto de vainilla y la sal.
3. Precaliente el horno a 180 °C.
4. Bata las claras hasta que forme picos firmes. Añádalas a la preparación anterior con movimientos envolventes.
5. Engrase un molde para pastel y llénelo con la mezcla, hasta ¾ partes de su capacidad. Hornee durante 30 minutos o hasta que al insertarle la punta de un cuchillo en el centro, ésta salga limpia.

Fondant

1. Tamice el azúcar glass dos veces.
2. Mezcle la grenetina con el agua y deje que se hidrate durante 5 minutos.
3. Coloque sobre el fuego un cazo con la grenetina. Cuando se derrita, añada la glicerina y la glucosa, y disuélvalas perfectamente. Agregue el extracto de vainilla.
4. Coloque el azúcar en el tazón de la batidora, enciéndala, y añádale en forma de hilo la preparación anterior. Mezcle hasta que obtenga una preparación homogénea. Envuelva el fondant en plástico autoadherente y déjelo reposar a temperatura ambiente durante un par de horas. Reserve una parte del fondant para hacer los moños de los pasteles, e incorpórele al resto los colorantes para obtener un color turquesa. Reserve ambos fondants envueltos en plástico autoadherente.

Betún de manteca

1. Acreme en la batidora la manteca con el azúcar glass. Incorpore los demás ingredientes y reserve.

Relleno de chocolate oaxaqueño

1. Caliente la crema para batir sin que hierva. Viértala sobre la mantequilla y el chocolate oaxaqueño. Mezcle y reserve.

Terminado

1. Porcione el Bizcocho en 8 pasteles individuales con forma de caja de regalo y corte cada uno por la mitad a lo ancho. Distribuya sobre la mitad inferior de cada uno el Relleno de chocolate oaxaqueño y tape con la otra mitad de Bizcocho. Cubra cada Bizcocho con el Betún de manteca hasta que toda la superficie esté lisa.
2. Estire el Fondant color turquesa con un rodillo y con un poco de fécula de maíz. Cubra con éste los Bizcochos. Alise todos los bordes y decore los pasteles formando moños con el Fondant blanco.

Originario de Monterrey, Nuevo León, de padre regio y madre sonorense, Elizondo se enamoró de la gastronomía a temprana edad, luego de contemplar a su madre horneando pasteles y aspirar la fragancia a comino (una especia muy popular de la cocina del noreste) en casa de su abuela paterna.

Su abuelo materno también lo acercó a los ingredientes frescos: era pescador y capitán de barco. En su casa, en Guaymas, Sonora, se preparaba la pesca del día con productos locales. Su inquietud lo llevó a trabajar, desde los 11 años, en una fonda como ayudante de mesero, y fue a los 19 años que decidió estudiar la licenciatura en Gastronomía y Administración. A los 21 años abrió una pequeña pastelería en casa de su madre y una palapa con mariscos cerca del Instituto Tecnológico y de Estudios Superiores de Monterrey. Dos años después viajó a Buenos Aires, Argentina, a realizar sus prácticas profesionales enfocadas en panadería y repostería.

La inseguridad que se vivió hace unos años en Nuevo León obligó a Jesús a traspasar la palapa de mariscos y a dedicarse, desde los 23 años, completamente a la repostería. Su primer punto de venta formal fue en la colonia Independencia de Monterrey; posteriormente se mudó, con ayuda de su padre, a un local en Calzada del Valle.

A los 26 años, completamente decidido, Chuy —como todos lo conocen en el medio gastronómico regio— adoptó la repostería como oficio, profesión e incluso pasatiempo. A esta edad también comenzó a dar clases, cursos y asesorías. Poco a poco su talento atrapó la mirada de los reflectores y fue invitado a ser miembro de la Selección Mexicana de Gastronomía en IKA Culinary Olympics en Erfurt, Alemania, certamen donde ganó una medalla de bronce.

En 2016 decidió emprender nuevamente su camino como cocinero independiente e inauguró Almacén 42 y Pan Benell, Fábrica de Pan.

Los años lo han llevado a aprender y a compartir cocinas con múltiples chefs y reposteros de Monterrey y todo México. Debido a su reconocimiento en el gremio, en 2017 dio una conferencia en el Foro Paralelo Norte. Actualmente Chuy se dedica principalmente a desarrollar la marca Benell, Fábrica de Pan, y tiene en puerta proyectos de productos y experiencias para el desayuno, con un estilo de vida próspero con el nombre *Desayuno de Campeones*.

Actualmente, su panadería cuenta con más de 40 puntos de venta en México, la cual se basa en la filosofía del esfuerzo, buena alimentación, baja inversión y alto impacto en la cultura gastronómica.

Barra de pan Benell
de mantequilla

Rendimiento: 8 porciones

🔺 Ingredientes

Masa
- 105 g de harina de trigo + 420 g
- 62 g de leche + 190 g
- 1 g de levadura en polvo + 4 g
- 62 g de azúcar
- 10 g de sal de mar

Terminado
- 1 huevo + 1 batido
- 50 g de mantequilla cortada en cubos + cantidad suficiente

🔺 Procedimiento

Masa
1. Mezcle los 105 gramos de harina con los 62 gramos de leche y 1 gramo de levadura en polvo hasta que la preparación tenga un poco de elasticidad. Deje que este prefermento repose en un recipiente hermético en refrigeración durante 24 horas.
2. Mezcle la harina y la levadura restantes con el azúcar y la sal de mar. Forme con esta mezcla un volcán en una superficie de trabajo y vierta en el centro la leche restante y un huevo. Combine estos dos últimos, y después incorpore paulatinamente la harina del derredor. Amase la preparación hasta que haya adquirido una consistencia elástica y que al estirar en forma cuadrada un trozo pequeño de ella, no se rompa y el centro sea translúcido, es decir, que tenga punto de ventana.
3. Incorpore a la masa el prefermento y amase hasta que vuelva a obtener una consistencia elástica. Incorpore poco a poco los cubos de mantequilla hasta lograr el mismo punto en la masa. Engrase un recipiente, coloque la masa en él, tápelo y deje reposar la masa hasta que duplique su volumen.
4. Ponche la masa, haga con ella de nuevo una esfera y deje que repose nuevamente, de la misma forma que en el paso anterior, hasta que duplique su volumen.

Terminado
1. Ponche la Masa una vez más y forme con ella una barra. Engrase un molde de pan de caja y coloque la barra de Masa dentro. Deje que fermente nuevamente hasta que duplique su volumen y rebase ¾ partes de altura del molde.
2. Precaliente el horno a 165 °C.
3. Barnice la superficie de la Masa con el huevo batido y hornéela entre 16 y 20 minutos.

Jesús Elizondo
150

Frenchy French

▲ Ingredientes

Pan francés con hojuelas de maíz

- ◢ 1 barra de pan Benell de mantequilla sin rebanar
- ◢ 8 huevos
- ◢ 600 ml de leche
- ◢ 560 g de hojuelas de maíz sin azúcar, trituradas
- ◢ cantidad suficiente de aceite

Crème brûlée (opcional)

- ◢ 16 yemas
- ◢ 240 g de azúcar
- ◢ 400 ml de leche
- ◢ 800 ml de crema para batir
- ◢ 2 vainas de vainilla abiertas por la mitad a lo largo

Salsa de cajeta

- ◢ 250 g de cajeta
- ◢ 250 g de crema para batir

Terminado

- ◢ 8 láminas de ate de membrillo
- ◢ brotes de melón, al gusto

▲ Procedimiento

Pan francés con hojuelas de maíz

1. Corte la barra de pan en 8 rebanadas gruesas y retíreles la orilla.
2. Mezcle los huevos con la leche y reserve.
3. Prepare una freidora o coloque sobre el fuego un recipiente amplio con aceite.
4. Cubra ligeramente una rebanada de pan con la mezcla de huevo y leche. Después, cúbrala con las hojuelas de maíz y fríala hasta que quede dorada de todos sus lados. Repita este paso con las rebanadas restantes.

Crème brûlée (opcional)

1. Mezcle las yemas con el azúcar.
2. Precaliente el horno a 95 °C.
3. Raspe con la punta de un cuchillo las semillas de cada mitad de vaina de vainilla y mézclelas con la leche y la crema para batir. Coloque esta preparación sobre el fuego junto con las vainas de vainilla. Cuando hierva, vacíela en la mezcla de yemas con azúcar, moviéndolas continuamente. Cuele la preparación y distribúyala en 8 moldes individuales. Colóquelos dentro de un recipiente grande con agua y hornéelos durante 2 horas aproximadamente.

Salsa de cajeta

1. Coloque sobre el fuego la cajeta con la crema para batir. Cuando se calienten, incorpore bien ambos ingredientes. Retire del fuego.

Terminado

1. Sirva cada Pan francés con 1 lámina de ate de membrillo y dore la superficie con un soplete de cocina. Vierta encima 1 cucharada basta de Crème brûlée (opcional) y Salsa de cajeta. Decore con brotes de melón.

Sticky Toffee ahumado
con caramelo de piloncillo

🔺 Ingredientes

Salsa de caramelo

- 1 taza de crema para batir
- 2 tazas de azúcar
- ½ taza de piloncillo picado
- ½ taza de mantequilla cortada en cubos chicos

Sticky Toffee

- 3 tazas de harina de trigo
- 7 g de sal
- 14 g de polvo para hornear
- 2½ tazas de agua
- 3 tazas de dátiles sin semilla, picados
- 14 g de bicarbonato de sodio
- ½ taza de mantequilla
- 2 tazas de azúcar
- 4 huevos
- 8 bolas de helado de vainilla (opcional)

🔺 Procedimiento

Salsa de caramelo

1. Coloque sobre el fuego la crema para batir. Cuando se caliente, manténgala así, sin que hierva.
2. Coloque sobre el fuego una olla de doble fondo con el azúcar y el piloncillo. Cuando ambos ingredientes se hayan fundido y se haya hecho un caramelo, incorpórele poco a poco la crema para batir caliente. Retire la preparación del fuego y deje que su temperatura se reduzca hasta que llegue a 50 °C.
3. Incorpore a la preparación la mantequilla, poco a poco, sin dejar de mezclar. Reserve.

Sticky Toffee

1. Cierna la harina con la sal y el polvo para hornear.
2. Coloque sobre el fuego el agua con los dátiles. Cuando hiervan, añádales el bicarbonato de sodio. Espere a que forme espuma en la superficie y retírelos del fuego. Cuélelos y resérvelos.
3. Coloque en la mitad de un asador con tapa, carbón vegetal y chips de nogal o manzano. Enciéndalo y deje que se caliente.
4. Acreme la mantequilla en la batidora, con el aditamento de pala, a velocidad media. Incorpórele el azúcar, añádale los huevos uno a uno, y continúe batiendo la preparación hasta que sea homogénea.
5. Reduzca la velocidad de la batidora y añada la mezcla de harina cernida; cuando se incorpore, agregue los dátiles y mezcle bien.
6. Divida la preparación en 8 recipientes de hierro colado individuales, de 16 centímetros de diámetro, e introdúzcalos en el asador, en la mitad que no tiene los carbones, a 170 °C. Cierre el asador y deje que se cocinen entre 20 y 25 minutos.
7. Bañe cada sticky toffee con un poco de Salsa de caramelo y sírvalos calientes, sobre tablas de madera, con una bola de helado de vainilla (opcional). Sirva a un lado, en recipientes, la Salsa de caramelo restante.

Turco Dr. González-French Toast

▲ Ingredientes

Salsa de carne seca

- 250 g de carne seca deshebrada
- 60 g de manteca de cerdo
- 1 ℓ de agua
- 300 g de azúcar
- 300 g de piloncillo picado
- 2 clavos de olor
- 1 raja de canela

French toast con hojuelas de maíz

- 1 barra de pan Benell de mantequilla sin rebanar
- 8 huevos
- 600 ml de leche
- cantidad suficiente de aceite
- 560 g de hojuelas de maíz sin azúcar, trituradas

Terminado

- 400 g de nueces pecanas enteras
- 160 g de pasas
- 40 uvas blancas sin semillas partidas por la mitad
- 80 g de carne seca deshebrada
- brotes de maíz, al gusto

▲ Procedimiento

Salsa de carne seca

1. Saltee la carne seca en la manteca de cerdo muy caliente. Cuando se dore, añádale el resto de los ingredientes y deje que todo se cocine a fuego medio. Cuando la salsa tenga un espesor de caramelo, retírela del fuego. Reserve para el terminado.

French toast con hojuelas de maíz

1. Corte la barra de pan en 8 rebanadas grandes y retíreles la orilla.
2. Mezcle los huevos con la leche y reserve.
3. Prepare una freidora o coloque sobre el fuego un recipiente amplio con aceite.
4. Cubra ligeramente una rebanada de pan con la mezcla de huevo y leche. Después, cúbrala con las hojuelas de maíz y fríala hasta que quede dorada de todos sus lados. Repita este paso con las rebanadas restantes.

Terminado

1. Ponga sobre el fuego un sartén con las nueces, las pasas y la Salsa de carne seca. Retire del fuego cuando se caliente.
2. Sirva cada French Toast con un poco de Salsa de carne seca encima y decore con las mitades de uva, la carne seca y los brotes de maíz.

Originario de Uruapan, Michoacán, Jorge creció cerca de una fábrica de chocolate para beber, de la cual recuerda el peculiar y suculento aroma que despedía por las calles mientras tostaban el cacao, y el sabor de la bebida con la que él y todos en el pueblo acompañaban el desayuno. Es hijo de Rosendo Llanderal y Sara Ruedas, quienes eran dueños de un hotel llamado Posada Madrid, el cual creció con la apertura de un negocio de banquetes, en el que Jorge ayudaba a sus padres.

Al terminar la secundaria Jorge tuvo que tomar la decisión de dónde iba a continuar sus estudios, ya que en Uruapan no había muchas opciones. Él pretendía estudiar gastronomía, pero su padre no estuvo de acuerdo; su argumento era que para cocinar no se debe estudiar. Debido a la inconformidad de su papá, optó por elegir Ingeniería Electrónica en Comunicaciones, en la capital de México. Una vez concluidos sus estudios, tomó una beca para realizar un posgrado en electrónica médica en Japón, donde lo contrataron para trabajar en Toshiba; de ahí se trasladó a Estados Unidos, país en el que laboró en la reconocida Hewlett-Packard. Posteriormente, regresó a México para colaborar en la apertura de la primera sucursal de la empresa en Monterrey, donde reside desde hace más de 38 años. A los 35 años de edad fundó sus propias empresas de desarrollo de software, con programas como los puntos de venta que hoy día se utilizan en grandes cadenas de restaurantes y supermercados. Debido a lo demandante y estresante que resultaba su trabajo, decidió vender el negocio.

Retomó su amor por el chocolate cuando se encontró con un programa en el canal televisivo El Gourmet, en el que el chef Ramón Morató elaboraba todo tipo de productos con dicho ingrediente. Quedó fascinado y tomó un curso en las aulas de Chocovic, taller del chef Morató, ubicado en un pueblo cercano a Barcelona llamado Vic. A partir de esa experiencia siguió aprendiendo con los mejores chocolateros del mundo, tomando cursos y realizando prácticas en Francia, Suiza, Las Vegas, Vancouver, Orlando y muchos otros sitios.

Decidió que quería vivir del chocolate, elección nada fácil a los 55 años, por lo que comenzó a elaborar productos desde su casa. Motivado por la falta de equipo e instrumentos para llevar a cabo las preparaciones, llegó a la conclusión de que debía formar su propia empresa, dedicada a cubrir esas necesidades que no sólo él tenía, sino la mayoría de las personas en la industria del chocolate en México. Así abrió Chocosolutions, negocio que maneja junto con su familia para proveer soluciones en temas de materia prima, herramientas, maquinaria e, incluso, capacitaciones, tanto para chocolateros artesanales como semiindustriales.

Actualmente, a la par de Chocosolutions, se dedica a la investigación del cacao, así como a la difusión de su importancia a nivel nacional e internacional.

Bombón cortado con caramelo
de miel melipona y pie de praliné de avellana

Ingredientes

- 90 g de chocolate con leche 41% + 326 g
- 60 g de praliné de avellana
- 100 g de miel de abeja melipona
- 20 g de mantequilla
- 240 g de crema para batir 31% grasa
- 4 g de sal
- 16 g de manteca de cacao
- 500 g de chocolate 70% temperado

Procedimiento

1. Mezcle los 90 gramos de chocolate con el praliné de avellana y caliéntelos a 24 °C. Distribuya esta mezcla sobre hojas de acetato y deje que se cristalice.
2. Coloque sobre el fuego la miel. Cuando se caramelice, añádale la mantequilla y mezcle muy bien.
3. Caliente la crema para batir con la sal y añádala a la mezcla de miel con mantequilla.
4. Derrita a 40 °C los 326 gramos de chocolate con leche restantes junto con la manteca de cacao y emulsiónelos en un procesador de alimentos. Incorpore la mezcla de miel con crema y continúe procesando hasta que obtenga una preparación homogénea.
5. Coloque la preparación anterior encima de la mezcla de chocolate con praliné, enmarcándola con reglas de 6 milímetros. Deje que se cristalice.
6. Corte los bombones con guitarra y trámpelos con el chocolate 70%.

Bombón moldeado de praliné
de ajonjolí negro y ganache de chile pasilla

Rendimiento: 60 bombones

Ingredientes

Praliné de ajonjolí negro
- 200 g de ajonjolí negro
- 100 g de azúcar
- 50 g de chocolate 70%

Ganache de chile pasilla
- 200 g de chocolate 65%
- 20 g de manteca de cacao
- 100 g de crema para batir 34% grasa
- 16 g de sorbitol
- 20 g de glucosa
- 10 g de chile pasilla en polvo
- 15 g de vodka

Terminado
- cantidad suficiente de manteca de cacao pintada del color de su elección
- cantidad suficiente de chocolate oscuro temperado

Procedimiento

Praliné de ajonjolí negro
1. Tueste el ajonjolí en una olla sobre el fuego. Cuando comience a desprender su aroma, añádale el azúcar y cocínelo a fuego bajo hasta que se caramelice. Retire la preparación del fuego y vacíela sobre un tapete de silicón. Deje que se enfríe a temperatura ambiente durante 1 hora.
2. Muela la preparación en un procesador de alimentos hasta que obtenga una pasta granulada. Incorpórele el chocolate y siga procesando hasta que se integre bien. Reserve.

Ganache de chile pasilla
1. Derrita el chocolate en el microondas hasta que llegue a una temperatura de 45-50 °C. Reserve.
2. Derrita la manteca de cacao hasta que llegue a una temperatura de 40 °C. Reserve.
3. Coloque sobre fuego bajo una olla con la crema para batir, el sorbitol, la glucosa y el chile pasilla hasta que alcance los 35 °C.
4. Emulsione el chocolate derretido con la mezcla de crema para batir. Incorpore en forma de hilo, sin dejar de mover, la manteca de cacao y el vodka. Deje que la preparación repose en refrigeración durante 1 hora.

Terminado
1. Pinte con la manteca de cacao las cavidades de la forma de su elección de un molde de policarbonato. Deje que la manteca se solidifique, encamíselas con el chocolate y deje que los casquillos se solidifiquen.
2. Caliente la Ganache de chile pasilla a 28 °C e introdúzcala en una manga pastelera con duya lisa, junto con el Praliné de ajonjolí negro. Distribuya la mezcla dentro de los casquillos sin llenarlos al ras. Deje que reposen durante 3 horas.
3. Cierre los bombones con chocolate temperado y deje que se solidifiquen. Desmóldelos.

Nueces cáscara de papel
de Parras confitadas

🔺 Ingredientes

- ◢ 1 kg de mitades de nueces cáscara de papel
- ◢ 12 g de solución de goma arábiga
- ◢ 1.5 kg de chocolate 58%, derretido, a 45 °C
- ◢ 4 g de flor de sal
- ◢ 2 g de hojas de romero secas, hechas polvo
- ◢ cantidad suficiente de cocoa

🔺 Procedimiento

1. Coloque en un bombo confitador las mitades de nueces, enciéndalo sin aire, y engómelas con 7 gramos de solución arábiga hasta que se humedezcan. Aplique aire hasta secar.
2. Engome las nueces una segunda vez con 5 gramos de solución de goma arábiga, sin aire, hasta que se humedezcan uniformemente. Aplique aire hasta secar.
3. Retire las nueces del bombo y límpielo bien.
4. Regrese las nueces al bombo, enciéndalo con aire y añádales 1.4 kilos de chocolate con un cucharón y en forma de hilo, en líneas sucesivas y de atrás hacia delante, hasta que las nueces se engrosen.
5. Humedezca las nueces engrosadas, en el bombo encendido, con 50 gramos de chocolate y espolvoréeles la flor de sal y el romero.
6. Humedezca nuevamente las nueces, en el bombo encendido sin aire, con 50 gramos de chocolate y espolvoréeles la cocoa. Deje que se cubran por completo.

Originario de la Ciudad de México, Julio comenzó su formación gastronómica en el Centro de Estudios Superiores de San Ángel, CESSA, Universidad Campus Estado de México, donde cursó la licenciatura en Gastronomía y Artes Culinarias en 2008. Realizó prácticas profesionales en Grupo Culinaria Mexicana, donde desarrolló una especial habilidad en el mundo editorial de la gastronomía.

Al egresar, en 2012, reafirmó su gusto y pasión por esta profesión, así que decidió continuar preparándose en la Escuela de Gastronomía Mexicana, ESGAMEX, de la mano de los reconocidos maestros Yuri de Gortari y Edmundo Escamilla.

Se despertó en él un gran gusto por la estética de los alimentos, por lo que decidió probar suerte en el estilismo de comida para fotografías profesionales. Ha trabajado en diversos proyectos tanto individuales como en colaboración con importantes marcas, aunado a la elaboración de recetas para empresas como Maíz Azul, Adrenorama, DN3, La Crème Producteurs, Kikkoman, Búfalo, Primavera, Santa Clara, Ahuacatlán, Aceites Maravilla, Sesajal y la *Revista Gastronómica de México.*

En repetidas ocasiones el Grupo Enrique Olvera ha buscado a Julio para desenvolverse en la parte editorial mediante la elaboración de glosarios, la redacción y verificación de recetas publicadas en *México de adentro hacia fuera,* libro del chef Enrique Olvera de editorial Phaidon, así como los libros *La Milpa* y *UNO*, también del grupo.

Ha colaborado con la revista *Cocina con Alegría* con la creación de recetas, así como el estilismo de las mismas con la toma de fotografías publicadas en dicho medio. En 2013 fue invitado para impartir una plática en el foro Alimentaria México, en la conferencia "El pan artesanal mexicano".

Durante su formación como gastrónomo se inclinó sobre todo hacia la panadería, pues durante la carrera se especializó en la investigación del pan tradicional mexicano y desarrolló muchos trabajos en los que pugna porque muchos de ellos no desparezcan.

Así, en 2013 fundó junto con su hermana la panadería Buñuelo, una de las pocas en el país que hacen investigación del pan tradicional mexicano. Es responsable de la planeación y elaboración de la panadería tanto dulce como de masas saladas en sus dos sucursales, una de ellas ubicada en Paseo de la Reforma.

Hoy día es un reconocido consultor de panadería para personal de cocina en hoteles y restaurantes.

Brioche de mole rojo

▲ Ingredientes

▲ 750 g de harina de trigo
▲ 20 g de sal
▲ 8 g de levadura seca
▲ 80 g de azúcar
▲ 5 huevos
▲ 300 ml de leche
▲ 280 g de mantequilla
▲ 210 g de mole rojo
▲ ajonjolí negro, al gusto

▲ Procedimiento

1. Mezcle en la batidora, con el aditamento de gancho, la harina, la sal, la levadura, el azúcar y los huevos. Cuando la preparación sea homogénea, amásela durante 3 minutos.

2. Añada a la masa la leche y deje que se integre bien. Incorpórele en tres tandas la mantequilla, dejando que cada porción de mantequilla se integre a la masa perfectamente antes de añadir la siguiente.

3. Incorpore a la masa el mole rojo y continúe batiéndola hasta que sea elástica. Coloque la masa en un recipiente, tápelo y deje que repose en refrigeración durante 24 horas.

4. Divida la masa en porciones de 150 gramos, introdúzcalas en moldes para brioche y deje que fermenten durante 45 minutos a temperatura ambiente o hasta que dupliquen su volumen.

5. Precaliente el horno a 190 °C. Si su horno no cuenta con la función de calor húmedo, coloque en el piso de éste un recipiente con agua.

6. Espolvoree los panes con ajonjolí. Si su horno cuenta con la función de calor húmedo, hornee con vapor los panes durante los primeros 5 segundos. Si introdujo el recipiente con agua al precalentarlo, retírelo antes de meter los panes. El tiempo total de horneado es de 20 minutos.

Garibaldi

◢ Ingredientes

- ◢ 400 g de mantequilla
- ◢ 220 g de azúcar
- ◢ 4 huevos
- ◢ 500 g de harina de trigo
- ◢ 10 g de polvo para hornear
- ◢ 220 ml de leche
- ◢ cantidad suficiente de jalea de chabacano
- ◢ cantidad suficiente de grageas blancas

◢ Procedimiento

1. Mezcle en la batidora, con el aditamento de pala, la mantequilla con el azúcar. Incorpórele, uno a uno, los huevos. Continúe batiendo la mezcla hasta que se esponje y duplique su volumen original.
2. Mezcle la harina con el polvo para hornear y ciérnala. Añádala en dos tandas a la mezcla de la batidora.
3. Incorpore a la preparación anterior la leche. Continúe batiéndola hasta que se blanquee.
4. Precaliente el horno a 190 °C.
5. Engrase y enharine moldes para garibaldi y vierta en cada uno 80 gramos de la preparación. Hornéelos durante 25 minutos.
6. Retírelos del horno y desmóldelos. Déjelos enfriar y cubra cada uno con jalea de chabacano y grageas blancas.

Pan de canela

▲ Ingredientes

Cobertura de azúcar
- 500 g de harina de trigo
- 50 g de azúcar glass
- 350 g de manteca vegetal
- 150 g de mantequilla

Masa
- 1 kg de harina de trigo
- 10 g de sal
- 10 g de levadura seca
- 5 huevos
- 180 g de azúcar
- 500 ml de leche
- 400 g de mantequilla cortada en cubos + cantidad suficiente
- 30 g de canela molida

Terminado
- cantidad suficiente de mantequilla
- cantidad suficiente de azúcar

▲ Procedimiento

Cobertura de azúcar
1. Mezcle todos los ingredientes en una batidora hasta que obtenga una pasta. Conserve en refrigeración.

Masa
1. Mezcle en una batidora, con el aditamento de gancho, la harina, la sal, la levadura, los huevos y el azúcar. Una vez que se hayan integrado bien los ingredientes, amase la mezcla durante 3 minutos.

2. Incorpore a la preparación anterior la leche. Añada en tres tandas los 400 gramos de mantequilla, incorporando cada una después de que se haya integrado bien la anterior.

3. Agregue a la masa la canela y continúe amasándola hasta que sea elástica. Introdúzcala dentro de un recipiente engrasado, tápelo y déjela reposar durante 12 horas en refrigeración.

Terminado
1. Divida la Masa en porciones de 90 gramos. Boléelas y distribúyalas en una charola para hornear engrasada. Derrita un poco de mantequilla y úntela, con ayuda de una brocha, sobre la superficie de las porciones de masa.

2. Forme discos de Cobertura de azúcar de un diámetro un poco mayor que las porciones de masa y cúbralas con ellos. Márqueles líneas en la superficie y deje que fermenten durante 1 hora o hasta que dupliquen su volumen.

3. Precaliente el horno a 180 °C; cuando tenga la temperatura adecuada, hornee los panes durante 23 minutos. Retírelos del horno, cúbralos inmediatamente con azúcar y déjelos enfriar.

Pan de pulque

◣ Ingredientes

Masa
- ◢ 2 kg de harina de trigo
- ◢ 2 g de levadura
- ◢ 500 ml de pulque + 150 ml
- ◢ 25 g de sal
- ◢ 20 g de leche en polvo
- ◢ 5 huevos
- ◢ 400 g de manteca de cerdo
- ◢ 250 g de azúcar

Terminado
- ◢ cantidad suficiente de leche
- ◢ cantidad suficiente de ajonjolí

Procedimiento

Masa
1. Mezcle 1 kilo de harina con la levadura y 500 mililitros de pulque hasta obtener una masa. Déjela reposar en refrigeración durante 24 horas.
2. Mezcle y amase en la batidora durante 3 minutos, con el aditamento de gancho, la harina restante, la sal, la leche en polvo, los huevos y la masa que dejó reposar. Añádale el pulque restante y continúe amasándola hasta que su consistencia sea homogénea.
3. Añada a la masa la mitad de la manteca de cerdo; cuando se haya incorporado bien, añádale la manteca restante. Continúe amasando hasta que la consistencia de la masa sea ligeramente elástica. Incorpórele el azúcar y siga amasándola hasta que su consistencia sea elástica. Colóquela en un recipiente, tápelo y deje que repose en refrigeración durante 24 horas.

Terminado
1. Divida la Masa en porciones de 90 gramos. Extienda cada una de forma alargada y trence tres de ellas. Repita el paso anterior hasta terminar con la Masa. Deje que las trenzas reposen durante 1 hora o hasta que dupliquen su volumen. Barnícelas con leche y espolvoréeles ajonjolí.
2. Precaliente el horno a 185 °C; cuando tenga la temperatura adecuada, hornee las porciones de Masa durante 20 minutos.

Kenny Kuri ha tenido siempre una historia de amor con el pan. Es egresado del Centro de Artes Culinarias Maricú, sitio donde coincidió con el chef Carlos Ramírez Roure, quien, como mentor y amigo, lo instruyó y conviertió en fanático de la panadería.

Ha trabajado y tomado cursos de la mano de chefs de talla internacional, como Paco Torreblanca, Frederic Lalos, Johan Martin y Didier Rosada, entre otros.

En 2011 concursó en Abastur, en el certamen Tlaxcalli de Panadería, donde obtuvo el primer lugar nacional, al lado de Daniel Martínez Gorostieta.

Tres años después, en 2014, concursó por la Copa Lessafre de Panadería. Su talento sorprendió a más de un juez y se coronó ganador en la categoría de Bollería. La victoria trajo consigo su selección para el nacional en panadería, y su lugar en la competencia en la Copa Mundial de Pastelería.

Junto con dos colegas compartió un espacio en Coyoacán, cada quien con un proyecto individual; posteriormente, en 2015, sus ideas tomaron forma y se convirtieron en Bakers Pastelería y Panadería.

Este espacio se consolidó como una empresa enfocada en la elaboración de productos relacionados con la industria panificadora y las artes dulces. Actualmente ofrece panadería europea cuyas recetas incluyen, casi en su mayoría, fermentos naturales para lograr productos de excelente calidad.

Hoy día, Kenny se desarrolla como jefe de producción para Bakers, teniendo a cargo la dirección del taller para cursos, seminarios y diplomados, ya que considera que la educación es un factor determinante para que la panadería en México siga evolucionando.

Además, ofrece capacitación y desarrolla productos para diferentes empresas mexicanas, e imparte cursos y talleres en escuelas y universidades reconocidas en toda la República Mexicana.

Croissant muerto

Rendimiento: 30 _croissants_

◢ Ingredientes

Masa de croissant

- ◢ 1 kg de harina de trigo + cantidad suficiente
- ◢ 25 g de sal
- ◢ 130 g de azúcar
- ◢ 30 g de levadura fresca
- ◢ 250 g de mantequilla + 500 g a 10 °C
- ◢ 300 g de agua
- ◢ 180 g de leche
- ◢ la ralladura de 2 naranjas
- ◢ la ralladura de 1 limón
- ◢ 10 ml de esencia de azahar

Terminado

- ◢ 2 huevos batidos ligeramente
- ◢ 200 g de mantequilla clarificada
- ◢ 200 g de azúcar
- ◢ pétalos de cempasúchil, al gusto

◢ Procedimiento

Masa de croissant

1. Amase en una batidora, con el aditamento de gancho, 1 kilo de harina con todos los ingredientes excepto los 500 gramos de mantequilla, hasta que obtenga una masa elástica. Deje que repose en refrigeración, en un recipiente tapado, durante 3 horas como mínimo.

2. Estire la masa en forma rectangular, de 70 centímetros de ancho por 30 de largo aproximadamente, en una superficie de trabajo enharinada ligeramente. Estire la mantequilla restante de la misma forma y colóquela sobre la masa. Pliegue ambos rectángulos en forma de tríptico y deje que reposen en refrigeración durante 10 minutos.

3. Coloque en la superficie de trabajo la masa girada 90°, o un cuarto de vuelta, con respecto a la posición en que quedó después del plegado anterior. Estírela de la misma forma que en el paso 2 y pliéguela en forma de tríptico. Deje que repose en refrigeración durante 10 minutos.

4. Repita el paso anterior 2 veces más, dejando reposar la masa la última ocasión durante 30 minutos. De esta forma, habrá estirado y plegado la masa 4 veces.

5. Estire la masa en una superficie enharinada hasta que tenga un grosor de 4 milímetros y corte triángulos de 11 centímetros de base por 28 de altura.

6. Enrolle cada triángulo sobre sí mismo, comenzando por la base. Deje que reposen durante 1 hora a una temperatura de 26 °C.

Terminado

1. Precaliente el horno a 180 °C. Barnice los _croissants_ con el huevo y hornéelos durante 18 minutos. Retírelos del horno y deje que se enfríen.

2. Barnice los _croissants_ con la mantequilla clarificada y espolvoréelos abundantemente con el azúcar. Decórelos con los pétalos de cempasúchil.

Cuadros de higo

▲ Ingredientes

Crema de pistache
- 250 g de mantequilla
- 250 g de azúcar glass
- 330 g de harina de trigo
- 105 g de huevo sin cascarón
- 105 g de pistache en polvo
- 10 g de pasta de pistache

Masa
- 1 kg de harina de trigo
- 25 g de sal
- 110 g de azúcar
- 35 g de levadura fresca
- 200 g de mantequilla + 450 g a 10 °C
- 100 g de huevo
- 230 g de agua
- 150 g de leche

Terminado
- 2 huevos batidos ligeramente
- rebanadas de higos frescos, al gusto
- cantidad suficiente de brillo neutro
- pistaches garapiñados troceados, al gusto

▲ Procedimiento

Crema de pistache
1. Acreme la mantequilla con el azúcar glass. Incorpórele la harina y el huevo y continúe batiendo hasta que obtenga una mezcla uniforme.
2. Añada e integre a la mezcla el pistache en polvo y la pasta de pistache.
3. Introduzca la crema en una manga pastelera con duya lisa. Forme discos de 8 centímetros de diámetro con ayuda de cortadores circulares, y congélelos.

Masa
1. Amase en una batidora, con el aditamento de gancho, todos los ingredientes excepto los 450 gramos de mantequilla, hasta que obtenga una masa elástica. Deje que repose en refrigeración, en un recipiente tapado, durante 3 horas como mínimo.
2. Realice los pasos 2 a 4 de a Masa de croissant (ver receta Croissant muerto).
3. Estire la masa en una superficie enharinada hasta que tenga un grosor de 4 milímetros y corte cuadros de 10 centímetros; deje que reposen durante 35 minutos a una temperatura de 26 °C.

Terminado
1. Precaliente el horno a 170 °C.
2. Coloque sobre cada cuadro de Masa un disco congelado de Crema de pistache y presiónelo ligeramente. Barnice cada cuadro con el huevo batido y hornéelos durante 18 minutos. Retírelos del horno y deje que se enfríen.
3. Decore los cuadros con las rebanadas de higos frescos y barnícelas con brillo neutro. Espolvoree encima los pistaches garapiñados.

Rollos bicolor

Rendimiento: 30 rollos

🔺 Ingredientes

Masa

- 1 kg de harina de trigo + cantidad suficiente
- 25 g de sal
- 100 g de azúcar
- 15 g de azúcar invertido
- 25 g de levadura fresca
- 250 g de mantequilla + 500 g a 10 °C
- 280 g de agua
- 200 g de leche
- 8 g de colorante en gel rojo intenso

Terminado

- cantidad suficiente de brillo neutro
- 150 g de requesón
- 30 g de miel de abeja
- 200 g de frutos rojos de su elección

🔺 Procedimiento

Masa

1. Amase en una batidora, con el aditamento de gancho, todos los ingredientes excepto los 500 gramos de mantequilla, hasta que obtenga una masa elástica. Separe una cuarta parte de la masa y amásela con el colorante. Deje que ambas masas reposen en refrigeración, en un recipiente tapado, durante 3 horas como mínimo.
2. Realice con la masa sin colorante los pasos 2 a 4 de la Masa de croissant (ver receta Croissant muerto).
3. Coloque la masa de color rojo encima de la masa sin color. Estírela en una superficie enharinada hasta que tenga un grosor de 4 milímetros y corte tiras de 3 centímetros de ancho por 30 de largo.
4. Trence 2 tiras, dele forma de espiral a cada trenza y deje que reposen durante 40 minutos a 26 °C.
5. Precaliente el horno a 170 °C. Hornee las espirales de masa durante 16 minutos. Sáquelas del horno y déjelas enfriar.

Terminado

1. Barnice los rollos con brillo neutro.
2. Mezcle el requesón con la miel de abeja y distribúyalo en el centro de cada rollo. Decórelos con los frutos rojos.

Lizbeth Hernández

Originaria del Estado de México, a los 16 años Liz se mudó a Cholula, Puebla, para continuar con sus estudios. Después de probar suerte con cursos menores, se inscribió a una escuela de nivel técnico, donde conoció las grandes oportunidades de desarrollo de la gastronomía.

Con muchos factores en su contra y sin el apoyo de su familia, aceptó el reto de comenzar a desenvolverse en el mundo gastronómico. Gracias a videos, libros, talleres y cursos, poco a poco fue aprendiendo más sobre la cocina. En 2009, volvió a cambiar de residencia y se mudó a Tlaxcala, donde enriqueció sus conocimientos y además descubrió todo sobre el trabajo en el campo.

Estudió la licenciatura en Administración de Empresas, sin dejar de lado su pasión por la cocina. Aunque implicaba dejar todo, persiguió sus sueños y, en 2012, junto con su socio, Armando Muñoz, creó en Tabasco DRUPA Museo Interactivo del Chocolate, proyecto cuyo objetivo es, a la fecha, dar a conocer uno de los ingredientes más importantes de México: el cacao.

Fue así como lograron que en la cuarta edición del Festival del Chocolate, que se realiza en Tabasco, el programa incluyera a DRUPA como parte de la ruta del cacao y las haciendas de chocolate de la región.

En 2016 se percató de que, a pesar de tener una finca llena de árboles de cacao, no sabía hacer chocolate, así que de nuevo, debido a su aprendizaje autodidacta y con ayuda de videos de chocolateros, Liz aprendió el oficio de la gente que diariamente cosecha el cacao, mientras practicaba el temperado del chocolate.

Después de entender la complejidad de los procesos, descubrió que su pasión era el chocolate, lo que la llevó a perfeccionar la técnica del temperado en la Chocolate Academy. El arduo trabajo rindió frutos: un año más tarde, en 2017, DRUPA lanzó su primera línea de chocolates refinados.

Hoy día Liz es una reconocida representante del Cacao de Tabasco. Además de ser la chocolatera y cacaotera principal de DRUPA, ha participado en diversos eventos, como el Salon du Chocolat en París, Francia, como representante de la ruta del cacao, y en talleres y exhibiciones como la elaboración de chocolate en metate en The Culinary Institute of America.

Su meta es llevar el cacao mexicano a la cima de los chocolates a nivel mundial y compartir su filosofía: "Valorar el esfuerzo de la gente del campo e incentivar a las nuevas generaciones de cocineros y chocolateros en el conocimiento de un producto que ha dado fama a México en el mundo".

Brownie de Chocolate Emocional
con granizado de mucílago

Ingredientes

Granizado de mucílago
- 5 frutos de cacao
- 100 g de azúcar
- 100 g de agua

Brownie
- 70 g de harina de trigo
- 10 g de cocoa
- 150 g de mantequilla a temperatura ambiente
- 120 g de azúcar mascabado
- 120 g de Chocolate Emocional 70%, fundido
- 2 huevos batidos ligeramente

Terminado
- 50 g de azúcar glass

Procedimiento

Granizado de mucílago
1. Parta los frutos de cacao por la mitad y extráigales el interior. Mezcle éste con el agua y estrújelo para separar las semillas del mucílago o pulpa blanca. Cerciórese de que ninguna semilla quede dentro de la pulpa. Guarde para otros usos las semillas y reserve la pulpa en congelación durante 30 minutos.
2. Licue la pulpa con el azúcar durante 1 minuto. Resérvela en congelación.

Brownie
1. Cierna la harina con la cocoa y reserve.
2. Acreme la mantequilla con 60 gramos de azúcar mascabado en la batidora a velocidad media. Añádale el chocolate fundido, en forma de hilo, los huevos batidos y el resto del azúcar mascabado. Incorpore la mezcla de harina con cocoa hasta que obtenga una pasta homogénea.
3. Precaliente el horno a 180 °C. Vierta la preparación en un molde cuadrado de 22 centímetros por lado y distribúyala con una espátula. Hornee durante 45 minutos. Saque el brownie del horno, déjelo enfriar y desmóldelo.

Terminado
1. Divida el Brownie en 8 porciones. Sírvalas espolvoreadas con azúcar glass y acompáñelas con el Granizado de mucílago.

Rosa mexicano

◢ Ingredientes

Bizcocho
- ◢ 100 g de mantequilla + cantidad suficiente
- ◢ 100 g de azúcar
- ◢ 3 huevos
- ◢ 100 g de harina de trigo + cantidad suficiente

Extracto de betabel
- ◢ 1 betabel pelado y cortado en trozos

Cremoso de cacao
- ◢ 200 g de chocolate de mesa
- ◢ 100 g de agua caliente

Mousse de pimienta gorda
- ◢ 5 pimientas gordas
- ◢ 250 g de crema para batir
- ◢ 50 g de azúcar glass

Terminado
- ◢ 8 trozos de betabel deshidratados (opcional)
- ◢ fresa cortada en octavos (opcional)
- ◢ figuras de chocolate blanco, al gusto
- ◢ brotes y hojas, al gusto

◢ Procedimiento

Bizcocho
1. Bata en la batidora la mantequilla hasta que obtenga una consistencia de pomada. Añádale el azúcar y continúe batiéndola durante 10 minutos.
2. Vierta a la preparación un huevo y bátala durante 3 minutos. Realice lo mismo con los 2 huevos restantes.
3. Precaliente el horno a 175 °C.
4. Incorpore a la preparación anterior la harina y bátala hasta obtener una consistencia homogénea. Engrase y enharine un molde cuadrado de 22 centímetros por lado y vierta la preparación en él. Hornéela durante 45 minutos.

Extracto de betabel
1. Triture en el procesador de alimentos el betabel hasta obtener un puré. Colóquelo sobre un colador cubierto con un trozo de manta de cielo, y presiónelo contra el colador para extraer el jugo.
2. Reserve 5 gramos del jugo y guarde el resto para otros usos.

Cremoso de cacao
1. Licue el chocolate con la mitad del agua durante 2 minutos. Incorpore a la mezcla el resto del agua en forma de hilo.
2. Vierta el cremoso en una manga pastelera y resérvelo en refrigeración.

Mousse de pimienta gorda
1. Añada las pimientas gordas a la crema para batir y deje que repose en refrigeración durante 1 noche.
2. Cuele la crema para batir y colóquela en el tazón de la batidora. Enciéndala a velocidad media y vaya integrando de a poco el azúcar glass y los 5 gramos del Extracto de betabel que reservó. Deje de batirla cuando se le formen picos firmes.
3. Introduzca la *mousse* en una manga pastelera con duya lisa y resérvela.

Terminado
1. Distribuya en cucharas de madera grandes una cama de Cremoso de cacao. Ponga encima una capa de Bizcocho, luego más Cremoso de cacao y termine con Mousse de pimienta gorda. Decore con los trozos de betabel deshidratados y los octavos de fresa (opcional), así como con figuras de chocolate y los brotes y hojas al gusto.

Untable
de chocolate de mesa

◢ Ingredientes

- ◢ 200 g de semillas de cacao tostadas + 50 g troceadas
- ◢ 200 g de azúcar
- ◢ 200 g de agua caliente
- ◢ 4 g de canela en raja

◢ Procedimiento

1. Muela los 200 gramos de semillas de cacao hasta obtener una pasta. Mézclela con el azúcar y la canela y muélala nuevamente hasta obtener una consistencia maleable. Añádale el agua caliente en forma de hilo mientras sigue licuando. Debe obtener una consistencia untuosa y firme.
2. Distribuya la pasta en frascos que tengan tapa, tápelos, y déjelos reposar en refrigeración durante 20 minutos, como mínimo, antes de consumirla.
3. Decore con las semillas de cacao restantes.

Puede incorporar al untable algún crocante antes de introducirlo al refrigerador, como nibs *tostados, nueces o almendras troceadas.*

Lizbeth Hernández

Luis descubrió su pasión por las artes dulces en 1994, cuando viajó a Nueva York, Estados Unidos, para continuar con sus estudios en Economía. En la búsqueda de un empleo que solventara sus gastos, se introdujo al mundo gastronómico en el restaurante Daniel, del reconocido mundialmente chef Daniel Boulud, sitio con tres estrellas Michelin.

Su curiosidad lo llevó a inscribirse en el French Culinary Institute de Manhattan (ahora International Culinary Center), donde cursó el programa Professional Pastry Arts; su talento nato fue evidente y, en 1999, se hizo acreedor al reconocimiento Outstanding Alumni Award. Un año después decidió mudarse a París para perfeccionar sus conocimientos en la cocina francesa y pastelería, e hizo estancias en restaurantes galardonados con estrellas Michelin como Le Pré Catelan y La Table du Baltimore. En su camino por profesionalizarse en las artes culinarias, acreditó diversos cursos en la mítica École Lenôtre, en París, hasta obtener el Diplôme Culinaire Professionnel. En ese momento descubrió que su más grande pasión era el chocolate y, para perfeccionar su técnica, buscó al equipo de excelencia de L'École du Grand Chocolat, liderado por Frédéric Bau. Tiempo más tarde regresó a Nueva York, invitado por Sirio Maccioni, para ejercer como chef pastelero ejecutivo en el afamado restaurante Le Cirque, el cual marcó toda una época en la restauración de Estados Unidos. Después de tres años al frente de la creación de postres de dicho lugar, Luis decidió salir y tomar las riendas de la cocina del Hotel Four Seasons, en La Gran Manzana, donde creó una línea de chocolates especiales para huéspedes, misma que fue aplaudida por la prensa neoyorquina.

En octubre de 2006 Robledo se instaló en la Ciudad de México y abrió las puertas de Tout Chocolat, chocolatería artesanal de alta gama. La calidad de los chocolates y la recepción del público lo llevaron a ser nombrado One of the Top Ten Chocolatiers in North America en dos ocasiones. Durante cuatro años fue la cabeza de la Barry Callebaut's Chocolate Academy Center, en la Ciudad de México; además, importantes marcas como Nestlé, Grand Marnier, Zacapa, Lenôtre, Möet&Chandon, Nespresso, Felchlin Switzerland y Valrhona, entre otras, han buscado su talento para distinguirlo con distintas colaboraciones.

Ha participado en competencias internacionales como competidor, juez y organizador; entre ellas destacan el World Chocolate Masters, donde ganó el reconocimiento de la prensa y el Social Media Award. También ha impartido clases y demos en el Salon du Chocolat, en París, y The Chocolate Show New York; en dos ocasiones también participó en Chocolate Fashion Show de la mano de Valrhona y Grand Marnier. En su trayectoria profesional ha sido docente en instituciones como The French Culinary Institute New York, Culinary Institute of America, Le Cordon Bleu, The Institute of Culinary Education, EPGB Barcelona, entre otros. Su primer libro, *Larousse del Chocolate*, fue publicado en octubre de 2018 por editorial Larousse, considerado como una de las mejores obras editoriales de un maestro chocolatero mexicano, que obtuvo el Gourmand World Cookbook Award en 2019 como Mejor libro del mundo en la categoría de Pastelería profesional.

Panini de chocolate y avellanas
con aromas de limón

Rendimiento: 6 *paninis*

Ingredientes

Bizcocho de avellanas

- 250 g de huevos
- 75 g de praliné de avellanas
- 150 g de azúcar glass
- 150 g de avellanas tostadas, hechas polvo
- 165 g de claras
- 1 g de cremor tártaro
- 45 g de azúcar
- 50 g de harina de trigo tamizada
- 40 g de mantequilla derretida a 50 °C

Crema de avellanas

- 250 g de leche
- 30 g de fécula de maíz
- 50 g de azúcar
- 40 g de yemas
- 2 g de grenetina en hoja, hidratada previamente con 12 g de agua
- 50 g de praliné de avellanas
- 200 g de crema para batir

Crema de limón y albahaca

- 200 g de jugo de limón
- 180 g de azúcar
- 105 g de yemas
- 140 g de huevos
- 105 g de mantequilla
- 10 g de hojas de albahaca fresca
- 2 g de grenetina en hoja, hidratada previamente con 12 g de agua

Terminado

- avellanas cortadas por la mitad, al gusto

Procedimiento

Bizcocho de avellanas

1. Mezcle los huevos con el praliné de avellanas, el azúcar glass y el polvo de avellana. Bata la mezcla en la batidora hasta que forme picos firmes. Al mismo tiempo, bata las claras en la batidora a velocidad media; cuando se blanqueen un poco, añádales poco a poco el azúcar y el cremor tártaro. Continúe batiendo hasta que obtenga una preparación que forme picos firmes e intégrela, con movimientos envolventes, a la mezcla de huevos con praliné.
2. Incorpore a la mezcla anterior, con movimientos envolventes, la harina y la mantequilla.
3. Precaliente el horno a 220 °C.
4. Distribuya la mezcla en una charola cubierta con un tapete de silicón, de forma que quede de 8 milímetros de altura. Hornéela entre 5 y 6 minutos aproximadamente. Sáquela del horno y deje que se enfríe.
5. Corte el bizcocho en cuadros de 12 centímetros y resérvelos.

Crema de avellanas

1. Mezcle en una cacerola la leche, la fécula de maíz, el azúcar y las yemas. Coloque la cacerola sobre fuego medio y cocine la preparación, sin dejarla de mover con el batidor globo, hasta que se espese y tenga una consistencia lisa y brillante, de crema pastelera.
2. Incorpore a la crema, aún caliente, la grenetina hidratada y el praliné de avellanas. Cúbrala con plástico autoadherente, de manera que toda la preparación tenga contacto con éste, y deje que repose en refrigeración hasta que se enfríe.
3. Bata la crema para batir hasta que forme picos firmes e incorpórela a la crema pastelera la crema batida. Introdúzcala en una manga pastelera con duya lisa y resérvela.

Crema de limón y albahaca

1. Mezcle en una cacerola todos los ingredientes, excepto la grenetina. Coloque la preparación sobre el fuego y cocínela, sin dejarla de mover con un batidor globo, hasta que tenga una temperatura de 84 °C. Licuela con la gelatina con ayuda de una licuadora de inmersión.
2. Cubra la crema con plástico autoadherente, de forma que toda la preparación tenga contacto con éste, y deje que repose en refrigeración hasta que se enfríe. Introdúzcala en una manga pastelera con duya lisa y resérvela en refrigeración.

Terminado

1. Marque los cuadros de Bizcocho de avellanas en la máquina de panini hasta que se tuesten. Corte los bizcochos por la mitad, en forma de triángulos, y agrúpelos en dos.
2. Distribuya en un grupo de triángulos de bizcocho ambas cremas, sobre una cara de cada triángulo, en forma de esferas de 1 centímetro de alto, de manera alternada. Coloque encima el grupo restante de triángulos de bizcocho.
3. Conserve los paninis en refrigeración hasta que los sirva. Decórelos con las avellanas.

Ravioli de praliné de avellana, jaiba azul,
chabacanos rostizados y consomé de pollo y cedrón

Rendimiento: 6 porciones

🔺 Ingredientes

Consomé de pollo y cedrón
- 2.5 ℓ de agua
- 850 g de muslos y alas de pollo
- 150 g de cebolla troceada
- 2 clavos
- 100 g de zanahoria troceada
- 100 g de apio troceado
- 1 *bouquet garni* (2 hojas de laurel y 1 rama de tomillo envueltas en 1 hoja de poro, anudada)
- 40 g de hojas de cedrón frescas

Praliné de avellana
- 160 g de azúcar
- 200 g de avellanas tostadas, sin piel

Relleno de jaiba azul
- 150 g de carne de jaiba azul
- 20 g de aceite de oliva
- 10 g de vinagre de Jerez
- sal y pimienta, al gusto

Raviolis
- 240 g de harina de trigo + cantidad suficiente
- 20 g de aceite de oliva
- 4 g de sal
- 90 g de agua
- 1 yema batida

Chabacanos rostizados
- 250 g de chabacanos frescos, sin piel
- 40 g de mantequilla a temperatura ambiente
- 50 g de azúcar
- hojas de tomillo fresco, al gusto

Terminado
- 120 g de mantequilla sin sal cortada en cubos, fría
- 4 ℓ de agua
- 60 g de sal
- brotes de su elección, al gusto

🔺 Procedimiento

Consomé de pollo y cedrón
1. Coloque en una cacerola todos los ingredientes, excepto las hojas de cedrón. Ponga la preparación sobre el fuego durante 1 hora 30 minutos.
2. Cuele la preparación y colóquela de nuevo sobre el fuego. Cuando hierva, añádale las hojas de cedrón. Retírela del fuego, tápela y deje que se infusione durante 40 minutos. Retire las hojas de cedrón, deje que se enfríe y refrigérela durante 12 horas. Retírele la grasa y resérvela.

Praliné de avellana
1. Caramelice el azúcar en una cacerola de hierro colado hasta que obtenga un caramelo color ámbar oscuro. Agregue las avellanas y mézclelas bien con una espátula flexible de silicón.
2. Vierta la preparación en un tapete de silicón y deje que se enfríe completamente. Tritúrela en un procesador de alimentos hasta que obtenga una pasta fina.

Relleno de jaiba azul
1. Deshebre la carne de jaiba con un tenedor. Añádale el aceite de oliva, el vinagre de Jerez y sal y pimienta al gusto. Reserve en refrigeración.

Raviolis
1. Muela todos los ingredientes, excepto la yema batida, en un procesador de alimentos entre 30 y 40 segundos o hasta que obtenga una masa homogénea. Amase la preparación con las manos hasta que adquiera un poco de elasticidad. Envuélvala en plástico autoadherente y refrigérela durante 3 horas como mínimo.
2. Estire con muy poca harina la masa con ayuda de un rodillo o una máquina de pasta hasta que tenga un espesor de 1.5 milímetros. Corte la pasta en círculos de 10 centímetros de diámetro con un cortapastas. Coloque al centro de cada disco un poco de Praliné de avellanas y el Relleno de jaiba azul. Barnice con un poco de yema el borde de cada disco y doble cada uno por la mitad para formar raviolis en forma de media luna. Presione el borde para cerrarlos muy bien y congélelos hasta su uso.

Chabacanos rostizados
1. Precaliente el horno a 160 °C.
2. Cubra los chabacanos con la mantequilla y espolvoréelos con el azúcar y las hojas de tomillo. Hornee los chabacanos durante 40 minutos o hasta que estén suaves. Sáquelos del horno y déjelos enfriar. Retíreles la piel y la semilla y caramelícelos con un soplete. Córtelos en gajos.
3. Haga puré los chabacanos que se hayan roto o que estén demasiado suaves.

Terminado
1. Coloque sobre fuego medio el Consomé de pollo y cedrón y deje que hierva hasta que se reduzca a la mitad de su volumen inicial. Añádale los cubos de mantequilla fría y emulsiónelos con una licuadora de inmersión, hasta que obtenga una consistencia aireada y cremosa. Resérvelo caliente.
2. Coloque sobre el fuego una cacerola con el agua y la sal. Cuando hierva, introduzca en ella con cuidado los Raviolis y deje que se cocinen durante 3 minutos.
3. Sirva 3 Raviolis por porción, junto con los Chabacanos rostizados, el puré de éstos y el Consomé de pollo y cedrón. Decore con los brotes y sirva de inmediato.

Luis Robledo

196

Trucha pochada en manteca de cacao,
arroz cremoso con chocolate y cacao tostado

🔺 Ingredientes

Caldo de vegetales y cacao

- 3 ℓ de agua
- 2 zanahorias medianas troceadas
- ½ cebolla blanca troceada
- 1 poro chico troceado
- 2 tallos de apio troceados
- 20 pimientas negras
- 50 g de semillas de cacao tostadas
- 1 rama pequeña de tomillo

Trucha pochada en manteca de cacao

- 250 g de manteca de cacao
- sal y pimienta al gusto
- 900 g de trucha salmonada con piel, cortada en trozos de 80 g
- 1 rama pequeña de tomillo
- 2 ℓ de agua

Arroz cremoso con chocolate

- 30 g de aceite de oliva
- 350 g de arroz de grano corto (arborio, roma, vialone nano)
- sal y pimienta al gusto
- 40 g de chocolate oscuro 70%
- 25 g de mantequilla sin sal

Terminado

- láminas de espárragos blanqueadas, al gusto
- cubos de cáscara de naranja confitada, al gusto
- chocolate rallado, al gusto

🔺 Procedimiento

Caldo de vegetales y cacao

1. Coloque sobre fuego medio una cacerola con todos los ingredientes y deje que hiervan durante 45 minutos.
2. Retire la cacerola del fuego, tápela y deje que la preparación se enfríe. Cuele el caldo y resérvelo.

Trucha pochada en manteca de cacao

1. Derrita la manteca de cacao e introdúzcala en una bolsa con cierre hermético donde quepa la trucha.
2. Salpimiente los trozos de trucha, colóquelos dentro de la bolsa que tiene la manteca de cacao y añádales la rama de tomillo. Cierre la bolsa retirando del interior la mayor cantidad de aire.
3. Coloque sobre el fuego una cacerola con el agua. Cuando llegue a 40-45 °C, sumerja en ella la bolsa con los trozos de trucha, sin que el cierre hermético quede sumergido, y manténgala en ese rango de temperatura durante 40 minutos, usando un termómetro digital y apagando el fuego cada que sea necesario. Este proceso lo puede realizar de manera más sencilla con un termocirculador o en un *runner*.

Arroz cremoso con chocolate

1. Coloque sobre el fuego el Caldo de vegetales y cacao. Cuando hierva, sofría aparte, en el aceite de oliva, el arroz durante 3 minutos.
2. Añada al arroz un cucharón del Caldo de vegetales y cacao. Mueva delicadamente el arroz y, cuando éste se quede sin caldo, añada otro cucharón de caldo. Repita este paso durante 20 minutos aproximadamente o hasta que el arroz esté cocido pero firme. Salpimiente el arroz y retírelo del fuego.
3. Incorpore al arroz el chocolate y la mantequilla y déjelo reposar durante unos minutos.

Terminado

1. Coloque el Arroz cremoso con chocolate en platos y distribuya encima los trozos de Trucha pochada en manteca de cacao. Decore con las láminas de espárragos, los cubos de cáscara de naranja confitada y el chocolate rallado.

Elabore el Arroz cremoso con chocolate cuando la trucha tenga 20 minutos de cocción. Así, ambas preparaciones estarán listas al mismo tiempo, pues su sabor desmerece si no se consumen inmediatamente.

Mao Montiel

Nacido en la Ciudad de México, Mao se interesó desde pequeño por la arquitectura, el diseño y el arte. Sin embargo, se decidió por la gastronomía debido a la influencia de su abuelo, quien disfrutaba el placer del buen comer.

Es egresado del Centro Culinario Ambrosía, donde llegó a sus manos el libro *La cocina de los postres*, del mítico chocolatero catalán Oriol Balaguer, mismo que lo introdujo al mundo del chocolate, que con los años se convirtió en su vida.

Buscó oportunidades laborales en países como Italia y España; en este último formó parte del equipo de Oriol Balaguer, en Barcelona, por más de cuatro años. Su esfuerzo rindió frutos y finalmente alcanzó el puesto de jefe de chocolatería, cargo que requería la producción nacional y mundial de la marca.

En este punto de su vida, Mao decidió volver a México para forjar su propio camino como emprendedor; fue así como fundó Dolcenero: Chocolatería de diseño/arte efímero. Aquí aplicó el arte y la arquitectura en chocolate, proponiendo así una forma distinta de ver este producto, marcando tendencias e imponiendo un nuevo estilo en el trabajo de la chocolatería mexicana.

En su trayectoria ha participado como ponente en festivales gastronómicos, entre los que destacan Paralelo Norte, Mistura (Lima, Perú), Omnivore, Wine and Food, Guanajuato Sabe, COME Jalisco y, en compañía de su mentor Oriol Balaguer, como asistente en congresos como Mesamérica (Ciudad de México), Madrid Fusión Guanajuato y Andalucía Sabor (Sevilla). Su trabajo como chocolatero y repostero lo han llevado a servir cenas en colaboración con reconocidos cocineros de México como Jonatan Gómez Luna, Guillermo González Beristáin, Pablo Salas, Jesús Escalera y Janice Wong. En su faceta de artista ha montado exposiciones artísticas comestibles en México, Tokyo y Singapur.

Dolcenero ha obtenido el reconocimiento de la Mejor experiencia dulce de México otorgado por los Gourmet Awards de *Travel+Leisure*, además de formar parte, desde hace seis años, del multipremiado restaurante Le Chique, del chef Jonatan Gómez Luna, en la Riviera Maya.

Como docente ha dado clases en distintas escuelas, entre ellas, el Centro Culinario Ambrosía, Espai Sucre, y en el Master de chocolatería de la Escuela de Pastelería del Gremio de Barcelona, impartido dentro de la UPAEP, en Puebla.

En noviembre de 2018 inició un nuevo proyecto: Dolcenero obrador, el cual involucra la formación dulce de profesionales y amateurs, dictando cursos de la mano de grandes profesionales nacionales e internacionales.

Fresas con crema

Ingredientes

Streussel de yogur
- 25 g de azúcar morena
- 25 g de harina de trigo
- 25 g de almendra en polvo
- 25 g de mantequilla a temperatura ambiente
- 25 g de yogur en polvo

Fresas impregnadas y conserva de frutos rojos
- 350 g de frutos rojos congelados
- 23 g de azúcar morena
- 0.3 g de pimienta negra
- 7 g de vinagre balsámico
- 120 g de fresas cortadas en cuartos
- 0.5 g de Gelespessa©

Espuma ácida
- 69 g de leche
- 3 g de vaina de vainilla partida por la mitad, a lo largo
- 25 g de yogur griego
- 25 g de crema ácida
- 69 g de crema para batir
- 15 g de azúcar
- 0.5 g de sal
- 0.8 g de grenetina en hoja, hidratada previamente en agua

Fresa mimética de helado de yogur
- 172 g de leche
- 26 g de leche en polvo sin grasa
- 105 g de crema para batir
- 40 g de dextrosa
- 150 g de azúcar
- 7 g de neutro para crema
- 500 g de yogur

Frambuesa mimética de frutos rojos
- 30 g de azúcar morena
- 5 g de hojas de albahaca frescas
- 1 g de grenetina en hoja, hidratada previamente en agua

Terminado
- cantidad suficiente de frambuesas frescas partidas por la mitad
- frambuesas liofilizadas hechas polvo, al gusto

Procedimiento

Streussel de yogur
1. Precaliente el horno a 180 °C.
2. Mezcle en la batidora, con el aditamento de pala, el azúcar, la harina y la almendra en polvo. Añada paulatinamente la mantequilla hasta que obtenga la consistencia de una masa quebrada.
3. Extienda la masa en una charola cubierta con un tapete de silicón y hornéela durante 10 minutos, removiéndola cada 3 minutos para evitar que se queme.
4. Saque la preparación del horno, y cuando aún esté caliente, rebócela en yogur en polvo. Reserve.

Fresas impregnadas y conserva de frutos rojos
1. Descongele los frutos rojos en un colador de malla fina, con un recipiente debajo, de manera que escurra en éste el líquido. Una vez que se hayan descongelado los frutos rojos, presiónelos un poco contra el colador para extraer la mayor cantidad de líquido. Mida 100 gramos de éste y resérvelo. Reserve 100 gramos de puré de frutos rojos para elaborar la Frambuesa mimética.
2. Funda en una cacerola sobre el fuego el azúcar y deje que se cocine hasta que obtenga un caramelo a 160 °C. Retírelo del fuego e incorpórele la pimienta negra, los 100 gramos del líquido de descongelación de los frutos rojos y el vinagre balsámico.
3. Introduzca la preparación anterior en una bolsa para empacar al vacío junto con los cuartos de fresa. Empaque el contenido al vacío tres veces. Cuele el líquido obtenido y añádale el Gelespessa© para obtener una consistencia semilíquida pero con cuerpo. Introduzca esta Conserva de frutos rojos en un dosificador y resérvela. Reserve por separado los cuartos de Fresas impregnadas.

Espuma ácida
1. Coloque sobre el fuego una cacerola con la leche y la vaina de vainilla; cuando hierva, retírela del fuego y deje que la leche repose durante 12 horas.
2. Caliente un poco la leche y pásela a través de una manta de cielo. Lícuela con el yogur, ambas cremas, el azúcar y la sal, con ayuda de una licuadora de inmersión. Deje que se entibie hasta que tenga una temperatura de 30 °C e incorpórele la grenetina hasta que se disuelva.
3. Coloque la mezcla dentro de un sifón, aplíquele dos cargas de CO_2 e introdúzcalo al refrigerador. Deje que repose hasta que lo utilice, como mínimo durante 2 horas.

Fresa mimética de helado de yogur
1. Mezcle de forma enérgica, con un batidor globo, ambas leches, la crema y la dextrosa.
2. Coloque la mezcla de leche sobre el fuego; cuando llegue a 40 °C, incorpórele el azúcar y el neutro para crema. Sígala calentando hasta que llegue a 85 °C, retírela del fuego de inmediato y baje su temperatura a 4 °C lo más rápido que pueda.
3. Incorpore el yogur a la mezcla de leche, introdúzcala al refrigerador y déjela reposar durante 4 horas.

...continúa en la página 303

Recuerdos de arroz con leche

Rendimiento: 8 porciones

🔺 Ingredientes

Tapioca con canela

- 195 g de leche
- 5 g de canela en raja + 3 g
- 180 g de agua
- 33 g de tapioca
- 33 g de azúcar

Gel de limón

- 1.3 g de agar-agar
- 75 g de pulpa de limón amarillo
- 0.8 g de grenetina en hoja, hidratada previamente en agua

Praliné de avellana quemado

- 120 g de avellanas enteras
- 47 g de azúcar
- 1 g de lecitina de soya
- 3 g de agua

Almendra mimética

- 80 g de pasta de almendra
- 34 g de chocolate 32%, temperado
- 0.6 g de ralladura de limón
- 0.2 g de sal

Oculto de arroz inflado

- 40 g de chocolate 70%
- 20 g de arroz inflado
- 2 g de cacao en polvo

Helado de chocolate y canela

- 545 g de agua
- 30 g de canela en raja
- 47 g de leche en polvo sin grasa
- 126 g de dextrosa
- 30 g de azúcar
- 7 g de neutro para crema
- 30 g de azúcar invertido
- 190 g de chocolate 70%

Terminado

- cacao en polvo, al gusto

🔺 Procedimiento

Tapioca con canela

1. Ponga sobre el fuego la leche con los 5 gramos de canela. Cuando hierva, retírela del fuego. Repita este paso con el agua y la canela restante, y deje reposar ambas mezclas por separado durante 12 horas.
2. Sumerja en un poco de agua la tapioca y deje que se hidrate durante 30 minutos.
3. Caliente por separado la leche y el agua con canela, sin que hiervan, y cuélelas.
4. Cuele la tapioca y añádala a la leche junto con el azúcar. Ponga la preparación sobre fuego bajo y deje que se caliente, sin que hierva, moviéndola delicadamente con una espátula, hasta que la tapioca esté perfectamente hidratada o se vea transparente. Retire la preparación del fuego, cúbrala con plástico autoadherente, de manera que toda la superficie tenga contacto con éste, y deje que se enfríe.
5. Añada a la preparación de tapioca el agua infusionada con canela hasta obtener el sabor y la consistencia de su elección. Viértala en un recipiente que tenga tapa, tápelo y refrigérela.

Gel de limón

1. Mezcle el agar-agar con la pulpa de limón, ponga esta mezcla sobre el fuego y añada la grenetina. Cuando se gelifique, licue la preparación con una licuadora de inmersión.
2. Introduzca la preparación dentro de un dosificador y reserve en refrigeración.

Praliné de avellana quemado

1. Precaliente el horno a 180 °C.
2. Hornee las avellanas hasta que estén negras por fuera y café oscuro por dentro.
3. Funda en una cacerola sobre el fuego el azúcar y deje que se cocine hasta que obtenga un caramelo a 210 °C. Incorpórele las avellanas, extienda la mezcla sobre un tapete de silicón y deje que se entibie, pero no demasiado.
4. Triture la mezcla en un procesador de alimentos hasta obtener un praliné terso. Deje que se enfríe hasta que llegue a 30 °C e incorpórele, con ayuda de una espátula flexible, la lecitina de soya y el agua.

Cuando se espese, introduzca el praliné en una manga pastelera con duya lisa y resérvelo.

Almendra mimética

1. Mezcle todos los ingredientes y distribuya la preparación en moldes de silicón con forma de almendra. Introdúzcalos en el congelador hasta que la preparación se solidifique. Desmolde las almendras y consérvelas en refrigeración.

Oculto de arroz inflado

1. Caliente el chocolate hasta que llegue a una temperatura de 36 °C. Incorpórele paulatinamente el arroz inflado, y después, el cacao en polvo. Deje reposar durante 12 horas.

Helado de chocolate y canela

1. Ponga sobre el fuego una cacerola con el agua y la canela. Cuando hierva, retírela del fuego y déjela reposar durante 30 minutos. Cuélela.
2. Mezcle vigorosamente, con ayuda de un batidor globo, el agua infusionada con la canela, la leche y la dextrosa. Ponga sobre el fuego la mezcla y, cuando llegue a 40 °C, añádale el azúcar, el neutro para crema y el azúcar invertido. Siga calentándola y, cuando llegue a 85 °C, viértala sobre el chocolate. Licue la preparación con una licuadora de inmersión y baje su temperatura a 4 °C lo más rápido que pueda. Deje que repose en refrigeración durante 4 horas.
3. Procese la preparación en una máquina para helados. Resérvela en congelación.

Terminado

1. Ponga al centro de un plato el Praliné de avellana quemado, y encima, 1 cucharada generosa de Oculto de arroz inflado. Forme encima 5 puntos de Gel de limón.
2. Tape todo lo anterior, excepto el centro, con la Tapioca con canela y espolvoree un poco del cacao en polvo. Distribuya Almendras miméticas sobre la tapioca, y ponga encima una *quenelle* de Helado de chocolate y canela.

Trufa melanosporum mimética

◢ Ingredientes

Ceniza de cebolla
◢ 500 g de cebolla blanca

Ganache de trufa
◢ 56 g de chocolate 60%
◢ 59 g de chocolate 38%
◢ 70 g de crema para batir
◢ 5 g de glucosa
◢ 7 g de sorbitol en polvo
◢ 35 g de jarabe de trufa
◢ 1 g de sal
◢ 15 g de manteca de cacao
  temperada, con consistencia
  de pasta

Terminado
◢ 1 kg de chocolate 70%

◢ Procedimiento

Ceniza de cebolla
1. Corte la cebolla en rodajas de aproximadamente 10 milímetros de grosor. Áselas en un comal a fuego alto hasta que estén totalmente carbonizadas y no tengan nada de agua. Páselas por un molino para reducirlas a polvo. Reserve.

Ganache de trufa
1. Mezcle ambos chocolates con la sal y caliéntelos hasta que tengan una temperatura de 38 °C.
2. Ponga sobre el fuego una cacerola con la crema para batir, la glucosa, el sorbitol, la miel de trufa y la sal. Cuando la mezcla llegue a 40 °C, viértala sobre los chocolates. Licue la preparación con ayuda de una licuadora de inmersión.
3. Cuando la preparación de chocolate llegue a 34 °C, incorpórele la manteca de cacao. Cubra la preparación con plástico autoadherente, cerciorándose de que éste tenga contacto con toda la ganache, y deje que repose a temperatura ambiente durante 12 horas.

Terminado
1. Cubra sus manos con unos guantes y forme con la Ganache de trufa porciones irregulares de 15 gramos aproximadamente. Deje que reposen en un lugar fresco hasta que se sequen por fuera.
2. Funda el chocolate en microondas hasta que llegue a una temperatura de 45 °C.
3. Coloque dos terceras partes del chocolate sobre una superficie de granito y remuévalo constantemente hasta que llegue a 29 °C. Mézclelo con la tercera parte de chocolate restante y consérvelo a 31 °C.
4. Trampe de forma individual cada trufa en el chocolate con ayuda de un trampador, escúrralas bien y deje que caigan sobre la Ceniza de cebolla. Revuélquelas para cubrir toda su superficie.
5. Cuando el chocolate de las trufas se esté precristalizando, colóquelas de manera individual en un colador de malla fina. Sacúdalas para retirarles el exceso de ceniza y marque su superficie con el diseño de la malla del colador, para simular la apariencia de trufa.
6. Sírvalas sobre una cama de arroz crudo.

María Elena Lugo

Elenita, como se le conoce en el medio gastronómico nacional, es originaria de la Ciudad de México; sin embargo, sus orígenes se remontan al estado de Aguascalientes, donde vivió por más de una década. Fue gracias a su madre que conoció el amor por la cocina y por quien aprendió actividades administrativas, mismas que hoy todavía ejerce en el reconocido restaurante Nicos de la capital mexicana.

Se desempeñó como secretaria ejecutiva en una fábrica de calzado, después en la Secretaría de Hacienda y más tarde en un despacho de auditorías. Tiempo después y sin saber qué les depararía la vida, junto a su entonces novio, Raymundo Vázquez, decidió emprender un gran viaje, al fundar en 1957 una fuente de sodas —típica de la década de los años 50— en la entonces zona industrial de Clavería, hoy alcaldía de Azcapotzalco. Su nombre sería: Nicos.

Así, con los años, el sitio comenzó a ganar fama entre los trabajadores que asistían diariamente por un café. Elena dedicaba su tiempo a cubrir el segundo turno de la administración del lugar, mientras Raymundo atendía a los comensales.

Después de casarse, Elena se dedicó al negocio. Dejaron de servir 25 comidas al día, para aumentar a 85. Su afinidad por la comida mexicana la llevó a ofrecer en el menú muchos platos típicos, pero con el mismo objetivo de servir algo sencillo, casero, nutritivo y de temporada. Así, Nicos dejó de ser una fuente de sodas para evolucionar y ser el restaurante que es hoy día.

Años más tarde, junto a su hijo, el reconocido chef Gerardo Vázquez Lugo, la carta fue actualizada con algunas recetas de la familia de doña Elena y otras investigadas por Vázquez Lugo. El esfuerzo y comunión rindieron frutos: Nicos ha logrado mantenerse como uno de los mejores restaurantes de México y ganar múltiples reconocimientos, entre ellos, mantenerse en la lista de The Latin America's 50 Best Restaurants y fungir como uno de los clásicos imperdibles en la Ciudad de México. Su trabajo como cocinera, pero sobre todo como maestra del postre tradicional mexicano, la han llevado a ser homenajeada por la salvaguardia que hace de los postres más elaborados de la barroca cocina nacional.

Entre las distinciones que doña Elena ha ganado junto a Gerardo está el Lifetime Achievement Award otorgado por The Diners Club en 2018, por su dedicación a la conservación y promoción de la cocina casera mexicana, un reconocimiento al trabajo que han realizado durante más de seis décadas.

Además de ser una reconocida cocinera, Elenita es sin duda un icono de la gastronomía mexicana. Su pasión por compartir y enseñar la han llevado a participar en foros de cocina en México y el mundo.

Buñuelos de la abuela Cata

Rendimiento: 8-10 buñuelos

Ingredientes

- 1¼ tazas de agua
- 1 raja de canela
- 125 g de azúcar
- 5 cáscaras de tomate
- 250 g de harina de trigo
- 10 g de polvo para hornear
- 65 g de manteca de cerdo
- 1 huevo
- 500 ml de aceite

Procedimiento

1. Coloque sobre el fuego una cacerola con el agua, la raja de canela, el azúcar y las cáscaras de tomate. Deje que hierva durante 10 minutos hasta que obtenga una miel. Cuele y reserve.
2. Mezcle la harina con el polvo para hornear y colóquela en forma de volcán en una superficie de trabajo. Ponga en el centro la manteca de cerdo, el huevo y un poco de la miel. Integre con la mano los ingredientes y amase la preparación, añadiendo miel según se vaya necesitando, durante 1 hora o hasta que obtenga una masa elástica y suave. Si desea hacer este paso en la batidora, el tiempo de amasado será de 30 minutos aproximadamente. Deje que la masa repose a temperatura ambiente durante 30 minutos.
3. Divida la masa en porciones del tamaño deseado, ya sea para obtener buñuelos grandes o pequeños. Estire cada porción con ayuda de un rodillo pequeño de madera o palote para obtener discos muy delgados. Vaya colocándolos sobre una superficie extendida y amplia cubierta con un mantel. Déjelos orear hasta que estén ligeramente secos.
4. Fría en el aceite los buñuelos por ambos lados, sin que se doren mucho, pues al sacarlos del aceite el color se oscurecerá un poco, y sin que el aceite humee. Colóquelos sobre papel absorbente para retirarles el exceso de aceite, y sírvalos.

Estos buñuelos son dulces; sin embargo, puede servirlos con jarabe de piloncillo, azúcar espolvoreado, trozos de guayaba o canela en polvo.

Antiguamente, estos buñuelos se realizaban estirándolos con las manos sobre la rodilla cubierta con una servilleta de tela, hasta que quedaban muy delgados pero con la orilla gruesa.

María Elena Lugo

Buñuelos de viento

Ingredientes

- 1 taza de leche
- 2 huevos
- 20 g de azúcar
- 2 pizcas de sal
- 250 g dc harina de trigo
- cantidad suficiente de aceite
- cantidad suficiente de azúcar mezclado con canela molida, al gusto

Procedimiento

1. Bata la leche, los huevos, el azúcar y la sal. Añada poco a poco la harina hasta que se integre bien y la consistencia sea de atole ligero. Deje que repose durante 30 minutos y pásela a un recipiente plano y extendido.

2. Coloque sobre el fuego una cacerola con abundante aceite. Cuando esté caliente, pero no demasiado, sumerja un molde de buñuelos en él, sáquelo y, con cuidado, tóquelo; si está caliente, pero sin que queme, el aceite está listo para freír. O bien, mida la temperatura con un termómetro, que debe ser de 125 °C.

3. Sumerja el molde de buñuelo en la mezcla sin que ésta cubra la parte superior del molde, sino sólo la pared exterior. Escurra bien el molde y sumérjalo en el aceite; conforme se vaya esponjando el buñuelo, vaya desprendiéndolo del molde con ayuda de una pala. Deje que se dore un poco por la parte inferior y dele vuelta. Una vez que el buñuelo esté ligeramente dorado, sáquelo del aceite, escúrralo bien y colóquelo sobre papel absorbente para eliminar el exceso de aceite. Repita este paso con la mezcla restante las veces que sea necesario.

4. Revuelque los buñuelos en el azúcar con canela y sírvalos.

Cabellos de ángel
con nieve de naranja

Rendimiento: 8-12 porciones

◢ Ingredientes

- ◢ 1 ℓ de agua
- ◢ 750 g de azúcar
- ◢ 1 chilacayota bien madura, de varios kg
- ◢ 3 o 4 hojas de higuera
- ◢ nieve de naranja, al gusto

◢ Procedimiento

1. Coloque sobre el fuego un cazo con el agua y el azúcar hasta obtener un almíbar denso. Reserve.
2. Divida en trozos la chilacayota con ayuda de un cuchillo. Retírele las pepitas y resérvelas para otros usos.
3. Coloque los trozos de chilacayota en un cazo, viértales agua hasta que los cubra y colóquelos sobre el fuego. Deje que se cuezan durante 1 hora o hasta que la pulpa esté suave. Retírelos del fuego, sáquelos del agua de cocción y deje que se enfríen.
4. Deshebre la pulpa de chilacayota con ayuda de un tenedor y pésela. Calcule 70% del peso de la chilacayota y pese esa cantidad del almíbar denso que reservó.
5. Añada al almíbar la chilacayota deshebrada y las hojas de higuera, y deje que la preparación hierva a fuego bajo hasta que las hebras de chilacayota queden translúcidas, pero sin que estén muy secas ni que tengan mucha miel. Deje enfriar.

Terminado

1. Coloque al centro de un trozo de plástico autoadherente una porción abundante de cabellos de ángel y extiéndala bien. Ponga al centro una bola de nieve de naranja y cúbrala con los cabellos de ángel, ayudándose con el plástico autoadherente. Sirva.

Merengón
con rompope de vainilla

Rendimiento: 8-10 merengones

▲ Ingredientes

Rompope de vainilla
- 500 ml de leche
- 125 g de azúcar
- 1 cucharadita de extracto de vainilla
- 1 pizca de bicarbonato de sodio
- 5 yemas
- 65 ml de alcohol de caña 96°

Merengón
- 200 g de azúcar + 300 g
- cantidad suficiente de aceite
- 5 claras

▲ Procedimiento

Rompope de vainilla

1. Coloque sobre el fuego un cazo con la leche, el azúcar y el extracto de vainilla. Cuando hierva, añada el bicarbonato y reduzca la intensidad del fuego al mínimo.
2. Mezcle las yemas con un poco de la leche caliente y añádalas a la leche. Cocine la preparación, sin dejarla de mover, hasta que comience a hervir y se espese ligeramente. Retire la preparación del fuego, vacíela en un tazón y colóquele encima un trozo de plástico autoadherente o polipapel para que no forme nata. Deje que se enfríe.
3. Añada a la preparación el alcohol y mezcle bien.

Merengón

1. Coloque una cacerola sobre el fuego con los 200 gramos de azúcar hasta que se funda y forme un caramelo dorado sin que se queme. Distribuya este caramelo en moldes individuales de 10 centímetros de diámetro; repártalo con cuidado en todo el fondo y lo que alcance de las paredes. Unte con aceite las zonas de los moldes que quedaron sin caramelo. Reserve.
2. Bata en la batidora las claras, comenzando en baja velocidad e incrementándola poco a poco. Cuando comiencen a tener apariencia de espuma, añada un poco del azúcar restante. Cuando se integre este último, agregue poco a poco el resto del azúcar y continúe batiendo hasta que obtenga una preparación aireada y satinada.
3. Precaliente el horno a 160 °C.
4. Vierta el batido de claras con ayuda de una espátula en los moldes, cerciorándose de que no queden burbujas de aire y compactándolo con cuidado, dejando libre 1.5 centímetros de la parte superior de cada molde.
5. Coloque los moldes dentro de un recipiente más amplio con algo de agua. Hornee los merengones durante 1 hora hasta que al introducir una brocheta en el centro de ellos ésta salga limpia.
6. Saque del horno los merengones y, con cuidado, despréndalos de las paredes del molde y del fondo. Desmóldelos.

Terminado

1. Sirva los Merengones bañados con el Rompope de vainilla y, si desea, con un poco más de caramelo.

Si desea una porción grande de este Merengón, realícelo en un molde circular de 22-24 centímetros de diámetro.

Esterilice una botella grande o varias chicas para conservar el Rompope en refrigeración, enjuagándolas internamente con un poco de alcohol después de que las haya sacado del agua y cuando aún estén calientes.

Mariana estudió Medicina, pero la abandonó después de casi cuatro años de cursarla para estudiar cocina, actividad donde siempre ha encontrado libertad y felicidad. Terminó en 2010 la licenciatura en Gastronomía por la Universidad Anáhuac del Sur con excelencia académica y fundó Sibariana, una marca especializada en mermeladas, conservas y especias, a través de la cual ha desarrollado algunas de sus más valiosas recetas dulces.

Cocinar para ella siempre ha significado compartir; por eso, una de sus principales actividades como chef ha sido impartir clases de cocina en distintos niveles, aunque siempre con una notable inclinación hacia la repostería. Ha sido ponente, tallerista, colaboradora en varios medios especializados en gastronomía, desarrolladora de recetas y *food stylist* para marcas. Sin embargo, uno de sus más grandes placeres es compartir recetas nuevas y personales con su comunidad de alumnos y seguidores a través de redes sociales: su canal en Medium, su página empecemos.mx y su newsletter semanal "Comida corrida".

En 2016 fue diagnosticada con esclerosis múltiple y a partir de entonces se convirtió en vocera de la enfermedad en México y también encontró una nueva manera de vivir su pasión como cocinera. En 2019 publicó un recetario para pacientes con este padecimiento, con el fin de que encuentren en la cocina el mismo espacio de seguridad y salvación que ella, pero, sobre todo, para que se sientan igual a los demás: capaces de cocinar –para sí mismos o para otros– y de disfrutar platillos deliciosos, aun en los días más difíciles.

Mariana también es co-conductora de Gastronomicast, un podcast sobre comida y bebida que comenzó con Antonio Sempere en 2014 y que fue uno de los 11 más descargados en iTunes en ese mismo año y en 2018. A lo largo de casi 100 episodios han tenido como invitados a muchos actores del mundo gastronómico y han compartido historias inspiradoras a través del humor que los caracteriza.

Ser una profesional de la gastronomía la ha hecho sentirse parte de algo mucho más grande: un mundo de tradiciones, herencia, costumbres, familias, culturas y recuerdos. Por eso, Mariana cocina a la menor provocación: por trabajo y por el gusto de compartir –y compartirse– con sus amigos y familia. Para ella, la cocina es un lugar que repara y apapacha. Es su casa.

Jalea madre
de pectina natural

Rendimiento: 1-1.5 kg

▲ Ingredientes

- 1.5 ℓ de agua
- 1.5 kg de manzanas verdes cortadas en cuartos, con cáscara, corazón y semillas
- 1 kg de azúcar
- el jugo de 1 limón verde

▲ Procedimiento

1. Ponga dentro de una olla el agua con los cuartos de manzana, cerciorándose de que éstos queden bien sumergidos. Colóquelos sobre el fuego y deje que se cocinen entre 30 y 40 minutos o hasta que se ablanden.

2. Saque los trozos de manzana del agua, escúrralos y páselos por un colador para obtener un puré. Resérvelo.

3. Coloque en un colador limpio un trozo de manta de cielo y pase a través de él el agua de cocción de las manzanas y el puré. Deje que se filtre la mayor cantidad de líquido posible y permita que se asienten en el líquido los posibles sólidos. Reserve el puré para otros usos.

4. Mida con cuidado 1 litro del líquido que obtuvo, sin mezclarlo con los sedimentos; el objetivo es obtener un líquido lo más transparente posible. Póngalo sobre el fuego con el azúcar y el jugo de limón, y deje que hierva entre 45 y 60 minutos o hasta que obtenga una jalea que, al levantarla con una pala caiga en forma de grandes gotas que tardan en precipitarse, o cuando al colocar un poco de ella en una cuchara de metal y refrigerarla durante 10 minutos, tenga consistencia de jalea sin ser líquida.

5. Coloque dentro de una olla amplia los frascos que empleará para guardar la jalea junto con sus tapas. Vierta agua en la olla hasta que cubra por completo los frascos y colóquelos sobre el fuego. Deje que hiervan durante 15 minutos, sáquelos del agua y deje que se escurran sobre un trapo de cocina limpio.

6. Vierta en los frascos la jalea, aún caliente, y ciérrelos bien. Sumérjalos en el agua donde esterilizó los frascos y deje que hiervan durante 15 minutos. Sáquelos del agua, deje que se enfríen y guárdelos en un lugar fresco y seco hasta por 6 meses.

Comience a hervir los frascos 20 minutos antes de que la jalea esté lista.

Deberá usar esta jalea para elaborar todas las mermeladas de frutas que no tengan cáscara comestible, como piña o mango, o que tengan una baja cantidad de pectina, como peras, cerezas, uvas, fresas, ciruelas, chabacanos, frambuesas o duraznos. La proporción siempre será de 1 taza de jalea por 1 kilogramo de fruta, con la condición de que se emplee en la receta una cantidad de fruta mayor a 550 gramos.

El puré de manzana que se obtuvo puede cocinarlo con cualquier edulcorante y especias al gusto.

Mermeladas
Guayaba con lavanda, Piña con pimienta gorda y Ponche

Rendimiento: 1.5 kg

▲ Ingredientes

Mermelada de guayaba con lavanda
- 1 kg de guayabas cortadas en octavos
- 2 cucharaditas de flores de lavanda secas
- 600 g de azúcar
- el jugo de 1 limón verde

Mermelada de piña con pimienta gorda
- 1 kg de piña sin cáscara ni corazón, cortada en cubos de 1.5 cm
- 650 g de azúcar
- 10 pimientas gordas tostadas, martajadas
- 1 taza de Jalea madre de pectina natural (ver receta)
- el jugo de 1 limón verde

Mermelada de ponche
- 1 ℓ de agua
- 2 tazas de flores de Jamaica secas
- 250 g de tejocotes pelados, sin semillas y cortados en cuartos
- 750 g de guayabas cortadas en octavos
- 1 manzana verde pelada y cortada en cubos de 1 cm
- 600 g de azúcar
- 1 raja de canela
- 3 ciruelas pasa sin semilla
- el jugo de 1 limón verde

▲ Procedimiento

Mermelada de guayaba con lavanda
1. Coloque sobre fuego medio un cazo de cobre o una olla de doble fondo con todos los ingredientes. Deje que la mezcla se cocine, revolviéndola constantemente para que no se pegue en el fondo del recipiente, entre 45 y 60 minutos o hasta que al levantar un poco de ella con una pala caiga en forma de grandes gotas que tardan en precipitarse, o cuando al colocar un poco de ella en una cuchara de metal y refrigerarla durante 10 minutos, tenga consistencia de mermelada.
2. Coloque dentro de una olla amplia los frascos que empleará para guardar la mermelada, junto con sus tapas. Vierta agua en la olla hasta que cubra por completo los frascos y colóquelos sobre el fuego. Deje que hiervan durante 15 minutos, sáquelos del agua y deje que se escurran sobre un trapo de cocina limpio.
3. Vierta en los frascos la mermelada, aún caliente, y ciérrelos bien. Sumérjalos en el agua donde esterilizó los frascos y deje que hiervan durante 15 minutos. Sáquelos del agua, deje que se enfríen y guárdelos en un lugar fresco y seco hasta por 6 meses.

Mermelada de piña con pimienta gorda
1. Coloque sobre fuego medio un cazo de cobre o una olla de doble fondo con todos los ingredientes. Deje que la mezcla se cocine, revolviéndola constantemente para que no se pegue en el fondo del recipiente, entre 45 y 60 minutos o hasta que al levantar un poco de ella con una pala caiga en forma de grandes gotas que tardan en precipitarse, o cuando al colocar un poco de ella en una cuchara de metal y refrigerarla durante 10 minutos, tenga consistencia de mermelada.
2. Coloque dentro de una olla amplia los frascos que empleará para guardar la mermelada, junto con sus tapas. Vierta agua en la olla hasta que cubra por completo los frascos y colóquelos sobre el fuego. Deje que hiervan durante 15 minutos, sáquelos del agua y deje que se escurran sobre un trapo de cocina limpio.
3. Vierta en los frascos la mermelada, aún caliente, y ciérrelos bien. Sumérjalos en el agua donde esterili-

zó los frascos y deje que hiervan durante 15 minutos. Sáquelos del agua, deje que se enfríen y guárdelos en un lugar fresco y seco hasta por 6 meses.

Mermelada de ponche
1. Coloque sobre el fuego el agua con las flores de Jamaica. Cuando hierva la preparación, retírela del fuego y deje que repose durante 30 minutos. Cuélela, póngala sobre el fuego y deje que hierva hasta que se reduzca a la mitad. Reserve 1 taza para esta receta y guarde el resto para otros usos.
2. Hierva en agua los tejocotes durante 10 minutos o hasta que la piel se les comience a hinchar. Retírelos del agua, déjelos entibiar y quíteles la piel y las semillas.
3. Coloque sobre fuego medio un cazo de cobre o una olla de doble fondo con la taza de concentrado de flores de Jamaica, los tejocotes y el resto de los ingredientes. Deje que la mezcla se cocine, revolviéndola constantemente para que no se pegue en el fondo del recipiente, entre 45 y 60 minutos o hasta que al levantar un poco de ella con una pala caiga en forma de grandes gotas que tardan en precipitarse, o cuando al colocar un poco de ella en una cuchara de metal y refrigerarla durante 10 minutos tenga consistencia de mermelada.
4. Coloque dentro de una olla amplia los frascos que empleará para guardar la mermelada, junto con sus tapas. Vierta agua en la olla hasta que cubra por completo los frascos y colóquelos sobre el fuego. Deje que hiervan durante 15 minutos, sáquelos del agua y deje que se escurran sobre un trapo de cocina limpio.
5. Retire las ciruelas pasa de la mermelada y deséchelas. Vierta en los frascos la mermelada, aún caliente, y ciérrelos bien. Sumérjalos en el agua donde esterilizó los frascos y deje que hiervan durante 15 minutos. Sáquelos del agua, deje que se enfríen y guárdelos en un lugar fresco y seco hasta por 6 meses.

Comience a hervir los frascos 20 minutos antes de que la mermelada esté lista.

Scones

◢ Ingredientes

- ◢ 1¾ tazas de harina de trigo
- ◢ 2½ cucharaditas de polvo para hornear
- ◢ 5 cucharadas de azúcar
- ◢ ½ cucharadita de sal
- ◢ 100 g de mantequilla sin sal cortada en cubos de 1 cm, fría
- ◢ ingredientes de su elección (ver nota inferior)
- ◢ 1 huevo
- ◢ 8 cucharadas de crema para batir
- ◢ mermelada de su elección, al gusto (opcional)

◢ Procedimiento

1. Precaliente el horno a 190 °C.
2. Combine la harina con el polvo para hornear, 2 cucharadas de azúcar y la sal. Incorpore la mantequilla con la ayuda de un tenedor o *pastry blender* hasta que la preparación tenga una apariencia de grumos, unos del tamaño de un frijol y otros del tamaño de una lenteja.
3. Incorpore a la preparación los ingredientes de su elección de acuerdo con el sabor deseado.
4. Mezcle el huevo con 5 cucharadas de crema para batir e incorpore esta mezcla a la preparación anterior con ayuda de un tenedor, sin manipularla mucho, hasta obtener una consistencia manejable pero no pegajosa. Si la masa estuviera muy seca, agregue un par de cucharadas más de crema.
5. Forme un círculo con la masa y córtela en porciones similares a las de una pizza.
6. Coloque un papel siliconado o un tapete de silicón en una charola y distribuya en ella las porciones de masa. Barnícelas con las tres cucharadas de crema restante y espolvoréelas con el azúcar restante.
7. Hornee los *scones* entre 12 y 14 minutos o hasta que tengan un color dorado ligero.
8. Sírvalos acompañados de la mermelada de su elección, o déjelos enfriar y almacénelos en un recipiente hermético hasta por 5 días.

Tres posibles combinaciones de ingredientes para esta receta de Scones:

½ taza de arándanos secos + 1 cucharadita de ralladura de naranja

½ taza de chispas de chocolate + ¼ de cucharadita de cardamomo en polvo

¼ de taza de cacahuates salados picados + ¼ de taza de chocolate blanco picado

Originaria de Monterrey, Nuevo León, Maricú Ortiz es, sin duda, la cocinera dulce que más profesionales ha formado en la materia en México. Fue en la década de los años setenta que su madre, también de nombre Maricú, comenzó un negocio familiar de repostería. Después de un tiempo, su padre, Rubén, se involucró en el negocio para hacerlo crecer, lo que resultó en la apertura de Maricú–La Baguette en el noreste de México. Su familia, inmersa en el mundo de la gastronomía, ha sido una inspiración constante durante su vida.

En 1979 terminó sus estudios de preparatoria y se mudó a París para perfeccionar sus conocimientos y habilidades en la pastelería francesa.

Su determinación la llevó a elegir la afamada escuela Lenôtre, en la capital gala, donde se desenvolvió en un selecto círculo de profesionales de la pastelería francesa y conoció a reconocidos chefs, mismos que le compartieron conocimientos y experiencias.

En 1983, tras concluir su aventura culinaria en Europa, decidió trasladarse a la Ciudad de México con el objetivo de conquistar a la exigente clientela citadina con las creaciones que colocaba, con orgullo, en las vitrinas de su primera pastelería, entonces ubicada en la colonia Del Valle. A partir de ese momento su trayectoria ha sido interminable.

Como pionera de la pastelería en México y con casi cuatro décadas en la industria, Maricú ha adquirido un lugar entre los pasteleros más destacados de México, mismo que mantiene con trabajo duro y un repertorio de creaciones de estilo clásico. Sus creaciones siempre frescas, de temporada y con los mejores ingredientes, la han situado como una marca elegante, atemporal y siempre sorprendente.

Actualmente dirige y administra dos escuelas donde se imparte una gran variedad de cursos, seminarios y talleres de actualización a los que invita a reconocidos chefs de talla internacional: el Centro de Artes Culinarias Maricú, en la zona del Pedregal, y otro más en las Lomas de Chapultepec.

Es miembro del Vatel Club México, así como de la Academia Culinaria de Francia y actual embajadora de la marca de chocolate belga Barry Callebaut.

En junio de 2012 publicó su primer libro titulado *Cocinando Dulce* y a finales de 2013 presentó su *app* Cocina Dulce Maricú. A finales de 2015 incursionó en el mundo de los restaurantes con la apertura de El Café de la Escalera, al interior de El Palacio de Hierro, en la zona de Polanco.

A finales de 2017 abrió dos pastelerías: Maricú Cocina Dulce, con un novedoso y atractivo concepto, también al interior de la zona gourmet de las tiendas El Palacio de Hierro, tanto en Perisur como en Santa Fe.

Cake de caramelo y plátano

🔺 Ingredientes

Cake de caramelo

- ◢ 175 g de azúcar
- ◢ 105 g de mantequilla + cantidad suficiente
- ◢ 190 g de harina de trigo + cantidad suficiente
- ◢ 5 g de polvo para hornear
- ◢ 210 g de huevos sin cascarón
- ◢ 70 g de azúcar mascabado
- ◢ 170 g de almendra en polvo
- ◢ 70 g de aceite de pepita de uva

Ganache de plátano

- ◢ 130 g de azúcar
- ◢ 200 g de puré de plátano Tabasco maduro
- ◢ 20 g de licor de plátano
- ◢ 130 g de mantequilla
- ◢ 160 g de chocolate oscuro troceado
- ◢ 160 g de chocolate con leche troceado

Baño crujiente de chocolate

- ◢ 350 g de chocolate *Gold*
- ◢ 100 g de aceite de pepita de uva
- ◢ 100 g de cacahuates sin sal, troceados

Terminado

- ◢ flores comestibles, al gusto

🔺 Procedimiento

Cake de caramelo

1. Coloque sobre el fuego un sartén con el azúcar. Deje que se funda y cocínelo hasta que se convierta en caramelo. Incorpórele los 105 gramos de la mantequilla y vacíe la mezcla en un tapete de silicón. Deje que se enfríe y muélala en un procesador de alimentos hasta que obtenga un polvo fino.
2. Precaliente el horno a 160 °C.
3. Cierna los 190 gramos de harina junto con el polvo para hornear y reserve. Bata los huevos con el azúcar mascabado y la almendra en polvo hasta que se blanqueen y formen una mezcla aireada y consistente. Incorpóreles el caramelo hecho polvo, y después, la mezcla de harina con movimientos envolventes. Añada el aceite de pepita de uva y mezcle bien.
4. Engrase y enharine un molde de la forma que desee, con capacidad para 1 kilogramo de mezcla, y vierta en él la preparación anterior. Hornéela durante 30 minutos. Retire el *cake* del horno y déjelo enfriar.

Ganache de plátano

1. Coloque sobre el fuego un sartén con el azúcar. Deje que se funda y cocínelo hasta que se convierta en caramelo. Incorpórele el puré y licor de plátano, así como la mantequilla. Vacíe esta mezcla sobre ambos chocolates y mezcle bien. Deje que se enfríe.
2. Introduzca la ganache en una manga pastelera con duya lisa de 13 milímetros y reserve.

Baño crujiente de chocolate

1. Funda el chocolate y mézclelo con el aceite. Incorpórele los cacahuates.

Terminado

1. Decore la superficie del Cake de caramelo con la Ganache de plátano, distribuyéndola en forma de gotas o espirales. Congélelo durante 2 horas.
2. Bañe el Cake de caramelo con el Baño crujiente de chocolate, escúrrale el exceso y transfiéralo a una base o un plato. Decórelo con flores comestibles.

Dúo

Rendimiento: 500 g aprox.

Ingredientes

Pasta de fresa
- 6 g de pectina NH
- 15 g de azúcar + 160 g
- 170 g de puré de fresas de Irapuato 10% azúcar
- 4 g de jugo de limón o solución de ácido tartárico
- 50 g de chocolate oscuro 70%

Malvavisco de vainilla
- 11 g de grenetina
- 55 g de agua + 30 g
- 1 vaina de vainilla
- 75 g de azúcar
- 22 g de azúcar invertido
- 150 g de glucosa

Terminado
- cantidad suficiente de azúcar

Procedimiento

Pasta de fresa
1. Mezcle la pectina con los 15 gramos de azúcar. Coloque sobre el fuego un cazo con el puré de fresas y, cuando llegue a 30 °C, incorpórele la mezcla de pectina, sin dejarlo de mover, hasta que ésta se disuelva bien. Deje el puré sobre el fuego y, cuando hierva, añada los 160 gramos de azúcar restantes. Cuando la preparación alcance los 98 °C, añádale el jugo de limón o la solución de ácido tartárico y retírela del fuego. Incorpórele el chocolate.
2. Vierta la preparación en moldes de silicón en forma de cubos, llenando sólo la mitad de su capacidad de forma diagonal. Deje que reposen a temperatura ambiente hasta que se solidifiquen.

Malvavisco de vainilla
1. Hidrate la grenetina en los 55 gramos de agua durante 10 minutos. Reserve.
2. Parta la vaina de vainilla por la mitad a lo largo, raspe el interior con un cuchillo y añádalo al resto del agua junto con la vaina, ambos azúcares y la glucosa. Ponga la preparación sobre el fuego y, cuando hierva, incorpore la grenetina hidratada, mezclando hasta que se disuelva bien. Retírela del fuego.
3. Cuele la preparación y vacíela en el tazón de la batidora. Bátala a velocidad media hasta que obtenga una mezcla aireada, suave y tibia. Introdúzcala en una manga pastelera con duya lisa.

Terminado
1. Distribuya el Malvavisco de vainilla en la mitad restante de los moldes. Deje que reposen durante 30 minutos o hasta que el malvavisco se endurezca.
2. Desmole los dúos y revuélquelos en azúcar.

Macadamia y amaranto

Rendimiento: 16 galletas aprox.

◢ Ingredientes

- 170 g de mantequilla
- 300 g de azúcar mascabado
- 2 g de sal
- 90 g de huevo sin cascarón
- 5 g de extracto de vainilla
- la ralladura de 1 naranja
- 270 g de harina de trigo
- 7 g de polvo para hornear
- 3 g de bicarbonato de sodio
- 2 g de canela en polvo
- 100 g de amaranto
- 40 g de chía
- 40 g de avena en hojuelas
- 150 g de macadamias troceadas

◢ Procedimiento

1. Acreme la mantequilla con el azúcar mascabado y la sal. Incorpore el huevo, el extracto de vainilla y la ralladura de naranja.
2. Cierna la harina con el polvo para hornear, el bicarbonato y la canela, e incorpórelos a la mezcla de mantequilla junto con el amaranto, la chía y la avena. Finalmente, incorpore las macadamias troceadas.
3. Coloque en charolas cubiertas con papel siliconado o tapete de silicón, porciones de la mezcla de un peso de 60-70 gramos. Introdúzcalas al refrigerador durante 3-4 horas, o al congelador durante 1 hora.
4. Precaliente el horno a 180 °C. Hornee las galletas durante 10-12 minutos. Retírelas del horno y deje que se enfríen.

Tarta Grisel

▲ Ingredientes

Pasta sablée breton
- 100 g de mantequilla
- 90 g de azúcar
- 3 g de flor de sal
- 40 g de yemas
- 125 g de harina de trigo
- 12 g de polvo para hornear

Compota tropical
- ½ vaina de vainilla
- 30 g de mantequilla
- 50 g de guayaba cortada en cubos
- 50 g de piña cortada en cubos
- 1 anís estrella
- 55 g de azúcar
- 38 g de puré de maracuyá
- 50 g de plátano cortado en cubos
- 5 g de jugo de limón

Financier
- 56 g de azúcar glass
- 25 g de harina de trigo
- 25 g de almendra en polvo
- 1 g de polvo para hornear
- 2 g de extracto de vainilla
- 10 g de azúcar invertido
- 35 g de mantequilla avellana
- 56 g de claras

Cremoso de queso
- 4 g de grenetina
- 20 g de agua
- 75 g de crema
- 75 g de azúcar
- 300 g de jocoque
- 5 g de ralladura de limón real

Merengue francés
- 80 g de claras
- 80 g de azúcar
- 80 g de azúcar glass

Terminado
- cantidad suficiente de brillo neutro
- hoja de oro, al gusto

▲ Procedimiento

Pasta sablée breton
1. Acreme la mantequilla con el azúcar y la flor de sal. Incorpórele gradualmente las yemas. Mezcle la harina con el polvo para hornear e incorpórela a la preparación.
2. Vierta la preparación a una manga pastelera con duya lisa y distribúyala en forma de espiral en un molde de tarta desmontable de 18-20 centímetros de diámetro. Deje que repose en refrigeración durante 60 minutos como mínimo.
3. Precaliente el horno a 160 °C. Hornee la preparación durante 20 minutos. Resérvela.

Compota tropical
1. Parta la vaina de vainilla por la mitad a lo largo y raspe el interior con un cuchillo. Saltee en la mantequilla los cubos de guayaba y piña con el anís estrella y la vaina de vainilla con el interior que raspó.
2. Añada al salteado paulatinamente el azúcar y cocínelo hasta que las frutas estén suaves. Incorpore el puré de maracuyá y deje que se reduzca un poco.
3. Agregue al salteado los cubos de plátano y el jugo de limón. Deje que se cocine durante unos minutos más y retírelo del fuego. Deje que se enfríe. Reserve un cubo de piña para el Terminado.

Financier
1. Precaliente el horno a 180 °C.
2. Cierna por separado el azúcar glass y la harina. Mézclelas en una batidora con el aditamento de pala junto con la almendra en polvo, el polvo para hornear, el extracto de vainilla y el azúcar invertido. Añada la mantequilla avellana e incorpórela. Finalmente, agregue las claras sin trabajarlas en exceso.
3. Vacíe la mezcla en un molde de silicón circular de 16-18 centímetros de diámetro y hornéela durante 10 minutos. Introdúzcala en el congelador hasta que se endurezca y se pueda desmoldar.

Cremoso de queso
1. Hidrate la grenetina en el agua durante 10 minutos. Reserve.
2. Ponga sobre el fuego la crema con el azúcar. Cuando la mezcla hierva, añádale la grenetina hidratada y disuélvala bien. Incorpórele 100 gramos de jocoque y la ralladura de limón real. Añádale el resto del jocoque y mezcle bien.
3. Vacíe la preparación en un molde de silicón de 18-20 cm de diámetro, coloque encima el Financier y congele hasta que se endurezca y se pueda desmoldar.

...continúa en la página 304

Nacida en la Ciudad de México, Maritere siempre ha estado involucrada en la gastronomía gracias a su familia, en especial a su madre, la reconocida cocinera Carmen "Titita" Ramírez Degollado, dueña de los restaurantes de cocina mexicana El Bajío, en la Ciudad de México.

En 1987 obtuvo el diploma en Le Cordon Bleu Cooking School Surrey en Gran Bretaña. Dos años después estudió en la Universidad Iberoamericana de la Ciudad de México la licenciatura en Administración Hotelera. En 1992, cuando descubrió su amor por la panadería, tomó un diplomado de la especialidad en Le Cordon Bleu Cooking School en Ottawa, Canadá.

Siempre ávida de conocimiento, en 1993 estudió la carrera de chef profesional en la California Culinary Academy de San Francisco. Una de sus primeras experiencias laborales fue como ayudante de pastelería en el restaurante Star's en San Francisco, donde estuvo dos años. Después, en 1997, se convirtió en sous chef del restaurante familiar.

En 1999 decidió mudarse a Barcelona, España, donde asumió el cargo de chef pastelera del restaurante Drolma, con estrellas Michelin. Un año después, en el 2000, estudió en Barcelona un diplomado en pastelería europea en la Escuela de Hostelería Hoffman. También tomó un curso de pastelería de elBulli en la escuela Espai Sucre Barcelona. En 2001, a su regreso a México, fue chef del restaurante El Bajío, donde siguió aprendiendo de la cocina tradicional mexicana al lado de su madre.

Durante su estancia en Barcelona conoció al chef Joan Bagur, con quien, en 2002, fundó Sal y Dulce Artesanos, el primer centro de producción artesanal de repostería en México, cuyo fin es surtir a restaurantes y banquetes. Actualmente cuentan con un centro de producción de panadería, uno de pastelería y más de una decena de cafeterías por toda la capital mexicana.

Ha participado en diversos festivales nacionales e internacionales, dando clases, talleres o cocinando junto a chefs de talla mundial, como José Ramón Andrés Puerta, mejor conocido como José Andrés. Ha sido chef invitada de congresos, como el Star Chefs en Nueva York; Gastronomika en San Sebastián; el festival Gastronómico de la Fundación James Beard en Nueva York, y en una magna presentación de cocina mexicana, degustaciones y clases en Andalucía Sabor, en Sevilla.

Por la cocina de Sal y Dulce Artesanos han pasado reconocidos chefs, como Rick Bayless, Diana Kennedy y Oriol Balaguer, siempre elogiando la capacidad, higiene y funcionamiento de las instalaciones de esta cocinera, que se ha convertido en toda una inspiración para las nuevas generaciones de reposteros.

Pastel cremoso de queso
con salsa de flor de Jamaica

▲ Ingredientes

Salsa de flor de Jamaica
- 250 ml de agua + 750 ml
- 50 g de flores de Jamaica
- 150 g de azúcar

Base de galleta
- 200 g de galletas tipo María
- 120 g de mantequilla

Mezcla de queso
- 600 g de queso crema a temperatura ambiente
- 500 g de azúcar
- 120 g de fécula de maíz
- 550 g de huevos
- 20 g de jugo de limón
- la ralladura de ½ limón
- 1 kg de requesón
- 600 g de crema ácida

Terminado
- frambuesas al gusto

▲ Procedimiento

Salsa de flor de Jamaica
1. Vierta en una olla 250 mililitros de agua y las flores de Jamaica, y colóquela sobre el fuego. Cuando la preparación hierva, retírela del fuego y deje que repose durante 5 minutos. Escurra muy bien las flores y resérvelas para otros usos.
2. Ponga sobre fuego medio el concentrado de flores de Jamaica con el resto del agua y el azúcar. Deje que hierva hasta que obtenga una consistencia ligeramente espesa. Retírelo del fuego y deje que se enfríe. Reserve.

Base de galleta
1. Triture en el procesador de alimentos las galletas hasta obtener un polvo fino.
2. Funda la mantequilla y añádala al polvo de galletas. Encienda de nuevo el procesador y triture hasta que se forme una pasta.
3. Coloque la mezcla en la base de un molde circular desmontable. Compáctela y reserve.

Mezcla de queso
1. Acreme en la batidora el queso crema con el azúcar y la fécula de maíz con ayuda del aditamento de pala, hasta que obtenga una consistencia cremosa.
2. Añada a la mezcla los huevos, uno por uno. Incorpore el jugo y la ralladura de limón, y después, el requesón y la crema, hasta obtener una mezcla de consistencia homogénea.

Terminado
1. Precaliente el horno a 180 °C.
2. Vacíe la Mezcla de queso en el molde, encima de la Base de galleta, y tápelo con papel aluminio. Hornee durante 1 hora.
3. Saque el pastel del horno, déjelo enfriar, desmóldelo, decórelo con las frambuesas y báñelo con la Salsa de flor de Jamaica.

Puede realizar este pastel de forma individual, reduciendo el tiempo de horneado a 20 minutos o hasta que la Mezcla de queso se cuaje.

Pastel laminado
de cajeta casera

Rendimiento: 8 porciones

🔺 Ingredientes

Bizcocho de vainilla

- 100 g de yemas
- 160 g de azúcar
- 250 g de harina de trigo + cantidad suficiente
- 85 g de fécula de maíz
- 20 g de polvo para hornear
- 1 pizca de sal
- 460 g de claras
- cantidad suficiente de mantequilla

Cajeta casera o dulce de leche

- 3 latas de leche condensada de 387 g c/u

Mezcla de leche

- 500 ml de leche
- 250 ml de crema para batir

Terminado

- decoraciones de chocolate oscuro, al gusto

🔺 Procedimiento

Bizcocho de vainilla

1. Precaliente el horno a 160° C.
2. Bata las yemas con la mitad del azúcar hasta que se esponjen. Resérvelas.
3. Cierna la harina con la fécula de maíz, el polvo para hornear y la pizca de sal. Reserve.
4. Bata las claras con el azúcar restante hasta que tengan punto de nieve. Añádales la mezcla de harina, poco a poco y con movimientos envolventes, y después integre de la misma forma las yemas batidas, sin dejar que escape demasiado aire de la preparación.
5. Engrase y enharine un molde cuadrado y vierta en él la preparación. Hornéela durante 20 minutos o hasta que al introducirle un palillo en el centro este último salga limpio.

Cajeta casera o dulce de leche

1. Coloque en una olla exprés las latas de leche condensada y añada agua hasta cubrirlas. Cierre la olla, colóquela sobre fuego medio y, cuando empiece a escapar el vapor, deje que las latas se cocinen durante 1 hora.
2. Deje que la olla exprés se enfríe. Saque las latas, ábralas y deje que la cajeta casera se enfríe.

Mezcla de leche

1. Mezcle ambos ingredientes y reserve.

Terminado

1. Desmolde el Bizcocho de vainilla y córtelo en cuatro niveles iguales.
2. Embeba el nivel inferior con un poco de la Mezcla de leche y úntele con cuidado un poco de Cajeta casera. Coloque encima otro nivel del bizcocho y repita el mismo procedimiento hasta que termine con el último nivel cubierto de Cajeta casera.
3. Sirva el pastel entero o en porciones, y coloque encima las decoraciones de chocolate oscuro.

Tarta de limón
con merengue de mamá Titita

Rendimiento: 8-12 tartas

🔺 Ingredientes

Bases de tarta

- 200 g de mantequilla a temperatura ambiente + cantidad suficiente
- 250 g de azúcar
- 500 g de harina de trigo + cantidad suficiente
- 2 huevos

Crema de limón

- 495 g de yemas
- 75 g de azúcar
- 40 g de fécula de maíz
- 250 ml de jugo de limón
- 25 g de mantequilla
- la ralladura de 1 limón

Merengue italiano

- 680 g de azúcar
- 340 g de jarabe de maíz
- 240 ml de agua
- 480 g de claras

Terminado

- ralladura de limón, al gusto

🔺 Procedimiento

Bases de tarta

1. Acreme la mantequilla junto con el azúcar hasta que tenga una consistencia arenosa. Incorpore la harina paulatinamente hasta obtener una masa homogénea.
2. Incorpore a la mezcla los huevos, uno a uno. Cuando obtenga una masa con consistencia homogénea, déjela reposar en refrigeración durante 1 hora.
3. Precaliente el horno a 160° C. Engrase y enharine moldes individuales para tarta.
4. Estire la masa con ayuda de un rodillo, sobre una superficie ligeramente enharinada. Forre con ella los moldes. Hornee las bases de tarta durante 15 minutos o hasta que estén doradas.

Crema de limón

1. Bata las yemas con el azúcar hasta que este último se disuelva.
2. Disuelva la fécula de maíz en el jugo de limón y añada esta mezcla a las yemas. Coloque la preparación a baño María y cocínela, sin dejarla de mover, hasta que tenga una consistencia cremosa.
3. Incorpore a la preparación la mantequilla y la ralladura de limón. Deje que se enfríe.

Merengue italiano

1. Hierva en una cacerola el azúcar con el jarabe de maíz y el agua hasta que obtenga un caramelo a punto de bola suave, o a 120 °C.
2. Bata las claras a punto de turrón y añádales el caramelo, en forma de hilo y lentamente. Continúe batiendo las claras hasta que se hayan enfriado y formen un merengue consistente. Introdúzcalo en una manga pastelera con duya rizada.

Terminado

1. Distribuya sobre las Bases de tarta la Crema de limón. Decore la tarta con el Merengue italiano y dórelo con un soplete de cocina. Decore con ralladura de limón.

Tarta Papantla

▲ Ingredientes

Relleno de ciruela pasa al Jerez
- 1 kg de ciruelas pasa sin hueso
- 1.160 ℓ de agua
- 160 g de azúcar
- 30 ml de licor de Jerez

Masa para bases de tarta
- 200 g de mantequilla a temperatura ambiente
- 250 g de azúcar
- 500 g de harina de trigo
- 2 huevos

Terminado
- cantidad suficiente de mantequilla
- cantidad suficiente de harina de trigo
- 1 huevo batido ligeramente
- cantidad suficiente de azúcar

▲ Procedimiento

Relleno de ciruela pasa al Jerez
1. Hierva las ciruelas pasa con el agua durante 5 minutos, moviéndolas regularmente con una pala para que no se peguen al fondo. Añádales el azúcar, mezcle y siga cocinándolas y moviéndolas hasta que se deshagan y la mezcla tenga una consistencia espesa.
2. Retire la reparación del fuego, añádale el licor de Jerez y déjela enfriar.

Masa para bases de tarta
1. Acreme la mantequilla con el azúcar hasta que tenga una consistencia arenosa. Incorpore la harina paulatinamente hasta obtener una masa homogénea.
2. Agregue a la masa los huevos, uno a uno, y amase hasta que tenga una consistencia homogénea. Déjela reposar durante 1 hora en refrigeración.

Terminado
1. Precaliente el horno a 160° C. Engrase y enharine moldes individuales para tarta.
2. Estire la Masa para bases de tarta con ayuda de un rodillo, sobre una superficie ligeramente enharinada. Forre con ella los moldes y distribuya en ellos el Relleno de ciruela pasa al Jerez. Cierre cada tarta con un cuadriculado hecho con la misma masa.
3. Barnice cada tarta con un poco de huevo y espolvoréelas con azúcar. Hornee las tartas durante 20 minutos o hasta que estén doradas.

Miguel Gómez

La vida de Miguel Gómez en la cocina comenzó a los 15 años, en el restaurante-cafetería Konditori; su hermano, Osvaldo Gómez, quien ya era chef, lo animaba a trabajar desde joven como personal de limpieza y ayudante de pastelería, inicialmente con la elaboración de pan y galletas.

A los 16 años se empleó como ayudante de pastelería del Hotel Four Seasons Ciudad de México, y un par de años más tarde asumió el mismo puesto en la apertura del Hotel Crown Plaza.

Durante nueve años laboró en el Hotel J. W. Marriott, donde se desarrolló en posiciones como pastelero, después como asistente de chef pastelero y, finalmente, como el propio chef pastelero.

En su trayectoria ha participado en festivales de pastelería, chocolatería y panadería en países como China, Japón, Estados Unidos y Perú. Ha sido invitado a colaborar como docente en el Centro Culinario Letty Gordon, impartiendo clases de pastelería y postres emplatados.

Su crecimiento continuó en el entonces hotel Nikko Mexico, ubicado en la zona de Polanco, a cargo de la pastelería; más tarde recibió una invitación para trabajar en la apertura del hotel Banyan Tree Mayakoba; a la par, participó en el concurso Maestro Chocolatero Quintana Roo, en el cual obtuvo el segundo lugar con la figura de chocolate *Tema México*. Al año siguiente volvió al certamen para ganar la primera posición con la figura de chocolate *Séptimo Arte*.

Al poco tiempo se trasladó a los hoteles Fairmont Princess y Fairmont Pierre Marques, ambas propiedades localizadas en el puerto de Acapulco, donde ocupó el puesto de chef ejecutivo pastelero.

En 2012 fue invitado por el chef ejecutivo Rafael Casás para ser parte del nuevo hotel Hyatt Regency Mexico City (antes Nikko), como chef pastelero, haciéndose cargo de la renovación del sitio, así como de la creación y apertura de la pastelería, panadería y chocolatería Amado, donde saltó a la fama nacional debido a su impecable labor. Durante años su Pan de muerto fue reconocido como el mejor de México.

Recientemente se trasladó al Hotel Andaz Mayakoba by Hyatt como chef ejecutivo al frente de cada uno de los restaurantes: Cocina Amate, Cocina Milagro, Tinta del Pulpo y el proyecto más reciente, Sotavento. En Andaz 5th Avenue, Nueva York, presenta en noviembre un festival de comida mexicana y pan de muerto para promocionar la cocina mexicana. Miguel es reconocido como uno de los mejores chefs de México y, sin duda, su labor como panadero le ha valido el respeto de sus compañeros de profesión.

Bombonete de pera, chocolate,
amaranto y jarabe de agave

▲ Ingredientes

Chips de pera
- ◢ 300 g de agua
- ◢ 600 g de azúcar
- ◢ 1 raja de canela
- ◢ 2 peras Tosca o Williams

Discos de pera y brandy
- ◢ 5 peras verdes Tosca o Williams
- ◢ 200 g de azúcar + 30 g
- ◢ 100 g de mantequilla
- ◢ 8 g de pectina amarilla
- ◢ 5 g de canela en polvo
- ◢ 30 g de brandy
- ◢ 5 g de grenetina en hojas, hidratadas previamente en agua

Base
- ◢ 500 g de mantequilla a temperatura ambiente + cantidad suficiente
- ◢ 200 g de azúcar mascabado
- ◢ 480 g de huevo sin cascarón
- ◢ 300 g de jarabe de agave
- ◢ 500 g de almendra en polvo
- ◢ 50 g de harina de trigo
- ◢ 5 g de canela en polvo
- ◢ 5 g de polvo para hornear
- ◢ 1 pizca de bicarbonato de sodio
- ◢ 100 g de avellanas enteras, tostadas
- ◢ 50 g de tequila reposado
- ◢ 1 anís estrella, rallado
- ◢ 10 g de amaranto
- ◢ 100 g de polenta

Terminado
- ◢ 10 peras *baby* en almíbar, drenadas
- ◢ cantidad suficiente de azúcar
- ◢ cantidad suficiente de chocolate con leche 39%
- ◢ cocoa, al gusto
- ◢ hojas de oro, al gusto

▲ Procedimiento

Chips de pera
1. Ponga sobre el fuego una olla con el agua, el azúcar y la canela. Cuando hierva y se haya formado un jarabe, retírelo del fuego.
2. Precaliente el horno a 120 °C.
3. Corte en rebanadas cada pera con una mandolina, lo más finas que sea posible. Sumerja las rebanadas de pera en el jarabe, aún caliente; deje que reposen hasta que el jarabe se enfríe.
4. Distribuya las rebanadas de pera entre dos tapetes de silicón, sin encimarlas. Hornéelas durante 40 minutos.

Discos de pera y brandy
1. Pele las peras y córtelas en cubos.
2. Ponga sobre el fuego una cacerola con los 200 gramos de azúcar; cuando se caramelice, incorpórele la mantequilla y después los cubos de pera. Deje que éstos se cocinen hasta que estén cocidos pero aún firmes.
3. Mezcle el azúcar restante con la pectina y la canela y añada esta mezcla a los cubos de pera. Deje que se cocine durante 3 minutos.
4. Añada a la preparación el brandy y retírela del fuego. Incorpórele la grenetina. Vacíela en 10 moldes circulares de 2 centímetros de diámetro y guarde el resto para otros usos. Déjelos reposar en congelación durante 2 horas.

Base
1. Precaliente el horno a 180 °C.
2. Acreme en la batidora, con el aditamento de pala, la mantequilla con el azúcar mascabado hasta que se blanquee. Añada el huevo y el jarabe de agave y continúe batiendo hasta que obtenga una preparación homogénea. Incorpore a la preparación los demás ingredientes, excepto la polenta, sólo batiendo lo necesario para que se integren.
3. Engrase con mantequilla el interior de 10 aros individuales y cúbralos con la polenta. Distribuya en ellos la mezcla, llenándolos hasta tres cuartas partes de su capacidad. Hornéelos durante algunos minutos, sólo para precocerlos.

Terminado
1. Espolvoree las peras *baby* con un poco de azúcar. Coloque al centro de cada Base 1 Disco de pera y brandy y 1 pera *baby*. Hornéelos a 180 °C durante 25 minutos.
2. Tempere el chocolate y trampe cada bombonete. Deje que se cristalicen.
3. Espolvoree cada bombonete con cocoa. Decore con las hojas de oro y los Chips de pera.

Clafouti de naranja y requesón

Ingredientes

Mezcla para clafouti

- 400 g de crema para batir
- 35 g de tequila reposado
- 120 g de leche
- 6 yemas
- 10 g de requesón
- 80 g de azúcar
- la ralladura de 1 naranja
- 1 vaina de vainilla

Costra

- 300 g de mantequilla sin sal +
  150 g fundida, solidificada
- 200 g de azúcar
- 3 huevos
- 10 g de extracto de vainilla
- 400 g de harina de trigo +
  cantidad suficiente
- la ralladura de 1 naranja

Crema montada

- 350 g de crema para batir
- 100 g de crema ácida
- el jugo de 1 limón
- 80 g de azúcar
- 1 pizca de sal

Terminado

- rebanadas de naranja confitadas,
  al gusto
- hoja de oro, al gusto
- decoraciones de chocolate de su
  elección, al gusto

Procedimiento

Mezcla para clafouti

1. Licue todos los ingredientes con una licuadora de inmersión. Reserve.

Costra

1. Precaliente el horno a 190 °C.
2. Mezcle los 300 gramos de mantequilla con el azúcar hasta que obtenga una mezcla homogénea con consistencia de pomada. Añada los huevos y el extracto de vainilla e incorpórelos. Agregue la harina y mézclela sólo hasta que se integre. Deje reposar la masa durante 1 hora en refrigeración.
3. Extienda la masa hasta que tenga 5 centímetros de grosor, con ayuda de un rodillo y sobre una superficie ligeramente enharinada. Colóquela sobre una charola con un tapete de silicón y hornéela durante 20 minutos.
4. Muela la masa horneada e incorpórele los 150 gramos de mantequilla restantes junto con la ralladura de naranja. Distribúyala en un molde circular para hornear, de 30 centímetros de diámetro por 4 de altura, adhiriéndola tanto en la base como en la cara interna. Resérvela.

Crema montada

1. Bata todos los ingredientes hasta que obtenga una mezcla que forme picos ligeramente firmes. Consérvela en refrigeración.

Terminado

1. Ajuste la temperatura del horno a 170 °C.
2. Rellene la Costra con la Mezcla para clafouti. Hornee durante 45 minutos.
3. Decore el clafouti con la Crema montada, las rebanadas de naranja, la hoja de oro y las decoraciones de chocolate.

Hojaldrado de maracuyá
con crema de queso mascarpone

Rendimiento: 15-18 porciones

🔺 Ingredientes

Jarabe de guayaba
- 200 g de agua
- 200 g de puré de guayaba
- 100 g de azúcar
- 80 g de brillo de chabacano

Crema de queso mascarpone y vainilla
- 250 g de queso mascarpone
- 50 g de azúcar
- el interior 1 vaina de vainilla
- 500 g de crema para batir

Masa de hojaldrado
- 500 ml de leche
- 200 g de mantequilla + 1.2 kg fría
- 300 g de azúcar
- 50 g de sal
- 100 g de pulpa de maracuyá sin semillas
- 2 kg de harina de trigo + cantidad suficiente
- 20 g de mejorante para pan
- 70 g de levadura fresca
- 500 ml de agua fría

Terminado
- rodajas de guayaba deshidratadas, al gusto
- hojas de albahaca, al gusto

🔺 Procedimiento

Jarabe de guayaba
1. Hierva todos los ingredientes. Reserve.

Crema de queso mascarpone y vainilla
1. Acreme el queso mascarpone con el azúcar y el interior de la vaina de vainilla. Incorpore la crema para batir y siga batiendo hasta lograr una consistencia espesa. Introdúzcala en una manga pastelera con duya St. Honoré y resérvela en refrigeración.

Masa de hojaldrado
1. Ponga sobre el fuego una olla con la leche, los 200 gramos de mantequilla, el azúcar, la sal y la pulpa de maracuyá. Cuando hierva la mezcla, retírela del fuego y déjela reposar durante 12 horas.
2. Mezcle en la batidora, con el aditamento de pala y a la velocidad mínima, la harina con el mejorante, la levadura y el agua durante 4 minutos. Incorpore la mezcla de leche y mantequilla y bátala durante 1 minuto. Incremente la velocidad de la batidora a 2 y deje que la masa se bata durante 8 minutos. Después, suba la velocidad a 3 y bata durante 2 minutos más, cerciorándose que la temperatura de la masa no supere los 27 °C.
3. Deje que la masa repose a temperatura ambiente durante 1 hora.
4. Extienda la masa en una superficie ligeramente enharinada hasta que tenga una forma rectangular de 60 centímetros de largo x 30 de ancho y 4 de grosor, aproximadamente. Extienda la mantequilla restante con las mismas medidas que la masa y colóquela encima de ésta. Pliéguelas como se dobla un tríptico sin que la mantequilla se salga. Deje que la masa repose en refrigeración durante 30 minutos.
5. Coloque en la superficie de trabajo la masa girada 90°, o un cuarto de vuelta, con respecto a la posición en que quedó después del plegado anterior. Estírela de la misma forma que en el paso anterior y pliéguela en forma de tríptico. Deje que repose en refrigeración durante 30 minutos.
6. Repita el paso anterior 2 veces más, dejando reposar la masa la última ocasión durante 1½ horas. De esta forma, habrá estirado y plegado la masa 4 veces.
7. Extienda la masa en una superficie enharinada, con ayuda de un rodillo, hasta que tenga 2 centímetros de grosor, 8 de ancho y 40 de largo. Coloque la masa en forma de zigzag en moldes rectangulares de 18 centímetros de largo, 9 de ancho y 8 de altura. Deje que reposen durante 20 minutos.

Terminado
1. Precaliente el horno a 170 °C. Hornee las Masas de hojaldrado durante 25 minutos. Saque los panes del horno y deje que se enfríen.
2. Caliente el Jarabe de guayaba a 80 °C y barnice los panes con éste. Decórelos con la Crema de queso mascarpone, las rodajas de guayaba deshidratadas y las hojas de albahaca.

Miguel Gómez

Pan de muerto

▲ Ingredientes

Masa madre
- ◢ 50 g de agua tibia + 300 g
- ◢ 50 g de harina integral
- ◢ 100 g de harina de trigo de fuerza
- ◢ 20 g de azúcar
- ◢ 200 g de harina de trigo

Panes
- ◢ 35 g de levadura seca
- ◢ 500 ml de leche
- ◢ 1.75 kg de harina de trigo
- ◢ 375 g de azúcar
- ◢ 75 g de leche en polvo
- ◢ 550 g de mantequilla a temperatura ambiente
- ◢ 150 g de huevo sin cascarón + cantidad suficiente
- ◢ 75 g de yemas
- ◢ 10 ml de agua de té de azahar
- ◢ 25 g de sal
- ◢ 25 g de canela en raja
- ◢ 2 anises estrella
- ◢ la ralladura de 3 naranjas

Baño de mantequilla
- ◢ 500 g de mantequilla
- ◢ 35 g de agua de té de azahar
- ◢ 50 ml de leche

Terminado
- ◢ 400 g de azúcar
- ◢ cantidad suficiente de azúcar candi
- ◢ cantidad suficiente de crema montada

▲ Procedimiento

Masa madre
1. Mezcle en un frasco que tenga tapa, los 50 gramos de agua tibia con la harina integral. Tape y deje que la preparación repose durante 24 horas a temperatura ambiente.
2. Añada a la preparación 100 gramos de agua, la harina de trigo de fuerza y el azúcar. Mezcle, tape y deje que repose durante 24 horas más.
3. Incorpore a la preparación la harina de trigo y el agua restante. Tape y deje que repose durante 12 horas. Cerciórese de que la preparación presente espuma y reservo 350 gramos. Guarde el resto para otros usos.

Panes
1. Mezcle la levadura con la leche y deje que repose durante 10 minutos. Colóquela en la batidora junto con la harina, el azúcar, la leche en polvo, la mantequilla, los 150 gramos de huevo, las yemas, el agua de té de azahar y los 350 gramos de Masa madre que reservó. Amase los ingredientes, con el aditamento de gancho y en primera velocidad, durante 7 minutos.
2. Añada la sal y continúe amasando, en segunda velocidad, durante 5 minutos.
3. Muela finamente la canela y los anises estrella e incorpórelos a la masa junto con la ralladura de naranja. Continúe amasándola durante 2 minutos más y retírela de la batidora.
4. Deje reposar la masa durante 20 minutos. Introdúzcala en un recipiente que tenga tapa, tápelo y deje que repose en refrigeración durante 12 horas.
5. Divida la masa en porciones de 500 gramos. De cada una, bolee 350 gramos para formar el cuerpo del pan, y 150 gramos para los huesos, que debe colocar encima de cada pan pegándolos con un poco de huevo. Deje que las piezas de masa fermenten hasta que dupliquen su volumen.

Baño de mantequilla
1. Funda la mantequilla y añádale el agua del té de azahar y la leche.

Terminado
1. Precaliente el horno a 200 °C. Hornee los Panes durante 20 minutos.
2. Barnice los panes, inmediatamente después de que salgan del horno, con el Baño de mantequilla. Espolvoréeles en la mitad superior el azúcar, y en la mitad inferior el azúcar candi. Deje que se enfríen.
3. Parta los panes por la mitad y rellénelos con la crema montada.

Originaria de la Ciudad de México, Paulina manifestó su gusto por la pastelería a los siete años de edad gracias a la influencia de su abuela, quien solía preparar dulces delicias y grandes comidas familiares. "Me gustaba la cocina, pero disfrutaba con particular alegría la parte dulce y artística de los postres, fue así como descubrí que quería ser chef pastelera, pero al no encontrar opciones para profesionalizar esa pasión opté por estudiar Administración Hotelera en el Centro de Estudios Superiores de San Ángel, CESSA Universidad, carrera que complementé más tarde con cursos de especialización en pastelería y chocolatería en Francia, Bélgica y España". A su regreso a México, laboró en empresas de banquetes, panadería y pastelería, y en 2001 representó a México en la Copa Mundial de Pastelería, en Francia. Durante años, Paulina ha sido reconocida por la prensa especializada como una de las mejores chefs pasteleras de México. Lo anterior debido a su profesionalismo, audacia y visión empresarial. Hace casi una década abrió en la zona poniente de la Ciudad de México la tienda Paulina Abascal Pâtisserie y un centro de producción. Los postres que realiza se han ofrecido en eventos de marcas de talla mundial, entre los más destacados se encuentra la mesa de postres en la boda de Carlos Slim, así como los postres mexicanos que sirvió en 2009 al Papa Benedicto XVI.

Cuenta con más de 16 años ininterrumpidos transmitiendo programas relacionados con la repostería en El Gourmet, siendo la única chef mexicana que no ha salido de la programación desde la fundación del canal de cocina. Actualmente imparte cursos para profesionales y amateurs en su escuela Al Pan Pan, ubicada en la Ciudad de México. Ha publicado cinco libros con la casa editorial Larousse. El primero, *Larousse de los Postres*, ha roto récords de venta en América Latina. Participó en el libro *Las bodas de México*, el cual se caracteriza por reunir a los mejores proveedores de eventos de México.

En 2015 lanzó en las tiendas departamentales Liverpool y Fábricas de Francia una línea de utensilios con su nombre y sello de calidad. Ha sido embajadora de marcas internacionales y nacionales relacionadas tanto con gastronomía como con estilo de vida. Algunas de ellas: Nespresso, Prime Blend (Monogram), Mantequilla Gloria y American Express. Además, se le han otorgado múltiples reconocimientos: el Barbie Award y el Premio a la Excelencia Universal. La Secretaría de Agricultura, Ganadería, Desarrollo Rural, Pesca y Alimentación (SAGARPA) la reconoció como Máxima exponente de la vainilla mexicana alrededor del mundo. En 2018 inauguró su tienda-restaurante de postres al interior de la Plaza Carso Palmas, ubicada en las Lomas de Chapultepec, e inició una espectacular empresa de producción de eventos dulces para grandes banquetes y eventos empresariales o sociales en los que, literalmente, "construye" tiendas de dulces o aparadores de charcutería y vinos al interior de los eventos. Su reciente línea de enchilados (dulces y botanas típicas de México) con los que prepara pasteles, roscas y un sinfín de arreglos, también la colocan como la pionera del mundo del dulce-picante a nivel nacional.

Paleta enchilada
de amaranto

Rendimiento: 8 paletas de 50 g c/u aprox.

Ingredientes

Paletas

- 55 g de azúcar
- 25 ml de agua
- 8 ml de miel de abeja
- 8 ml de jarabe de maíz
- 8 ml de glucosa
- 15 g de pasta de cobertura de manzana
- 30 ml de concentrado de flor de Jamaica
- 50 g de amaranto
- 8 g de chile piquín

Terminado

- 200 g de isomalt
- 20 ml de concentrado de flor de Jamaica

Procedimiento

Paletas

1. Coloque sobre el fuego una olla con el azúcar y el agua y cocínelos hasta que obtenga un caramelo bola suave.
2. Añada al caramelo la miel, el jarabe de maíz, la glucosa, la pasta de cobertura de manzana y el concentrado de flor de Jamaica. Cuando la preparación se espese, agregue el amaranto y el chile piquín; incorpórelos muy bien.
3. Vacíe la preparación en moldes con forma de paleta e introduzca en el centro de cada una un palo pequeño de madera. Deje que reposen entre 3 y 4 horas o hasta que se endurezcan.

Terminado

1. Derrita el isomalt con el concentrado de flor de Jamaica.
2. Desmolde las Paletas y decórelas con la mezcla anterior. Decore cada una con un moño de listón del color de su preferencia.

Pastel de algodón de azúcar

Rendimiento: 8-12 porciones

▲ Ingredientes

Pan de vainilla
- ◢ 4 huevos
- ◢ 300 g de leche condensada
- ◢ 150 ml de leche
- ◢ 10 ml de extracto de vainilla
- ◢ 180 g de mantequilla fundida, líquida
- ◢ 240 g de harina de trigo
- ◢ ¼ de cucharadita de sal
- ◢ 20 g de polvo para hornear

Betún de algodón de azúcar
- ◢ 375 g de queso crema
- ◢ 60 g de mantequilla a temperatura ambiente
- ◢ 180 g de algodón de azúcar
- ◢ el interior de 1 vaina de vainilla

Merengues
- ◢ 100 g de claras
- ◢ 100 g de azúcar
- ◢ 100 g de azúcar glass

Terminado
- ◢ cilindros de chocolate blanco rayados con chocolate blanco color azul cielo
- ◢ cuadros de chocolate blanco pintados de color azul cielo, rayados con chocolate blanco
- ◢ cantidad suficiente de pétalos grandes de flores blancas comestibles
- ◢ hoja de oro, al gusto

▲ Procedimiento

Pan de vainilla
1. Precaliente el horno a 180 °C.
2. Bata a velocidad media los huevos, en una batidora, hasta que dupliquen su volumen y tengan un color amarillo pálido.
3. Incorpore a los huevos batidos la leche condensada, la leche y el extracto de vainilla. Integre la mantequilla en forma de hilo, sin dejar de batir.
4. Mezcle la harina con la sal y el polvo para hornear. Incorpore esta mezcla a la preparación anterior, con movimientos envolventes.
5. Vacíe la preparación en una charola cubierta con papel siliconado o con un tapete de silicón. Hornéela durante 20 minutos o hasta que tenga una consistencia de colchón. Deje que se enfríe a temperatura ambiente y córtela en forma de discos de 4-5 centímetros de diámetro.

Betún de algodón de azúcar
1. Bata todos los ingredientes en una batidora hasta que obtenga una mezcla con una consistencia untable y una textura lisa. Reserve.

Merengues
1. Bata las claras con el azúcar hasta obtener un merengue firme con punto de turrón. Añádale el azúcar glass con movimientos envolventes. Introduzca el merengue en una manga pastelera con duya lisa.
2. Precaliente el horno a 100 °C.
3. Forme gotas con el merengue sobre una charola con papel siliconado o con un tapete de silicón. Hornéelas durante 2 horas o hasta que se despeguen de la charola.
4. Haga un hueco a los merengues por debajo y rellénelos con Betún de algodón de azúcar. Únalos de dos en dos, por la parte de la base, con un poco de betún.

Terminado
1. Distribuya dentro de cada cilindro de chocolate un disco de Pan de vainilla. Rellénelos con Betún de algodón de azúcar hasta llegar al borde superior. Decore con los cuadros de chocolate blanco pintados de color azul cielo, los pétalos blancos y la hoja de oro.
2. Acomode los cilindros sobre una estructura escalonada de madera o de algún material firme, de varios pisos.

Pastel enchilado Julie

Ingredientes

Pastel

- 750 g de papas fritas adobadas
- 250 g de frituras de maíz enchiladas
- 300 g de azúcar
- 135 ml de agua
- 50 ml de miel de abeja
- 50 ml de jarabe de maíz
- 50 g de glucosa
- 75 g de pasta de tamarindo
- 120 ml de chamoy

Terminado

- 100 g de isomalt
- cantidad suficiente de colorante rojo
- 2 trozos grandes de chicharrón de harina
- gomitas, dulces y pulpas de tamarindo, dulces de chamoy, paletas enchiladas y palomitas de maíz con polvo de chamoy, al gusto

Procedimiento

Pastel

1. Triture en un procesador de alimentos las papas fritas y las frituras de maíz, sin que se deshagan por completo. Reserve.
2. Ponga sobre el fuego una olla con el azúcar y el agua y cocínelo hasta que obtenga un caramelo punto bola suave. Añádale la miel, el jarabe de maíz, la glucosa, la pasta de tamarindo y el chamoy. Deje que la mezcla se cocine, sin dejar de moverla, hasta que adquiera una consistencia espesa.
3. Añada la mezcla anterior en las papas y frituras trituradas e incorpórela muy bien. Vacíe la preparación en un molde con forma de cilindro de 15 centímetros de diámetro por 15 de alto aproximadamente. Deje que el pastel repose a temperatura ambiente durante 12 horas.

Terminado

1. Funda el isomalt e incorpórele el colorante rojo.
2. Desmolde el Pastel y decórelo con el resto de los elementos pegándolos con el isomalt.

PAULINA ABASCAL
PÂTISSERIE

Lo que comenzó como un juego de niños, a los ocho años de edad, cuando Sonia hacia *brownies* que vendía entre familiares y amigos, pronto derivó en una exitosa carrera reconocida en el medio gastronómico mexicano.

Durante su formación en el Culinary Institute of America (CIA) en Nueva York, Sonia fue aceptada para cursar el *Intensive Baking and Pastry Program*. A su llegada, los chefs se sorprendieron, ya que en ese momento tenía sólo 15 años de edad. Al graduarse del programa, tomó su primer empleo en el hotel Four Seasons de la Ciudad de México. En 1996 volvió al CIA y se graduó con honores de la licenciatura: fue la primera alumna mexicana en recibir una beca por aprovechamiento.

Perfeccionó su técnica durante seis años en Nueva York, siempre rodeada de los mejores chefs en restaurantes como Daniel, Bouley y Danube, todos reconocidos por el influyente diario *The New York Times*.

En 2005 eligió la capital mexicana para abrir su primer restaurante en sociedad con el chef Jared Reardon, al cual llamaron Jaso. Años después, perfeccionó su receta de *brownie* y, en 2008, la revista *Chilango* lo eligió como el mejor de México.

Durante años Sonia ha estado inmersa en el mundo de las marcas de lujo, gracias a los servicios de *catering* salados y dulces para marcas exclusivas, como Chanel, Gucci, Montblanc, Ermenegildo Zegna, Louis Vuitton, Cartier, Jaeger-LeCoultre, Tory Burch, La Prairie, Porsche, Nespresso, Vogue, Diageo, American Express y varios más. En 2009 la revista *Life & Style* la reconoció en la categoría The Best of The Best.

Por primera vez, durante 2010, creó la colección de *Jaso Wow Cakes & Crystallized Swarovski*, inspirada en tendencias de moda y estilo, incorporando en sus impresionantes diseños pasteleros cristales de la marca.

A lo largo de los años ha seguido preparándose: tomó un programa de dirección en el Instituto de Alta Dirección de Empresas, y Mercadotecnia en el Instituto Tecnológico Autónomo de México y en la Kellogg School of Management.

En 2011 una de sus más exquisitas creaciones, la *Crème brûlée* envuelta en finas láminas de pera, fue elegida como El mejor Postre de México por la revista *Travel+Leisure*.

Actualmente Sonia Arias continúa al frente de la repostería del restaurante Jaso, así como de los puntos de venta Jaso Bakery, al interior de las tiendas El Palacio de Hierro.

Crema de coco, bizcocho espuma
de vainilla de Papantla y cristales de maracuyá

Rendimiento: 8 porciones

🔺 Ingredientes

Crema de coco
- 300 g de leche
- 200 g de leche de coco
- 300 g de crema para batir
- 180 g de crema de coco
- 150 g de azúcar
- 170 g de yemas
- 150 g de huevo
- 200 g de coco rallado

Bizcocho espuma de vainilla de Papantla
- 50 g de claras
- 50 g de azúcar
- el interior de 2 vainas de vainilla de Papantla
- 60 g de harina de trigo
- 60 g de almendra en polvo

Chips de piña rostizada
- ½ piña miel sin cáscara
- 180 g de azúcar glass

Cristales de maracuyá
- 300 g de pulpa de maracuyá o fruta de la pasión, sin semillas
- 150 g de agua
- 125 g de azúcar
- 8 g de agar-agar o 10 g de grenetina en hojas hidratadas previamente en agua

Terminado
- pétalos de rosas, acacias o pensamientos, al gusto

🔺 Procedimiento

Crema de coco
1. Caliente en una olla, sin que hiervan, las leches, ambas cremas y la mitad del azúcar.
2. Mezcle las yemas y los huevos con el azúcar restante. Añádales en forma de hilo, sin dejar de batir, la mitad de la leche. Incorpore esta mezcla al resto de la leche y cocine la preparación a fuego medio hasta que obtenga una crema estilo inglesa. Añádale el coco rallado.
3. Precaliente el horno a 160 °C.
4. Distribuya la preparación en moldes de silicón con cavidades en forma de cubo. Introduzca los moldes dentro de una bandeja que pueda meter al horno y viértale agua hasta que cubra la mitad inferior de los moldes de silicón.
5. Hornee los moldes con crema entre 20 y 25 minutos. Retírelos del horno, deje que se enfríen y refrigérelos durante 2 horas. Desmóldelos y consérvelos en refrigeración.

Bizcocho espuma de vainilla de Papantla
1. Mezcle las claras con el azúcar hasta que esta última se disuelva. Añádales el interior de las vainas de vainilla.
2. Cierna la harina con el polvo de almendras e incorpórelos poco a poco a la mezcla de claras hasta obtener una preparación homogénea.
3. Introduzca la mezcla a un sifón y aplíquele una carga de CO_2. Agite bien el sifón, vierta la mezcla en un vaso de plástico apto para microondas hasta llenar ¾ partes de la capacidad del vaso, y cocínela en el microondas a potencia alta durante 3 minutos. Desmolde la preparación del vaso y desmorónela. Reserve.

Chips de piña rostizada
1. Precaliente el horno a 110 °C.
2. Rebane la piña muy finamente con una mandolina o con un cuchillo.
3. Espolvoree la mitad del azúcar glass en una charola y distribuya en ella las rebanadas de piña. Espolvoree encima el azúcar glass restante.
4. Hornee las rebanadas de piña durante 40 minutos. Reserve.

Cristales de maracuyá
1. Ponga sobre el fuego una cacerola con la pulpa de maracuyá, el agua y el azúcar. Cuando la mezcla hierva, añádale el agar-agar o la grenetina y procésela con una licuadora de inmersión.
2. Vacíe la mezcla en una charola y extiéndala uniformemente para obtener 1 milímetro de grosor. Deje que repose en refrigeración durante 15 minutos si utilizó agar-agar, o durante 30 minutos si empleó grenetina.
3. Corte la preparación en cuadros del mismo tamaño que los cubos de Crema de coco.

Terminado
1. Coloque en platos los cubos de Crema de coco y póngales encima los Cristales de maracuyá. Distribuya alrededor los Chips de piña rostizada y el Bizcocho espuma de vainilla de Papantla. Decore con los pétalos de flores.

Financier de matcha,
gelée de cassis y mousse de chocolate blanco

▲ Ingredientes

Financier de matcha

- 180 g de mantequilla derretida
- 30 g de miel de abeja
- 10 g de ron añejo
- el interior de 1 vaina de vainilla
- 10 claras
- 330 g de azúcar glass
- 3 g de polvo para hornear
- 1 pizca de sal
- 36 g de matcha
- 120 g de almendra en polvo
- 90 g de harina de trigo

Gelée de cassis

- 300 g de pulpa de cassis
- 125 g de azúcar
- 100 g de agua
- 16 g de agar-agar

Mousse de chocolate blanco

- 160 g de crema para batir, caliente + 330 g montada, fría
- 500 g de chocolate blanco

Terminado

- matcha, al gusto
- hoja de plata, al gusto
- pulpa de cassis, al gusto

▲ Procedimiento

Financier de matcha

1. Precaliente el horno a 165 °C.
2. Mezcle la mantequilla derretida con la miel de abeja, el ron y el interior de la vaina de vainilla. Reserve.
3. Bata las claras con el azúcar glass, en la batidora, a velocidad media-alta durante 8 minutos o hasta que obtenga un merengue.
4. Cierna el polvo para hornear con la sal, el matcha, la almendra en polvo y la harina; añádalos a la preparación de mantequilla. Mezcle bien hasta que obtenga una pasta. Incorpore el merengue con movimientos envolventes.
5. Vierta la preparación en un molde rectangular de 40 × 25 centímetros, con 5 centímetros de altura, y hornéela durante 20 minutos. Retire la preparación del horno y deje que se enfríe.
6. Corte la preparación en rectángulos de 3 × 5 centímetros. Reserve.

Gelée de cassis

1. Caliente a fuego medio, sin que hierva, la pulpa de cassis con el azúcar y el agua. Añada a la mezcla el agar-agar y procésela con una licuadora de inmersión.
2. Vacíe la mezcla anterior en una charola y extiéndala uniformemente para obtener 1 milímetro de grosor. Deje que repose en refrigeración durante 10 minutos.
3. Corte la preparación en rectángulos de 3 × 5 centímetros. Reserve.

Mousse de chocolate blanco

1. Mezcle los 160 gramos de crema para batir con el chocolate blanco hasta que éste se funda. Incorpore la crema montada y vacíe la *mousse* en una manga pastelera con duya lisa. Reserve en refrigeración.

Terminado

1. Sirva los Financiers de matcha con una lámina de Gelée de cassis. Ponga encima un poco de la Mousse de chocolate blanco y decore con el matcha, la hoja de plata y la pulpa de cassis.

Mousse de jarabe de agave
con crema, crujiente y helado de ajonjolí

Rendimiento: 8 porciones

Ingredientes

Mousse de jarabe de agave
- 225 g de crema para batir + 800 g montada
- 150 g de agua
- 750 g de jarabe de agave
- 10 yemas
- 300 g de mantequilla

Crujiente de ajonjolí
- 400 g de mantequilla
- 200 g de ajonjolí negro
- 400 g de ajonjolí blanco
- 200 g de harina de trigo
- 120 ml de jugo de naranja
- 400 g de azúcar glass

Crema de ajonjolí
- 125 g de crema para batir
- 220 g de pasta de ajonjolí

Beignets
- 200 ml de leche fría
- 40 g de azúcar
- 1½ cucharadas de levadura seca
- 500 g de harina de trigo
- 125 g de mantequilla
- 1 huevo
- 2 yemas
- ½ cucharadita de sal
- 1 cucharadita de jugo de limón o de naranja
- 100 g de azúcar glass
- 100 g de ajonjolí negro
- cantidad suficiente de aceite

Helado de ajonjolí
- 1 ℓ de leche
- 180 g de pasta de ajonjolí
- 400 g de azúcar
- 350 g de yemas
- 1 ℓ de crema para batir

Terminado
- brotes, al gusto

Procedimiento

Mousse de jarabe de agave
1. Ponga sobre fuego medio los 225 gramos de crema para batir, el agua y el jarabe de agave. Cuando la mezcla hierva, bata las yemas ligeramente y añádales un poco de la mezcla de crema, para temperarlas. Añada las yemas con crema a la mezcla que está sobre el fuego, reduzca la intensidad del fuego al mínimo y cocine la preparación, sin dejarla de mover, hasta que nape (cubra) el dorso de una cuchara. Retírela del fuego e incorpórele la mantequilla. Deje que se enfríe un poco.
2. Incorpore a la preparación la crema montada con movimientos envolventes. Introdúzcala en una manga pastelera con duya lisa y resérvela en refrigeración.

Crujiente de ajonjolí
1. Derrita la mantequilla e incorpórele el resto de los ingredientes. Deje que se enfríe.
2. Precaliente el horno a 150 °C.
3. Extienda la preparación en una charola cubierta con papel siliconado o con un tapete de silicón y hornéela durante 10 minutos.

Crema de ajonjolí
1. Caliente la crema para batir y añádale la pasta de ajonjolí. Mezcle ambos ingredientes hasta que obtenga una preparación homogénea. Introduzca la mezcla a una manga pastelera con duya lisa pequeña. Reserve.

Beignets
1. Disuelva en la mitad de la leche la mitad del azúcar, la levadura y 1 cucharada de harina. Deje que la mezcla repose durante 30 minutos a temperatura ambiente.
2. Ponga en el tazón de la batidora la mantequilla con el azúcar restante y bátalos hasta que la mezcla se blanquee. Sin dejar de batirla, añádale el huevo y las yemas, uno a uno.
3. Incorpore a la mezcla anterior la harina y la sal cerniéndolas, con movimientos envolventes. Agréguele la mezcla de levadura, el jugo de limón o de naranja y la leche restante; mezcle delicadamente. Tape la preparación con un paño húmedo y deje que repose durante 2 horas o hasta que duplique su volumen.
4. Extienda la masa en una superficie ligeramente enharinada hasta que tenga un grosor de ½ centímetro. Forme en la masa discos de 2 centímetros de diámetro con ayuda de un cortador. Extráigalos, cúbralos con un paño húmedo y deje que reposen durante 30 minutos.
5. Licue el azúcar glass con el ajonjolí hasta que obtenga un polvo fino. Reserve.
6. Coloque sobre el fuego una cacerola con suficiente aceite. Cuando llegue a 190 °C, fría en él las porciones de masa, en tandas, durante 30 segundos por cada lado, o hasta que se doren uniformemente. Escurra bien los buñuelos y colóquelos sobre papel absorbente para retirarles el exceso de aceite.
7. Revuelque los buñuelos en el polvo de azúcar con ajonjolí y rellénelos con la Crema de ajonjolí. Reserve.

Helado de ajonjolí
1. Ponga sobre el fuego la leche con la pasta de ajonjolí y la mitad del azúcar. Cuando la mezcla se caliente, bata ligeramente las yemas con el azúcar restante e incorpóreles un poco de la mezcla caliente para temperarlas; añádalas a la preparación sobre el fuego. Cocine la preparación a fuego medio, sin dejar de moverla, hasta que obtenga la consistencia de una salsa inglesa. Retírela del fuego.
2. Incorpore a la preparación la crema para batir y deje que repose en congelación durante 12 horas.

Terminado
1. Distribuya en platos un poco de la Crema de ajonjolí y coloque encima la Mousse de jarabe de agave y el Crujiente de ajonjolí. Sirva con una *quenelle* de Helado de ajonjolí y con los Beignets. Decore con los brotes.

Pudín y crema de limón,
cáscara de limón confitada, mousse de queso de tetilla y lámina de frambuesa

Rendimiento: 8 porciones

▲ Ingredientes

Pudín de limón
- 5 huevos
- 285 g de azúcar
- 200 g de leche
- 250 g de crema para batir
- 30 g de mantequilla derretida
- 100 ml de jugo de limón
- 70 g de harina de trigo
- 3 g de sal
- la ralladura de 1 limón amarillo

Mousse de queso de tetilla
- 500 g de leche
- 500 g de queso de tetilla troceado
- 120 g de azúcar
- 200 g de yemas
- 1.5 kg de crema montada

Cáscara de limón amarillo confitada
- 150 ml de agua
- 150 g de azúcar
- la cáscara de 2 limones amarillos, sin la parte blanca y cortada en tiras pequeñas

Crema de limón
- 200 ml de jugo de limón verde
- 240 g de azúcar
- 200 g de huevo
- 300 g de mantequilla
- 16 g de grenetina en hojas, hidratadas previamente en agua

Lámina de frambuesa
- 150 ml de agua
- 100 g de azúcar
- 200 g de frambuesas
- 8 g de agar-agar

Terminado
- 12 frambuesas cortadas por la mitad
- hojas de menta, al gusto

▲ Procedimiento

Pudín de limón
1. Bata en la batidora los huevos con el azúcar a velocidad alta, hasta que la preparación duplique su volumen inicial. Sin dejar de batir, incorpore la leche, la crema para batir, la mantequilla derretida en forma de hilo y el jugo de limón.
2. Incorpore a la preparación, con movimientos envolventes, la harina junto con la sal y la ralladura de limón.
3. Precaliente el horno a 140 °C.
4. Vierta la preparación en moldes de silicón con forma de pastilla, sin llenarlos por completo, sino dejando ½ centímetro libre. Introduzca los moldes dentro de una bandeja que pueda meter al horno y viértale agua hasta que cubra la mitad inferior de los moldes de silicón. Hornee durante 45 minutos y retire los pudines del horno. Deje que se enfríen y consérvelos en congelación.

Mousse de queso de tetilla
1. Ponga sobre fuego medio una cacerola con la leche y el queso de tetilla. Cuando hierva, añada un poco de esta mezcla a las yemas con el azúcar y bata bien. Incorpore esta preparación a la leche con el queso, reduzca la intensidad del fuego al mínimo y cocine la preparación, sin dejarla de mover, hasta que nape (cubra) el dorso de una cuchara. Retírela del fuego y deje que se enfríe.
2. Incorpore a la preparación anterior la crema montada con movimientos envolventes. Reserve en refrigeración.

Cáscara de limón amarillo confitada
1. Ponga sobre el fuego una cacerola con el agua y el azúcar. Cuando la preparación hierva, deje que alcance 118 °C. Retírela del fuego, añádale las tiras de cáscara de limón y reserve.

Crema de limón
1. Coloque sobre el fuego una cacerola con el jugo de limón y la mitad del azúcar. Cuando hierva, añada un poco de esta mezcla a los huevos con el resto del azúcar y bata bien. Incorpore esta preparación al jugo de limón con el azúcar y cocínela a fuego bajo, sin dejarla de mover, hasta que nape (cubra) el dorso de una cuchara. Retírela del fuego, añádale la grenetina y mézclela hasta que esta última se disuelva.
2. Vierta la preparación en una charola, cerciorándose de que quede de 1 centímetro de alto. Cubra toda la crema con plástico autoadherente y deje que repose en congelación durante 12 horas.
3. Corte de la preparación cilindros de 1 centímetro de diámetro. Reserve.

Lámina de frambuesa
1. Ponga sobre el fuego una cacerola con el agua, el azúcar y las frambuesas. Cuando la preparación hierva, licúela junto con el agar-agar. Viértala en una charola y distribúyala bien, de forma que quede de 2 milímetros de altura. Deje que se cuaje.
2. Corte la preparación en rectángulos de 6 centímetros de ancho por 16 de largo. Reserve.

Terminado
1. Distribuya los Pudines de limón en platos y cúbralos con Mousse de queso de tetilla. Coloque encima de cada uno 1 Lámina de frambuesa y sirva con los cilindros de Crema de limón y la Cáscara de limón amarillo confitada. Decore con las mitades de frambuesa y las hojas de menta.

Heredera de la sazón de sus abuelas, Tanya es egresada de la licenciatura en Gastronomía por el Colegio Superior de Gastronomía de la Ciudad de México, donde encontró una fuerte pasión por el mundo dulce.

Entre sus estudios destacan diversas especialidades con la tutela de reposteros de experiencia internacional, como el chef Ernesto Luna, quien es panadero y apasionado del chocolate.

"Me enamoré de la gastronomía gracias a mis constantes visitas al mercado de Jamaica; para mí ha sido un paraíso el descubrimiento de aromas, sabores y colores. Otra de mis inspiraciones es el estado de Tabasco, donde pude conocer todos los dones del cacao mexicano", expresa la chef. "Comencé trabajando en una panadería en la Condesa, donde se hacía pan dulce *gourmet*, postres de vitrina, pasteles y postres clásicos, adaptando las recetas a necesidades de los clientes. Después fui encargada de cafeterías en diferentes partes de la República como Ciudad del Carmen, Mérida y Puebla, donde experimenté un enriquecimiento gastronómico tanto en cocina salada como en panadería".

Actualmente Tanya se desempeña como chef repostera del reconocido restaurante Balcón del Zócalo, ubicado en la espectacular terraza con vista a la Plaza de la Constitución y a la Catedral Metropolitana, al interior del Hotel Zócalo Central, en el Centro Histórico de la Ciudad de México.

"Entre muchas actividades, soy la responsable de cambiar la carta de postres cada tres meses, en promedio. En mis recetas siempre utilizo los productos de temporada", explica. Estas tareas le exigen trabajar en los proyectos de investigación que lleva a cabo el equipo culinario, comandado por el chef Pepe Salinas, para así desarrollar técnicas, ingredientes y platos típicos que se adapten a las necesidades actuales de los comensales, como puede ser un postre vegano o sin gluten.

"La propuesta de mi trabajo como chef de postres es recuperar la confitería, pastelería y panadería mexicana tradicional con base en las necesidades del siglo XXI, combinando técnicas, tendencias, ingredientes y sabores nacionales e internacionales. Además, busco dar a conocer la calidad y variedad de frutos, sin dejar de lado los productos naturales, endémicos, exóticos y propios de nuestra cultura", comparte.

En los últimos años ha perfeccionado sus técnicas en la Chocolate Academy Mexico City, donde ha aprendido nuevos conceptos alrededor del chocolate. Sin duda Tanya es una joven promesa de la cocina dulce.

Flan de queso bola de Ocosingo

🔺 Ingredientes

Galleta de chocolate
- 90 g de mantequilla
- 73 g de azúcar mascabado
- 30 g de azúcar
- 105 g de harina de trigo + cantidad suficiente
- 17 g de cocoa
- 3 g de bicarbonato
- 3 g de sal
- 2 g de extracto de vainilla
- 40 g de chocolate amargo picado finamente

Flan
- 15 g de fécula de maíz
- 175 g de leche
- 4 g de grenetina en hoja
- 20 g de agua
- 150 ml de crema para batir
- 50 g de queso bola de Ocosingo
- 50 g de queso crema
- 150 g de yemas
- el interior de 1 vaina de vainilla
- 50 g de leche condensada

Ganache de chocolate blanco caramelizado
- 90 g de chocolate blanco
- 90 g de crema para batir

Praliné de almendra
- 100 g de almendras sin cáscara
- 100 g de azúcar

Teja de caramelo
- 150 g de azúcar
- 90 g de isomalt
- cantidad suficiente de mantequilla

Salsa de caramelo
- 200 g de azúcar
- 100 g de crema para batir
- 2 g de sal
- 14 g de mantequilla

Terminado
- frutos rojos secos, hidratados, al gusto
- pétalos de clavelina, al gusto

🔺 Procedimiento

Galleta de chocolate
1. Acreme la mantequilla con ambos azúcares. Cierna la harina junto con la cocoa, el bicarbonato y la sal, y añádalos a la mezcla de mantequilla con azúcar. Agregue el extracto de vainilla y el chocolate amargo e intégrelos, sin trabajar en exceso la preparación. Deje que repose en refrigeración durante 1 hora.
2. Precaliente el horno a 160 °C.
3. Estire la masa en una superficie ligeramente enharinada hasta que tenga un grosor de 3 milímetros. Corte discos un poco más pequeños que la base de los moldes en forma de domo que empleará para los flanes, distribúyalos en una charola cubierta con un tapete de silicón y hornéelos durante 12 minutos. Retírelos del horno y deje que se enfríen.

Flan
1. Disuelva la fécula de maíz en la mitad de la leche.
2. Sumerja la grenetina en el agua y deje que se hidrate durante 5 minutos. Fúndala a baño María.
3. Licue la mezcla de leche con la fécula de maíz, la grenetina fundida, y el resto de los ingredientes, excepto la leche condensada. Cuele la preparación e introdúzcala a una bolsa para empacar al vacío. Empáquela al vacío y cocínela, en un *runner* o termocirculador, a 74 °C durante 65 minutos.
4. Saque la preparación del *runner* o termocirculador y sumérjala en agua fría con cubos de hielo. Sáquela de la bolsa y lícuela con la leche condensada. Distribúyala en moldes de silicón en forma de domo. Deje que los flanes se cuajen a temperatura ambiente durante 5 minutos.
5. Cuando los flanes comiencen a cuajarse, coloque encima de cada uno una galleta e introdúzcalos durante 2 horas en el congelador.
6. Desmolde los flanes y consérvelos en refrigeración.

Ganache de chocolate blanco caramelizado
1. Precaliente el horno a 140 °C.
2. Coloque el chocolate sobre una charola con un papel siliconado o un tapete de silicón y hornéelo durante 40 minutos. Transfiéralo a un recipiente alto y angosto.
3. Caliente la crema a 50 °C y viértala en el chocolate blanco. Licue la mezcla con la licuadora de inmersión y deje que se enfríe. Viértala en una manga pastelera con duya lisa y reserve.

...continúa en la página 305

Nieve de lima,
pápalo y chipilín

⬤ Ingredientes

Nieve
- ◢ 129 ml de agua
- ◢ 100 g de glucosa
- ◢ 48 g de azúcar
- ◢ 6 g de estabilizante para helado
- ◢ 300 ml de jugo de lima
- ◢ 30 ml de jugo de limón
- ◢ 30 g de hojas de pápalo
- ◢ 20 g de hojas de chipilín

Crema de vainilla
- ◢ 1 vaina de vainilla
- ◢ 100 g de crema para batir
- ◢ 35 g de azúcar

Frambuesa nitro
- ◢ 90 g de frambuesas
- ◢ 150 ml de nitrógeno líquido

Terminado
- ◢ 8 g de sal negra

⬤ Procedimiento

Nieve
1. Caliente a 85 °C el agua con la glucosa, el azúcar y el estabilizante de helados. Retire la preparación del fuego, procésela con una licuadora de inmersión para deshacer los posibles grumos y enfríela dentro de un recipiente con agua fría y hielos hasta que llegue a 4 °C.
2. Licue la preparación anterior con ambos jugos y ambas hojas y procésela en una máquina para helados. Resérvela en congelación.

Crema de vainilla
1. Corte la vaina de vainilla por la mitad, a lo largo, extraiga el interior de ambas mitades con la punta de un cuchillo y mézclelo con un poco de la crema para batir. Caliente esta mezcla ligeramente.
2. Bata el resto de la crema para batir con el azúcar y, cuando forme picos firmes, añada la crema con vainilla.
3. Vierta la preparación a una manga pastelera con duya lisa y resérvela en refrigeración.

Frambuesa nitro
1. Sumerja las frambuesas en el nitrógeno líquido.

Terminado
1. Sirva en platos un poco de la Crema de vainilla y encima ponga una *quenelle* de la Nieve. Rompa encima las Frambuesas nitro y decore con la sal negra.

Texturas de mandarina

Rendimiento: 8 porciones

Ingredientes

Pasta de mandarina
- 200 ml de jugo de mandarina
- 14 g de azúcar + 100 g
- 7 g de pectina cítrica
- 60 g de glucosa
- 100 g de isomalt
- 4 ml de jugo de limón

Praliné de avellana
- 100 g de azúcar
- 100 g de avellanas sin cáscara
- 25 g de manteca de cacao fundida

Nieve de tomillo limón
- 216 ml de agua + 500 ml
- 150 g de glucosa
- 80 g de azúcar
- 10 g de estabilizante para helado
- 50 ml de jugo de limón
- 30 g de hojas de tomillo limón

Arena de chocolate blanco
- 100 g de azúcar
- 50 ml de agua
- 750 g de chocolate blanco

Mousse de mandarina
- 550 ml de crema para batir
- la ralladura de ½ mandarina
- 100 ml de jugo de mandarina
- 7 g de grenetina hidratada previamente en agua
- 25 g de manteca de cacao
- 100 g de azúcar

Decoraciones de chocolate
- 150 g de chocolate blanco
- 8 g de colorante liposoluble amarillo

Terminado
- 200 g de manteca de cacao
- 5 g de colorante liposoluble amarillo, 1 g de colorante rojo y 1 g de colorante blanco, mezclados
- 8 hormigas chicatanas
- miel de hormiga, al gusto
- hoja de oro, al gusto

Procedimiento

Pasta de mandarina
1. Caliente el jugo de mandarina a 40 °C y añádale los 14 gramos de azúcar y la pectina en forma de lluvia; mezcle bien. Cuando hierva, incorpórele la glucosa. Espere a que la preparación hierva y añádale el isomalt y los 100 gramos de azúcar restantes. Cuando llegue a 80 °C, incorpórele el jugo de limón y retírela del fuego.
2. Extienda la preparación dentro de un molde metálico cuadrado de 20 × 20 centímetros, con un tapete de silicón en la base. Deje que se enfríe.

Praliné de avellana
1. Ponga sobre el fuego una cacerola con el azúcar; cuando obtenga un caramelo rubio, viértalo sobre las avellanas, encima de un tapete de silicón, y deje que se enfríen.
2. Triture las avellanas con el caramelo hasta que obtenga una pasta semilíquida. Incorpórele la manteca de cacao y deje que la preparación se solidifique a temperatura ambiente.
3. Distribuya la preparación encima de la Pasta de mandarina y deje que repose durante 15 minutos en refrigeración.
4. Corte la preparación en cubos de 2.5 centímetros. Reserve.

Nieve de tomillo limón
1. Caliente los 216 mililitros de agua con la glucosa, el azúcar y el estabilizante de helados hasta llegar a 85 °C. Licue la mezcla para deshacer los posibles grumos y baje su temperatura a 4 °C colocándola dentro de un recipiente sumergido en agua con hielos.
2. Licue la preparación con los 500 mililitros de agua restantes, el jugo de limón y las hojas de tomillo limón. Procésela en la máquina para helados y resérvela en congelación.

Arena de chocolate blanco
1. Ponga sobre el fuego una cacerola con el azúcar y el agua; cuando obtenga un jarabe, añádale la mitad del chocolate blanco. Cocine la preparación durante 4 minutos. Incorpórele el chocolate restante, vacíela sobre un tapete de silicón y deje que se enfríe.
2. Triture la preparación en un procesador de alimentos hasta obtener un polvo. Deje que se enfríe.

...continúa en la página 306

Torito de mamey

🔺 Ingredientes

Helado de mamey
- 400 g de pulpa de mamey
- 200 g de crema para batir
- 80 ml de aguardiente de caña
- 100 g de azúcar

Bizcocho de almendra
- 77 g de almendra en polvo
- 60 g de azúcar
- 35 g de claras
- 100 g de mantequilla fundida
- 122 g de harina de trigo
- 45 ml de leche
- 122 g de huevo sin cascarón
- 2 g de sal
- 65 g de azúcar invertido
- 5 g de polvo para hornear

Gel de guanábana
- 150 g de pulpa de guanábana
- 20 g de azúcar
- 100 ml de jugo de limón
- 2 g de grenetina en hoja hidratada previamente en agua

Puré de mamey
- 250 g de pulpa de mamey
- 100 g de crema para batir
- 70 g de azúcar

Gelatina de guanábana
- 100 g de pulpa de guanábana
- 60 ml de agua
- 30 g de azúcar
- 6 g de grenetina en polvo hidratada previamente en 30 ml de agua

Mousse de mamey
- 250 g de pulpa de mamey
- 50 g de leche
- 50 g de crema para batir + 200 g
- 100 g de azúcar
- 60 g de yemas
- 15 g de manteca de cacao
- 7 g de grenetina en polvo hidratada previamente en 35 ml de agua

Mousse de guanábana
- 100 g de puré de guanábana
- 6 g de grenetina en polvo hidratada previamente en 30 g de agua
- 150 g de crema para batir
- 50 g de azúcar

Kappa de guanábana
- 100 g de puré de guanábana
- 10 g de carragenina kappa

Arena de chocolate con leche
- 100 g de azúcar
- 50 ml de agua
- 75 g de chocolate con leche

Terminado
- 200 g de manteca de cacao
- 2 g de colorante liposoluble rojo, 3 g de colorante amarillo y 2 g de colorante blanco, mezclados
- decoraciones de chocolate amargo temperado en forma de cuñas curvas
- 8 rebanadas de mamey sin cáscara
- flores comestibles, al gusto

🔺 Procedimiento

Helado de mamey
1. Licúe todos los ingredientes hasta obtener un puré terso. Procéselo en la máquina para helados y guárdelo en congelación hasta su uso.

Bizcocho de almendra
1. Licue todos los ingredientes y pase la mezcla a través de un colador fino. Póngala dentro de un sifón y aplíquele dos cargas de nitrógeno.
2. Distribuya la mezcla en un recipiente de plástico de 500 mililitros, apto para microondas, llenando sólo ¾ partes de su capacidad. Cocínela en el horno de microondas durante 45 segundos. Deje que se enfríe boca abajo. Reserve.

Gel de guanábana
1. Licue la pulpa de guanábana con el azúcar y añádale el jugo de limón.
2. Funda la grenetina a baño María e incorpórela al puré de guanábana. Introduzca la preparación en un dispensador y deje que repose en refrigeración durante 2 horas.

Puré de mamey
1. Licue todos los ingredientes hasta obtener un puré terso. Introdúzcalo en un dispensador y resérvelo en refrigeración.

Gelatina de guanábana
1. Licue la pulpa de guanábana con el agua y el azúcar, y añádale la grenetina.
2. Vacíe la preparación en moldes de media esfera pequeñas y resérvelos en refrigeración hasta que cuajen.
3. Desmolde las gelatinas y consérvelas en refrigeración.

Mousse de mamey
1. Licue la pulpa de mamey hasta obtener un puré terso.
2. Ponga sobre el fuego una cacerola con la leche, los 50 gramos de crema para batir y el azúcar. Cuando esta mezcla se caliente, añádale un poco de ella a las yemas para temperarlas. Vacíe las yemas temperadas a la mezcla de crema y, sin dejarla de mover, permita que llegue a 83 °C. Incorpórele la manteca de cacao y la grenetina hidratada.
3. Bata los 200 gramos de crema para batir hasta que forme picos ligeramente firmes. Incorpórele con movimientos envolventes el puré de mamey y la preparación de leche con grenetina.

...continúa en la página 307

Originaria de la Ciudad de México, Teresa es egresada de la licenciatura en Gastronomía de la Universidad del Claustro de Sor Juana. Motivada por la pasión que desarrolló como gastrónoma, decidió concursar por una beca de intercambio de la fundación Turquois, institución dedicada a la capacitación y formación de profesionales del sector gastronómico. Gracias a su tesón y talento logró obtenerla y fue así como inició su capacitación, primero en la Ciudad de México y después, como parte de la beca, viajó a Mónaco, donde trabajó en diferentes áreas del hotel L'Hermitage, sobre todo en la panadería Costa. "Fue entonces que me especialicé en la elaboración de pastelería europea de alto nivel y adquirí conocimientos de profesionales especializados", confiesa.

Como parte de la beca de la fundación Turquois se matriculó en el Liceo Charles III, donde estudió la especialidad de *Art de la table*. A su regreso a su país natal, trabajó en la gran fábrica y panificadora Elizondo para el desarrollo de nuevos productos, a la par de desenvolverse en la enseñanza al impartir clases de gastronomía en distintos niveles educativos.

Desde 2015 comenzó su formación en Madrid para ser chef pastelera en la primera sucursal de los famosos restaurantes Mallorca, en México, una pastelería de gran tradición cuya matriz se encuentra en la capital española desde 1931. En esta pastelería, Teresa cuida cada detalle, busca ingredientes de calidad y logra, junto con su equipo, una combinación México-España notable en cada uno de los productos que diseña.

Ha colaborado con diarios de circulación nacional como *Reforma* y *El Universal*, en los que constantemente ofrece recetas y comparte platillos de temporada.

La reciente apertura de la sucursal de Mallorca, en Paseo de la Reforma en la Ciudad de México, confirman la calidad que Teresa imprime a las creaciones que constantemente desarrolla.

Borrachos

🔺 Ingredientes

Panes
- 500 ml de yemas
- 150 g de azúcar
- 167 g de fécula de maíz
- cantidad suficiente de aceite
- cantidad suficiente de harina de trigo

Jarabe
- 800 g de azúcar
- 400 g de agua
- 80 ml de mezcal

🔺 Procedimiento

Panes
1. Precaliente el horno a 170 °C.
2. Bata las yemas con el azúcar hasta que se blanqueen. Incorpóreles la fécula de maíz con movimientos envolventes.
3. Engrase y enharine las cavidades de moldes de silicón con forma de media esfera. Distribuya en ellos la preparación, cerciorándose de que no rebase ¾ partes de su capacidad, y hornee durante 15 minutos.
4. Retire los panes del horno y déjelos enfriar muy bien.

Jarabe
1. Coloque sobre el fuego un cazo con el azúcar y el agua hasta que la preparación hierva. Retírela del fuego e incorpórele el mezcal.

Terminado
1. Sumerja los borrachos en el jarabe caliente y colóqueles encima una rejilla metálica. Cuando la rejilla suba a la superficie, retire los borrachos del jarabe.
2. Póngalos sobre una rejilla hasta que ya no goteen. Sírvalos.

Choux de tejocote

🔺 Ingredientes

Craquelin naranja
- 50 g de azúcar
- 50 g de azúcar glass
- 110 g de mantequilla
- 100 g de harina de trigo
- una gota de colorante anaranjado

Compota de tejocote
- 100 g de pulpa de tejocotes
- 20 g de azúcar
- 0.5 g de ácido cítrico
- 2 g de grenetina en hoja, hidratada previamente en agua
- 24 g de tejocotes en trozos, cocidos

Nata montada
- 100 g de crema para batir
- 10 g de azúcar vainillada
- 100 g de nata

Pasta choux
- 115 ml de agua
- 115 ml de leche
- 3 g de sal
- 3 g de azúcar
- 105 g de mantequilla
- 130 g de harina de trigo
- 225 g de huevo sin cascarón

Terminado
- decoraciones de chocolate blanco, al gusto

🔺 Procedimiento

Craquelin naranja
1. Mezcle todos los ingredientes en la batidora con el aditamento de pala.
2. Extienda la preparación entre dos tapetes de silicón, dos papeles siliconados o dos plásticos, hasta que tenga un grosor de 2 milímetros. Corte círculos de 4 centímetros de diámetro y resérvelos en congelación hasta que los utilice.

Compota de tejocote
1. Ponga sobre el fuego una cacerola con la pulpa de tejocotes, el azúcar y el ácido cítrico. Cuando hierva la preparación, añádale la grenetina y disuélvala bien. Incorpórele los trozos de tejocote y deje que se enfríe.

Nata montada
1. Bata la crema para batir con el azúcar hasta que forme picos firmes. Incorpórele la nata con movimientos envolventes.
2. Vacíe la preparación en una manga pastelera con duya rizada y resérvela en congelación hasta que la utilice.

Pasta choux
1. Ponga sobre el fuego una cacerola con el agua, la leche, la sal, el azúcar y la mantequilla. Cuando la preparación hierva, añádale de una sola vez la harina y cocínela, sin dejar de moverla con una pala, hasta que se mantenga unida o hasta que al raspar el fondo del recipiente se despegue fácilmente.
2. Ponga la preparación en la batidora y, con el aditamento de pala, añadale los huevos, uno a uno, hasta que obtenga una pasta homogénea y brillante.
3. Coloque la pasta choux dentro de una manga pastelera con duya lisa.

Terminado
1. Precaliente el horno a 230 °C.
2. Forme con la Pasta choux esferas de 4 centímetros de diámetro en charolas cubiertas con tapetes de silicón.
3. Coloque encima de cada una 1 disco de Craquelin naranja y hornee durante 10 minutos. Reduzca la temperatura del horno a 180 °C y hornee durante 5 minutos más. Saque los *choux* del horno y deje que se enfríen.
4. Corte la tercera parte superior de cada *choux*. Rellene las bases con la Compota de tejocote, póngales encima un poco de Nata montada y ciérrelos con la parte que cortó. Añada más Nata montada encima de cada *choux* y decórelos con las decoraciones de chocolate blanco.

Entremet de queso y guayaba

Rendimiento: 8-12 porciones

◢ Ingredientes

Base crujiente
- ◢ 100 g de cacahuate en polvo
- ◢ 200 g de almendra en polvo
- ◢ 170 g de azúcar mascabado
- ◢ 170 g de azúcar
- ◢ 330 g de mantequilla
- ◢ 330 g de harina de trigo
- ◢ 100 g de cacahuates troceados

Compota de guayaba
- ◢ 100 g de puré de guayaba
- ◢ 20 g de azúcar
- ◢ 5 g de pectina
- ◢ 2 g de grenetina en hojas, hidratada previamente en agua
- ◢ 0.5 g de ácido cítrico
- ◢ 50 g de trozos de guayaba cocidos

Bizcocho de vainilla
- ◢ 385 g de huevos sin cascarón
- ◢ 130 g de yemas
- ◢ 385 g de azúcar
- ◢ 1 g de extracto de vainilla
- ◢ 385 g de harina de trigo cernida
- ◢ 130 g de mantequilla derretida

Mousse de queso crema
- ◢ 260 g de crema para batir
- ◢ 300 g de queso crema
- ◢ 100 g de azúcar
- ◢ 3 g dc glucosa
- ◢ 80 g de agua
- ◢ 3 yemas
- ◢ 14 g de grenetina en hojas, hidratada previamente en agua

Terminado
- ◢ 30 g de manteca de cacao
- ◢ 70 g de chocolate blanco
- ◢ 5 g de colorante amarillo
- ◢ discos de chocolate blanco temperado pintados de verde
- ◢ cubos de ate de guayaba, al gusto

◢ Procedimiento

Base crujiente
1. Mezcle todos los ingredientes, con la punta de los dedos o con una raspa sin trabajarlos demasiado, hasta que obtenga una preparación con textura de arena. Deje que repose en refrigeración durante 1 hora.
2. Precaliente el horno a 180 °C. Hornee la preparación durante 15 minutos, moviéndola constantemente. Sáquela del horno y deje que se enfríe.
3. Compacte la preparación dentro de un aro de 18 centímetros de diámetro y deje que repose en congelación durante 20 minutos.

Compota de guayaba
1. Ponga sobre el fuego un cazo con el puré de guayaba, el azúcar y la pectina. Cuando hierva, añádale la grenetina; mezcle bien e incorpórele el ácido o y los trozos de guayaba.
2. Vacíe la preparación dentro de un aro de 18 centímetros de diámetro y congélela durante 1 hora o hasta que esté solida.

Bizcocho de vainilla
1. Precaliente el horno a 180 °C.
2. Bata los huevos, las yemas, el azúcar y el extracto de vainilla en una batidora durante 15 minutos o hasta que obtenga una consistencia muy aireada y con mucho volumen.
3. Incorpore al batido anterior, con movimientos envolventes, la harina y la mantequilla alternadamente.
4. Vierta la preparación en una plancha metálica y hornéela durante 12 minutos. Retire el bizcocho del horno, deje que se enfríe y extraiga de él un disco de 18 centímetros.

Mousse de queso crema
1. Bata la crema hasta que forme picos firmes y resérvela en refrigeración.
2. Acreme el queso crema en la batidora, con el aditamento de pala, hasta que se suavice.
3. Bata las yemas en la batidora hasta que se blanqueen. Al mismo tiempo, ponga sobre el fuego un cazo con el azúcar, la glucosa y el agua; cuando la mezcla llegue a 110 °C retírela del fuego, viértala sobre las yemas mientras se siguen batiendo. Cuando obtenga una preparación homogénea, añádale la grenetina e intégrela bien.
4. Mezcle la mitad de la crema batida que reservó con el queso crema suavizado. Integre a esta preparación, alternadamente y con movimientos envolventes, la mezcla de yemas y el resto de la crema batida.

...continúa en la página 308

Tarta de zapote negro
y mandarina

🔺 Ingredientes

Bizcocho financiero
- 122 g de azúcar glass
- 50 g de almendra en polvo
- 50 g de harina de trigo
- 1.5 g de polvo para hornear
- 1 g de sal
- 120 g de claras a temperatura ambiente
- 60 g de mantequilla avellanada, fundida
- 7 g de miel de abeja

Pasta sablée
- 225 g de harina de trigo + cantidad suficiente
- 80 g de azúcar glass
- 2 g de sal
- 28 g de almendra en polvo
- 127 g de mantequilla cortada en cubos, a temperatura ambiente
- 1 huevo

Relleno de zapote negro
- 200 g de pulpa de zapote negro
- 100 ml de jugo de naranja
- 30 g de azúcar
- 10 ml de brandy

Cremoso de mandarina
- 130 ml de jugo de mandarina
- 2 g de ralladura de mandarina
- 120 g de azúcar
- 130 g de huevo sin cascarón
- 30 g de yema
- 3 g de agar-agar
- 5 g de fécula de maíz
- 170 g de mantequilla, a temperatura ambiente

Terminado
- flores comestibles, al gusto

🔺 Procedimiento

Bizcocho financiero
1. Mezcle en la batidora el azúcar, la almendra en polvo, la harina, el polvo para hornear y la sal. Incorpore lentamente las claras, la mantequilla y la miel.
2. Introduzca la preparación en una manga pastelera con duya lisa. Reserve.

Pasta sablée
1. Mezcle en la batidora, con el aditamento de pala, la harina, el azúcar glass, la sal, la almendra en polvo y los cubos de mantequilla. Cuando obtenga una preparación con textura de arena, añádale el huevo. Deje de mezclar en cuanto éste se haya incorporado.
2. Estire la masa en una superficie ligeramente enharinada hasta que tenga 4 milímetros de grosor. Forre con ella moldes individuales para tarta y déjelos reposar en refrigeración durante 20 minutos.
3. Precaliente el horno a 180 °C.
4. Distribuya sobre las tartas una capa fina de Bizcocho financiero y hornéelas durante 15 minutos o hasta que las tartas estén doradas y el bizcocho cocido. Desmóldelas y déjelas enfriar sobre una rejilla.

Relleno de zapote negro
1. Procese todos los ingredientes con una licuadora de inmersión. Vierta la preparación en una manga pastelera con duya lisa y reserve.

Cremoso de mandarina
1. Ponga sobre fuego medio un cazo con todos los ingredientes, excepto la mantequilla, y cocine la preparación, moviéndola constantemente, hasta que tenga la consistencia de una crema pastelera. Retire la preparación del fuego, deje que se enfríe e incorpórele la mantequilla.
2. Vierta la preparación en una manga pastelera con duya lisa.

Terminado
1. Distribuya en las tartas el Relleno de zapote negro y déjelas reposar en refrigeración durante 2 horas.
2. Decore las tartas con el Cremoso de mandarina y flores al gusto.

Tarta de 5 texturas de chocolate con miel y xtabentún

...viene de la página 38

Mousse de chocolate y miel de Yucatán

1. Bata las yemas con la mitad del azúcar hasta que se blanqueen.
2. Ponga sobre el fuego los 65 gramos de crema para batir con la leche y el azúcar restante. Cuando hierva, añada una pequeña cantidad de esta mezcla a las yemas blanqueadas para temperarlas y añádalas a la preparación sobre el fuego. Cocínela a fuego bajo, moviéndola constantemente, hasta que tenga una temperatura entre 80 y 85 °C.
3. Mezcle ambos chocolates y viértales encima la preparación anterior. Intégrelos con un procesador manual hasta que obtenga una mezcla homogénea. Integre de la misma manera la miel de Yucatán.
4. Bata ligeramente los 250 gramos de crema para batir restantes, hasta que se le marquen ligeras estrías en la superficie, e incorpórela a la mezcla de chocolate, cerciorándose de que esta última esté a 35 °C.
5. Distribuya la *mousse* en moldes de silicón en forma de pastilla circular de 8 centímetros de diámetro y 1 centímetro de grosor. Deje que reposen en congelación entre 3 y 4 horas o hasta que las *mousses* estén firmes.

Glaseado de chocolate

1. Hidrate la grenetina en los 60 gramos de agua fría.
2. Ponga sobre el fuego el agua restante, el azúcar y la glucosa. Cuando la mezcla hierva, viértala sobre la leche condensada y el chocolate, junto con la grenetina hidratada. Procese todo con una licuadora de inmersión. Reserve en refrigeración durante 12 horas como mínimo.

Terminado

1. Coloque 15 gramos de Crujiente de arroz inflado dentro de cada tarta. Vierta en ellas la Ganache de xtabentún hasta llenarlas.
2. Ponga encima de cada tarta un disco de chocolate oscuro precristalizado.
3. Caliente el Glaseado de chocolate a 36 °C. Desmolde las Mousses de chocolate y miel de Yucatán, cúbralas con el Glaseado de chocolate y deje que se escurran. Colóquelas encima de cada disco de chocolate oscuro.
4. Decore cada tarta con una hoja de chocolate y un poco de hoja de oro.

Panettone a mi manera

...viene de la página 66

Topping

1. Acreme en la batidora, con el aditamento de pala, la mantequilla con el azúcar y la sal. Incorpórele la almendra en polvo y la harina. Añádale las claras y continúe mezclando hasta que la preparación tenga una consistencia semilíquida.
2. Introduzca la preparación en una manga con duya lisa y reserve.

Terminado

1. Forre el interior de los moldes de *panettone* con una tira de papel decorativa especial para hornear. Engráselas con mantequilla fundida.
2. Divida la masa en porciones de 550 gramos y boléelas ligeramente. Introdúzcalas en los moldes y deje que fermenten dentro de una fermentadora a 24 °C durante 12 horas; o deje que reposen a temperatura ambiente hasta que dupliquen su volumen.
3. Precaliente el horno a 160 °C.
4. Distribuya el Topping encima de los *panettones* y hornéelos durante 30 minutos.
5. Desmolde los *panettones* al salir del horno y atraviese cada uno, por la base, con dos brochetas de madera. Colóquelos boca abajo en un espiguero, sosteniéndolos de las brochetas de madera, y deje que se enfríen.

Opcionalmente puede agregar semillas de anís a la masa.

Cacao Tabasco

...viene de la página 106

Puré de cáscara de naranja

1. Coloque sobre el fuego la cáscara de naranja con el agua suficiente para que la cubra. Cuando el agua hierva, cuente 20 segundos y retire la cáscara del agua. Repita este paso una vez más. Realice otra vez el paso anterior, pero deje que la cáscara de naranja hierva durante 25 minutos.

2. Mezcle la cáscara de naranja con el azúcar y el jugo de naranja, y licúelos con una licuadora de inmersión hasta que la cáscara esté bien triturada. Cuele el puré y déjelo enfriar hasta que llegue a 40 °C. Incorpórele la mantequilla y resérvelo.

Bizcocho de especias

1. Caliente un poco la leche y disuelva en ella el azúcar mascabado, la miel, los huevos y la mezcla de especias. Incorpore la ralladura de naranja, la harina, la sal y el ron añejo. Deje que la preparación repose en refrigeración durante 1 noche.

2. Precaliente el horno a 180 °C.

3. Añada a la preparación el polvo para hornear. Viértala en una bandeja cubierta con un tapete de silicón o papel siliconado, asegurándose de que la preparación quede a una altura de 2 centímetros.

4. Hornee el bizcocho durante 20 minutos. Retírelo del horno y déjelo enfriar.

Espuma de haba tonka

1. Hierva, en una olla que tenga tapa, la crema para batir con la leche y el haba tonka. Tape la olla y deje infusionar la preparación durante 3 horas.

2. Cuele la preparación, regrésela a fuego bajo y añádale el arroz y el azúcar. Deje que hierva hasta que el arroz esté suave.

3. Cuele la preparación y viértala en un sifón. Cargue el sifón y refrigérelo durante 2 horas, como mínimo, antes de utilizarlo.

Sorbete de cacao amargo

1. Coloque sobre fuego bajo el agua con ambos azúcares. Cuando llegue a 40 °C, añádale el estabilizante. Deje la preparación sobre el fuego hasta que alcance los 85 °C.

2. Funda el chocolate a baño María en un tazón amplio. Añádale la preparación anterior y la cocoa. Licue la preparación con una licuadora de inmersión y refrigérela durante 12 horas. Después procésela en la máquina para helados. Conserve en congelación hasta su uso.

Gelatina de café de Tabasco

1. Diluya en el café el agar-agar. Viértalo en una bandeja o charola y déjelo reposar hasta que cuaje. Córtelo en cubos de 1.5 centímetros y resérvelos.

Cáscara de naranja

1. Coloque sobre el fuego las tiras de cáscara de naranja con el agua suficiente para que las cubra. Cuando el agua hierva, cuente 20 segundos y retire la cáscara del agua. Repita este paso una vez más. Realice otra vez el paso anterior, pero deje que las tiras de cáscara de naranja hiervan durante 20 minutos. Cuélelas y deje que se enfríen.

2. Ponga las tiras de cáscara de naranja en el almíbar TPT y colóquelas sobre el fuego. Deje que hiervan y cuélelas. Extiéndalas en una charola y deje que se sequen durante una noche. Resérvelas en un recipiente hermético.

Infusión de cascarilla de cacao

1. Coloque sobre el fuego el agua con el piloncillo. Cuando hierva, añada las cascarillas y retire la preparación del fuego. Déjela reposar durante 30 minutos y cuélela a través de un trozo de tela de algodón. Resérvela en refrigeración.

Terminado

1. Coloque en el centro de un plato 2 cucharadas de Streussel de semilla de cacao y encima una de las mitades de Cáscara de cacao de manitol. Dentro de la cáscara, ponga un poco de la Mousse cocida de chocolate con semilla de cacao y tres puntos de Puré de cáscara de naranja. Reduzca a migas el Bizcocho de especias y póngalas en el centro. Cubra con la Espuma de haba tonka y coloque una *quenelle* de Sorbete de cacao amargo. Caliente en el microondas durante algunos segundos los cubos de Gelatina de café de Tabasco y póngalos encima de la espuma. Decore con 5 tiras de Cáscara de naranja y tape la mitad de Cáscara de cacao de manitol con otra de éstas. Sirva en una jícara la Infusión de cascarilla de cacao.

Mandarina Cheesecake

...viene de la página 110

3. Licue el jugo de mandarina con el de limón y las hojas de albahaca e integre esta mezcla a la preparación que introdujo al congelador. Deje que la mezcla repose en refrigeración durante 30 minutos y procésela en una máquina de helados. Conserve en congelación hasta su uso.

Mandarinas

1. Introduzca en globos la Mousse de queso y mandarina, cerciorándose de que queden de 6 centímetros y evitando que queden burbujas de aire en el interior. Congélelos durante 12 horas como mínimo.
2. Funda el Baño de gelatina en el microondas. Rompa los globos y conserve las esferas en el congelador. Una por una, vaya haciendo lo siguiente: pínchelas con una brocheta, cúbralas con el Baño de gelatina, gírelas hasta que ya no haya goteo y se haya formado una capa fina, e introdúzcalas de nuevo al congelador. Dos horas antes de que las sirva, cámbielas a refrigeración.

Terminado

1. Coloque sobre un plato un punto de Puré de cáscara de mandarina y encima una cucharada de Sorbete de mandarina y albahaca. Sobre éste, trozos de Mousse cocida de chocolate con semilla de cacao y Streussel de cacao. Coloque encima una mandarina, sin deformarla, y clave encima las hojas de mandarina.

Vainilla de Papantla

...viene de la página 112

Manzana impregnada con vainilla

1. Descorazone las manzanas y córtelas en medias lunas con ayuda de un cortador circular.
2. Introduzca las medias lunas de manzana en una bolsa para empacarlas al vacío junto con el almíbar, y empaque la bolsa al vacío. Resérvelas en refrigeración durante 4 horas como mínimo.

Caramelo salado

1. Coloque sobre el fuego todos los ingredientes, excepto la mantequilla, y la leche, y cocínelos sin dejarlos de mover hasta que la preparación tenga un color tostado. Retire la preparación del fuego.
2. Añada a la preparación los cubos de mantequilla mientras los mezcla. Deje enfriar el caramelo y lícuelo con la leche necesaria para ajustar la consistencia a su gusto. Introdúzcalo en una manga pastelera con una duya y resérvelo.

Semillas de chía y bourbon

1. Mezcle las semillas de chía con el agua y deje que se hidraten durante 3 horas. Añada el almíbar y el bourbon y deje que la preparación repose durante 3 horas como mínimo.

Embebido

1. Mezcle todos los ingredientes y reserve en refrigeración.

Puré de manzana

1. Muela las manzanas con todos los ingredientes, excepto el ácido ascórbico. Cuele la preparación, añádale el ácido ascórbico, introdúzcala en un dispensador y reserve.

Vainas de vainilla miméticas

1. Disuelva el azúcar y la pasta de regaliz en el café espresso. Añada el colorante negro y el agar-agar y coloque la preparación sobre el fuego. Cuando hierva, retírele la espuma que se forme en la superficie y retírela del fuego.

2. Llene con la preparación anterior moldes en forma de vaina de vainilla con ayuda de una jeringa y refrigérelos durante 20 minutos.
3. Desmolde las vainas de vainilla y deshidrátelas en el deshidratador a 40 °C durante 1 hora. Dé vuelta a las vainas y verifique que su forma sea lo más real posible; de lo contrario, corte los excesos con un cuchillo. Deje que las vainas se deshidraten durante 1 noche. Resérvelas en un recipiente hermético.

Yogur de vainilla

1. Mezcle ambos ingredientes y reserve en refrigeración.

Pistilos de vainilla

1. Abra por la mitad, a lo largo, las vainas de vainilla y extraiga de ellas, con una tijera, tiras lo más finas posible de 3 centímetros de largo.
2. Sumérjalas en almíbar, escúrralas y deshidrátelas a 60 °C durante 3 horas. Resérvelas.

Helado de vainilla

1. Abra las vainas de vainilla por la mitad, a lo largo, y raspe el interior de cada mitad; mezcle las vainas y su interior con la crema para batir y la leche, y colóquela sobre el fuego. Cuando hierva, tape la preparación y deje que se infusione durante 1 hora como mínimo.
2. Cuele la mezcla de leche y crema y añádale la leche en polvo y la dextrosa. Licue la preparación con una licuadora de inmersión y colóquela sobre el fuego. Cuando alcance 40 °C, añádale el azúcar y el estabilizante. Siga calentándola, sin dejarla de mover, y retírela del fuego cuando alcance 85 °C.
3. Deje que la preparación repose en refrigeración durante 12 horas. Procésela en la máquina para helados y consérvela en congelación hasta su uso.

Terminado

1. Embeba el Bizcocho de nata con el Embebido y colóquelo sobre un plato. Alrededor de éste ponga Caramelo salado y haga con éste unos puntos en el borde interior del plato. Rellene el centro del Bizcocho con Yogur de vainilla. A un lado, coloque un poco de Puré de manzana y una media luna de Manzana impregnada con vainilla. Al otro lado, distribuya 1 cucharada de Semillas de chía y bourbon y unos puntos de Caramelo de aceituna negra en el borde interior del plato. Ponga encima del bizcocho una *quenelle* de Helado de vainilla y encima ponga una Flor de yogur con un poco de Caramelo de aceituna negra en el centro y 3 Pistilos de vainilla. Decore con 2 Vainas de vainilla miméticas.

Ahí va Fidel con sus flores y chocolate

...viene de la página 124

Ganache montada de chocolate

1. Caliente, sin que hierva, la crema para batir, la glucosa y el azúcar invertido. Vacíe esta mezcla sobre el chocolate con leche y lícuela con una licuadora de inmersión. Deje que repose en refrigeración durante 8 horas.
2. Bata la crema hasta que esté ligeramente montada. Distribúyala en moldes de silicón tipo Globe. Añada en cada uno, una media esfera de Confitura de fresas del bosque. Deje que reposen en congelación.

Crema de flor de Jamaica

1. Caliente el agua de flor de Jamaica a 40 °C. Añádale poco a poco, mezclando con un batidor globo, el azúcar, la pectina y la fécula de maíz. Cuando espese, retírela del fuego e incorpórele la grenetina. Cuando llegue a 36 °C, licue la crema con una licuadora de inmersión junto con la manteca de cacao, la mantequilla y el chocolate con leche. Introdúzcala en un dispensador y reserve.

Crema diplomática

1. Mezcle las yemas con una cuarta parte del azúcar. Disuelva en un poco de leche la fécula de maíz y la harina. Entibie la leche y el azúcar restantes con la crema para batir; añádales la mezcla de yemas y la mezcla de fécula de maíz. Pase la preparación a través de un colador fino y cocínela hasta que la consistencia de la crema sea espesa. Retire la crema del fuego, extiéndala sobre una charola y cúbrala con plástico autoadherente. Cuando esté fría, móntela en una batidora. Incorpore la mantequilla hasta obtener una crema lisa y tersa.

2. Introduzca la crema en una manga pastelera con duya lisa y distribúyala en moldes de silicón en forma de esfera de 3 centímetros de diámetro. Reserve en refrigeración.

Glaseado de flor de Jamaica

1. Hierva ambos ingredientes. Reserve.

Terminado

1. Rellene los Choux con la Ganache cremosa y la Crema de flor de Jamaica; asegúrese de rellenarlos bien.
2. Desmolde cada ganache del molde tipo Globe y pulverícelas con manteca de cacao pintada de rojo, a 40 °C y con ayuda de un aerógrafo, para crear un efecto aterciopelado.
3. Glasee las esferas de Crema diplomática con el Glaseado de flor de Jamaica.
4. Decore platos con el Glaseado de flor de Jamaica simulando pétalos, con ayuda de un pincel. Forme espirales con el chocolate moldeable y colóquelas en el centro de los platos. Asiente encima de cada una, un Choux, con la parte plana hacia arriba
5. Cubra el Choux con una decoración grande de chocolate y ponga encima la Ganache montada de chocolate y, arriba, la esfera de Crema diplomática. Coloque encima una decoración chica de chocolate. Decore con hoja de oro y flores comestibles.

Emojis

...viene de la página 126

4. Hornee los discos de dacquoise de coco hasta que se doren y tengan una consistencia crujiente. Resérvelos.

Glaseado

1. Ponga sobre el fuego el azúcar, la glucosa y el agua. Cuando la mezcla hierva, añádale la leche condensada y retírela del fuego.

2. Incorpore a la mezcla las hojas de grenetina y vacíela sobre el chocolate blanco. Mezcle bien, agregue el colorante y mezcle de nuevo. Reserve en refrigeración.

Pasta de azúcar

1. Acreme la mantequilla con el azúcar glass en la batidora con el aditamento de pala. Incorpore, sin batir mucho, las yemas, el huevo, el azúcar invertido y la harina de trigo. Deje reposar la pasta en refrigeración durante 2 horas.

2. Precaliente el horno a 160 °C.

3. Extienda la pasta entre dos tapetes de silicón hasta que tenga un grosor de 4-5 milímetros. Extraiga con un cortador circular discos ligeramente más grandes que las bases de las cavidades del molde de silicón.

4. Hornee los discos de pasta durante 8 minutos.

Terminado

1. Bata la Ganache de vainilla hasta que su consistencia sea aireada y ligeramente firme.

2. Distribuya la Ganache de vainilla en las cavidades de un molde flexible de silicón tipo Globe. Introduzca también en las cavidades la Jelly de mango y el Untuoso de maracuyá. Coloque en una cara de cada disco de Dacquoise de coco un poco de chocolate blanco fundido y cierre con ellos las cavidades del molde. Congele durante 4 horas.

3. Caliente el Glaseado a 32 °C. Desmolde las esferas tipo Globe, colóquelas sobre una rejilla y cúbralas con el Glaseado. Forme figuras a su gusto con el chocolate moldeable café. Decore éstas y las esferas tipo Globe con los chocolates moldeables de color rojo, café y blanco. Coloque cada emoji sobre un disco de Pasta de azúcar.

Fresas con crema

...viene de la página 202

4. Procese la preparación en una máquina para helados. Distribúyala en moldes de silicón en forma de fresa y congélelos. Desmóldelos cuando estén sólidos y resérvelos en refrigeración.

Frambuesa mimética de frutos rojos

1. Procese con una licuadora de inmersión los 100 gramos de puré de frutos rojos que reservó, con el azúcar, las hojas de albahaca y la grenetina.

2. Distribuya la preparación en moldes de silicón con forma de media frambuesa y congélelos hasta que la preparación esté firme.

3. Desmolde las frambuesas y manténgalas en congelación.

Terminado

1. Coloque un aro en el centro de un plato y viértale dentro un poco de Streussel de yogur. Rodee el aro con algunos cuartos de Fresas impregnadas y mitades de frambuesas frescas. Vierta un poco de la Conserva de frutos rojos sobre el Streussel de yogur.

2. Retire el aro y coloque en el centro una cantidad abundante de la Espuma ácida que introdujo en el sifón; ponga encima una Fresa mimética de helado de yogur. Rodee la Fresa mimética con Frambuesas miméticas de frutos rojos. Espolvoree la frambuesa liofilizada en polvo.

3. Repita los pasos anteriores con las porciones restantes.

Tarta Grisel

...viene de la página 234

Merengue francés

1. Precaliente el horno a 90 °C.
2. Bata las claras con el azúcar hasta que formen picos firmes. Incorpore con movimientos envolventes el azúcar glass.
3. Vacíe el merengue en una manga pastelera con duya mini St. Honoré y forme gotas grandes sobre una charola cubierta con un tapete de silicón. Espolvoréelas con un poco de azúcar.
4. Hornee las gotas de merengue durante 2 horas.

Terminado

1. Distribuya sobre la espiral de Pasta sablée breton la Compota tropical, alisando esta última.
2. Glasee con brillo neutro el Cremoso de queso unido al Financier y colóquelo encima de la compota. Decore la orilla con las gotas de merengue, y el centro, con el cubo de piña que reservó y la hoja de oro.

Flan de queso bola de Ocosingo

...viene de la página 276

Praliné de almendra

1. Precaliente el horno a 160 °C.

2. Ponga las almendras en una charola con un tapete de silicón y hornéelas durante 10 minutos o hasta que se tuesten.

3. Ponga sobre el fuego el azúcar; cuando obtenga un caramelo rubio, viértalo sobre las almendras y deje que se enfríen. Triture la preparación y reserve.

Teja de caramelo

1. Ponga sobre el fuego el azúcar; cuando obtenga un caramelo rubio, viértalo sobre un tapete de silicón y deje que se enfríe.

2. Precaliente el horno a 190 °C.

3. Triture el isomalt y el caramelo juntos hasta hacerlos polvo. Unte con mantequilla un tapete de silicón y espolvoree en él, con ayuda de un cernidor, el polvo de isomalt con azúcar. Marque en el polvo círculos de 8 centímetros de diámetro, con un cortador circular para galletas, y hornee durante 5 minutos.

4. Deje que los discos se enfríen y despéguelos.

Salsa de caramelo

1. Ponga el azúcar en un sartén sobre el fuego. Cuando se haya caramelizado y tenga un color café claro, caliente la crema para batir con la sal y la mantequilla hasta que hierva e incorpórela al azúcar, con cuidado y paulatinamente, hasta que obtenga una salsa de consistencia homogénea.

2. Vacíe la salsa en un dispensador y resérvela en refrigeración.

Terminado

1. Coloque los Flanes en platos, con la Galleta de chocolate hacia abajo. Ponga encima de cada uno una Teja de caramelo. Sírvalos con la Ganache de chocolate blanco caramelizado, la Salsa de caramelo y el Praliné de almendra. Decore con los frutos rojos y los pétalos de clavelina. Funda las Tejas de caramelo en la mesa con un soplete de cocina.

Texturas de mandarina

...viene de la página 280

Mousse de mandarina

1. Añada a la crema para batir la ralladura de mandarina y deje que repose durante 12 horas en refrigeración. Cuele la crema.
2. Caliente 150 mililitros de la crema para batir con el jugo de mandarina. Añada a la preparación la grenetina y la manteca de cacao y licue con una licuadora de inmersión.
3. Bata 400 mililitros de la crema para batir con el azúcar, en una batidora, hasta que se formen picos ligeramente firmes. Incorpórele con movimientos envolventes la mezcla de jugo de mandarina y crema.

Decoraciones de chocolate

1. Tempere el chocolate blanco a 28 °C. Incorpórele el colorante y extiéndalo con un rodillo sobre papel guitarra; antes de que se cristalice, corte con un cuchillo las decoraciones en la forma que desee. Una vez cristalizadas, sepárelas.

Terminado

1. Distribuya una base de Mousse de mandarina en moldes cubicos de metal de 5 centímetros por lado. Introduzca en el centro un cubo de Pasta de mandarina con Praliné de avellana y termine llenando los moldes con más *mousse*. Deje que reposen en congelación durante 3 horas.
2. Desmolde los cubos calentándolos por fuera un poco.
3. Caliente la manteca de cacao a 34 °C y disuelva en ella los colorantes, con una licuadora de inmersión, hasta que se deshagan los grumos. Pulverice con esta mezcla las *mousses*, con ayuda de una compresora. Resérvelas en refrigeración unos minutos.
4. Pegue las Decoraciones de chocolate a los cubos de Mousse de mandarina calentándolas ligeramente con ayuda de un soplete.
5. Sirva las Mousses de mandarina con la Nieve de tomillo limón, la Arena de chocolate blanco y decórelas con las hormigas chicatanas, la miel de hormiga y la hoja de oro.

Torito de mamey

...viene de la página 282

4. Introduzca la preparación en una manga pastelera con duya lisa y llene con ella la mitad de moldes de silicón con forma de cápsula. Introduzca en el centro de cada uno 1 media esfera de Gelatina de guanábana y termine de llenar los moldes con más *mousse*. Deje que reposen en congelación durante 2 horas. Desmolde las cápsulas de *mousse* y manténgalas en congelación.

Mousse de guanábana

1. Licue la pulpa de guanábana hasta que obtenga un puré terso. Funda la grenetina a baño María e incorpórela al puré de guanábana.

2. Bata la crema para batir con el azúcar hasta que forme picos ligeramente firmes. Incorpórele con movimientos envolventes la mezcla de guanábana.

3. Vacíe la preparación en moldes de silicón con forma de media esfera y deje que reposen en congelación durante 2 horas.

Kappa de guanábana

1. Licue el puré de guanábana con la carragenina kappa y caliente la mezcla a 85 °C. Introduzca esta preparación en cada Mousse de guanábana con un palillo. Reserve las *mousses* en refrigeración.

Arena de chocolate con leche

1. Ponga sobre el fuego una cacerola con el azúcar y el agua; cuando obtenga un jarabe, añádale la mitad de chocolate. Cocine la preparación hasta que obtenga una pasta e incorpórele el chocolate restante.

2. Coloque la preparación sobre un tapete de silicón y deje que se enfríe. Tritúrela en un procesador de alimentos y reserve.

Terminado

1. Caliente la manteca de cacao a 32 °C y disuelva en ella los colorantes, con una licuadora de inmersión, hasta que se deshagan los grumos. Pulverice con esta mezcla las cápsulas de Mousse de mamey, con ayuda de una compresora. Resérvelas en refrigeración

2. Coloque en el fondo de platos soperos puntos de Gel de guanábana y de Puré de mamey.

3. Corte trozos pequeños del Bizcocho de almendra e intercálelos entre los puntos de Gel de guanábana y los de Puré de mamey. Cubra todo con Arena de chocolate con leche.

4. Ponga encima la decoración de chocolate y asiente en un borde de ésta la cápsula de Mousse de mamey pulverizada, y encima de la decoración, la Mousse de guanábana con Kappa de guanábana, una *quenelle* de Helado de mamey, una rebanada de mamey y una flor.

Entremet de queso y guayaba

...viene de la página 290

Terminado

1. Saque del aro el disco de Base crujiente y colóquelo en el centro de un aro de 20 centímetros de diámetro. Ponga encima el disco de Bizcocho de vainilla y el disco de Compota de guayaba.

2. Cubra y rellene con Mousse de queso crema todo el interior del aro, de manera que queden cubiertos con ésta los discos del centro. Alise la superficie con una espátula y deje que repose en congelación durante 2 horas.

3. Funda el chocolate con la manteca de cacao e incorpórele el colorante amarillo con una licuadora de inmersión para deshacer cualquier grumo. Pulverice con esta mezcla el *entremet*.

4. Decore con los discos de chocolate pintados de verde, un poco de la Mousse de queso crema y los cubos de ate de guayaba.

Glosario

Almíbar TPT
Jarabe elaborado a partir de cantidades iguales de azúcar y líquido, el más común agua. TPT hace referencia a la frase "tanto por tanto".

Bean to Bar
Tendencia gastronómica entre los chocolateros que consiste en fabricar su propio chocolate, desde la compra de los granos hasta la creación de la barra. La traducción al español es "del grano a la tableta". En algunos textos también suele encontrarse como *b2b*.

Blanquear
Batir vigorosamente una mezcla de yemas de huevo y azúcar con la ayuda de un batidor eléctrico o manual hasta obtener un batido espumoso casi blanco.

Bloom
Valor que mide el poder de gelificación de un gel. Una masa de gelatina con un valor inferior a los 120 Bloom se considera de fuerza baja, mientras que, si es superior a los 200, será de fuerza alta.

Bolear
Modelar una masa en forma de esfera con la finalidad de crear una delgada capa superficial capaz de retener los gases generados durante la fermentación final de una pieza de pan.

Bombo confitero
Equipo de cocina formado por una esfera de acero inoxidable o cobre con una cavidad amplia, llamada también paila, sostenida por una base en un ángulo de entre 20 y 35°. Sirve para cubrir chocolate, caramelo, nueces o pequeñas piezas de pasta, por lo que cuenta con un sistema de rotación que permite que cada pieza de la preparación se cubra completamente, así como con aire frío para acelerar el proceso de cristalización. Algunos bombos tienen un mechero, ideal para realizar garapiñados.

Caramelo
Véase Puntos de cocción del azúcar.

Carragenina kappa (carragenano)
Aditivo alimentario con propiedades gelificantes que se extrae de algas rojas. Suele utilizarse en cantidades pequeñas en helados, salsas, gelatinas, leches y más.

Chocolate Gold
Tipo de chocolate belga producido por Callebaut® que se caracteriza por tener un color dorado, entre ámbar y caramelo. Su sabor dulce tiene notas a mantequilla, crema y sal.

Chocolate precristalizado
Véase Precristalizar.

Chocolate Ruby o rosa
Tipo de chocolate elaborado con granos de cacao rubí. Su peculiaridad es que el color rosa se obtiene de manera natural. Su sabor es suave, dulce y con notas a frutos rojos.

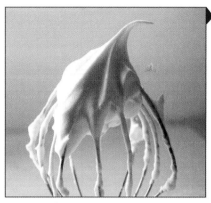

Crema para batir
Producto lácteo de consistencia líquida que brinda a las preparaciones textura suave y sabor lácteo y, cuando está batido, ligereza. Tiene un porcentaje de grasa entre 30 y 40%; a mayor contenido de grasa, mayor estabilidad.

Desglasar
Disolver con la ayuda de algún líquido, como caldo, vino o agua, los restos acumulados de un recipiente que ha servido para dorar, saltear, sellar u hornear alguna preparación, con el fin de obtener un jugo o una salsa. Esta acción se realiza con una pala y sobre el fuego.

Dextrosa
Forma de glucosa derivada del almidón de cereales, como maíz o trigo. Se utiliza en la elaboración de rellenos, helados, mazapanes, confituras o fondant. Comúnmente se encuentra en forma de polvo blanco cristalizado.

Engomar
Proceso exclusivo de las grageas elaboradas en bombos confiteros, que consiste en cubrir frutos secos con una solución de goma arábiga para evitar que la fricción que produce el bombo haga salir la grasa de éstos. También, ayuda a una mejor adhesión del chocolate o azúcar que los cubrirá.

Gelespessa®
Nombre comercial de un espesante alimentario elaborado a base de goma xantana. Sirve para dar consistencia a salsas, helados o cremas sin convertirlas en gelatinas. Presenta resistencia al calor y a la congelación, por lo que puede usarse para preparaciones frías o calientes.

Glucosa
Monosacárido presente en algunas frutas y en la miel de abeja. En repostería se utiliza como espesante, estabilizador y como agente para evitar la cristalización en productos con chocolate.

Glucosa atomizada
Jarabe de glucosa deshidratado con un alto poder anticristalizante. Se usa para aumentar la viscosidad de las masas y como estabilizador de preparaciones con frutas, mermeladas y dulces. En heladería se prefiere usar este tipo de glucosa porque su manejo es más sencillo que la glucosa en jarabe.

Goma arábiga

Sustancia de origen natural, soluble en agua, que se extrae de las acacias. Se utiliza en la repostería como espesante, emulsificante y estabilizador.

Goma gellan

Aditivo alimentario de origen vegetal, soluble en agua. Se utiliza comúnmente en repostería como gelificante, espesante y estabilizante. Se caracteriza por ser resistente a altas temperaturas, por lo que es ideal para preparaciones que requieren hornearse.

Goma xantana

Aditivo alimentario natural con propiedades espesantes, emulsionantes y estabilizantes, que se emplea en panadería y repostería para dar un mejor aspecto a la preparación final y para conservarla por más tiempo.

Guitarra

Utensilio en forma de guillotina que sirve para porcionar preparaciones grandes en un solo corte. El resultado son varios cuadros o rectángulos del mismo tamaño. Suele utilizarse para cortar mantequilla, caramelo, mazapán, ganache, entre otros.

Impulsor

Compuesto químico utilizado principalmente en panadería, que ayuda a liberar gas (CO_2) durante el horneado para que las masas crezcan. A diferencia de las levaduras, este compuesto sólo actúa durante la cocción.

Jarabe de glucosa

Sustancia que se emplea en la cocina como aglutinante o edulcorante. Aporta consistencia, alarga el tiempo de conservación y evita la cristalización de las preparaciones, principalmente con chocolate, como la ganache.

Jarabe TxT

Véase Almíbar TPT.

Levain

Término francés utilizado en panadería para referirse a la masa madre. Para elaborarla es necesaria la interacción de 4 componentes: harina, líquido, levadura y temperatura.

Macaronage

Técnica de cocina utilizada en la elaboración de los *macarons*. Consiste en incorporar de forma envolvente los ingredientes secos de los *macarons* con las claras de huevo batidas.

Manitol

Edulcorante reducido en calorías que se utiliza como sustituto de la glucosa.

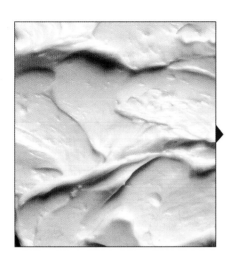

Mantequilla avellana

Término que designa el punto de cocción de la mantequilla cuando ésta adquiere un color dorado y un sabor similar al de una avellana. Para lograrla sólo es necesario fundir la mantequilla a fuego bajo hasta que cambie de color, pero sin que llegue a un tono muy oscuro.

Mantequilla pomada

Consistencia suave que se obtiene al calentar ligeramente la mantequilla hasta que la textura de ésta se asemeje a la de una pomada.

Masa de gelatina

Preparación industrial de gelatina previamente hidratada. Para utilizarla sólo es necesario fundirla.

Metil©

Gelificante natural que se disuelve en agua fría, con propiedades resistentes al calor, por lo que es ideal para preparaciones calientes.

Mezclador de masas

Utensilio de cocina en forma de pequeña canasta que se emplea principalmente en la elaboración de masas para tartas. Está formado por un mango, por donde se sostiene, unido a varias tiras de acero inoxidable que evitan la transmisión de calor a la mezcla.

Neutro

Emulsionante natural que no aporta sabor, pero ayuda a mejorar la textura y vida de anaquel de una preparación a base de grasa y líquido. Se utiliza en la elaboración de diferentes postres, por lo que es necesario elegir el adecuado: para cremas, helados o sorbetes.

Nibs

Granos de cacao fermentados, troceados y sin cascarilla. Su textura es crujiente y su sabor amargo, pero agradable. Se utilizan en preparaciones dulces, como helados, pasteles y bombones.

Papel guitarra

Plástico transparente antiadherente con grado alimenticio que se utiliza en la chocolatería para realizar láminas y decoraciones con chocolate temperado. Ayuda a mantener el brillo en el chocolate y una textura lisa.

Pastry blender

Véase Mezclador de masas.

Pectina amarilla

Sustancia gelificante que requiere de altas concentraciones de azúcar y de un ambiente ácido para activar su proceso de gelificación, esencial en la elaboración de confituras y pastas de fruta.

Pectina NH

Sustancia gelificante de bajo metoxilo, es decir, que requiere presencia de calcio para activar el proceso de gelificación. A diferencia de otras pectinas, ésta tiene la característica de ser térmicamente reversible.

Pixtle

Del náhuatl *pitztli*, que significa hueso o semilla. Semilla del mamey colorado, de forma elipsoidal, color negro brillante, con una notoria banda blanca o amarillenta en el centro.

Ponchar

Técnica que consiste en liberar el bióxido de carbono contenido dentro de una masa de panadería por medio de una serie de dobleces o golpes con los puños; el aire liberado permite una segunda fermentación en la masa.

Precristalizar

Proceso que consiste en homogeneizar la manteca de cacao presente en el chocolate con el fin de obtener un producto maleable, con resistencia térmica, consistencia crujiente y apariencia brillante. A este proceso también se le conoce como temperado o templado.

Puntos de cocción del azúcar

En repostería y confitería es común que el azúcar se someta a cocción para preparar merengues, salsas o decoraciones. Para cualquiera de sus puntos de cocción la preparación deberá tener una mayor proporción de azúcar que de agua. La temperatura juega un papel importante, ya que, de acuerdo con la finalidad, ésta variará:

Jarabe

El azúcar alcanza una temperatura de 100 °C y presenta una consistencia fluida.

Hebra

El azúcar alcanza los 103 °C. Se le conoce con ese nombre porque forma hilos delgados al presionar y separar un poco de él entre las yemas de los dedos, después de haberlo sumergido en agua fría.

Bola suave

El azúcar alcanza un rango entre 110 y 115 °C. Si se introduce un poco de él en agua fría se le puede dar forma de esfera moldeable.

Bola dura

El azúcar rebasa los 116 °C. Después de introducir un poco de él en agua se le puede dar forma de esfera, la cual se endurece rápidamente, pero sin llegar a ser quebradiza.

Caramelo

El azúcar alcanza una temperatura entre los 150 y los 180 °C, pero sin llegar a tener un color quemado.

Punto de listón

Consistencia de una preparación batida, suficientemente lisa y homogénea, que se caracteriza por formar una cinta corrida al dejarla caer desde lo alto con una espátula o un batidor.

Punto de ventana

En panadería, punto en que la masa logra desarrollar su máxima elasticidad después del amasado. Para verificarlo se estira la masa entre las manos; se debe formar una membrana muy delgada que deja pasar la luz a través de ella sin romperse.

Quenelle

Figura decorativa en forma ovalada o cilíndrica que se utiliza para presentar helados, cremas y purés de consistencia firme.

S 500

Nombre comercial que designa a un mejorante para pan. Éste es un aditivo que se añade a la masa de pan, que aumenta las propiedades organolépticas y de conservación del pan.

Sal de Guérande

Sal marina natural proveniente de la península de Guérande, Francia.

Sorbitol

Edulcorante, líquido o en polvo, empleado como sustituto de azúcar, especialmente en alimentos dietéticos. Aporta casi la mitad de las calorías de la sacarosa y es de absorción lenta.

Temperar

1. Acción en la que se mezclan dos preparaciones a temperaturas distintas para que se igualen. 2. *Véase* Precristalizar.

Templar

Véase Precristalizar.

TPT

Siglas que significan "tanto por tanto" y refieren a la combinación de partes iguales de dos ingredientes.

Trampar

Sumergir cualquier ingrediente en chocolate previamente temperado.

Índice de recetas

Índice de ingredientes principales

Esta obra se terminó de imprimir y encuadernar
en el mes de agosto de 2020, en los talleres de
Corporación en Servicios Integrales
de Asesoría Profesional, S. A. de C. V.
Calle E No. 6, Parque Industrial Puebla 2000,
C.P. 72225, Puebla, Pue.

ART & DESIGN

EDITORIAL OFFICES:
42 LEINSTER GARDENS, LONDON W2 3AN
TEL: 071-402 2141 FAX: 071-723 9540

HOUSE EDITOR: Nicola Hodges
EDITORIAL TEAM: Iona Spens,
Katherine MacInnes, Stephen Watt
ART EDITOR: Andrea Bettella
CHIEF DESIGNER: Mario Bettella
DESIGNER: Laurence Scelles

SUBSCRIPTION OFFICES:
UK: VCH PUBLISHERS (UK) LTD
8 WELLINGTON COURT, WELLINGTON STREET
CAMBRIDGE CB1 1HZ
TEL: (0223) 321111 FAX: (0223) 313321

USA AND CANADA: VCH PUBLISHERS INC
303 NW 12TH AVENUE DEERFIELD BEACH,
FLORIDA 33442-1788 USA
TEL: (305) 428-5566 / (800) 367-8249
FAX: (305) 428-8201

ALL OTHER COUNTRIES:
VCH VERLAGSGESELLSCHAFT MBH
BOSCHSTRASSE 12, POSTFACH 101161
69451 WEINHEIM
FEDERAL REPUBLIC OF GERMANY
TEL: 06201 606 148 FAX: 06201 606 184

Art & Design is published six times per year (Jan/Feb; Mar/Apr; May/Jun; Jul/Aug; Sept/Oct; and Nov/Dec). Subscription rates for 1994 (incl p&p): *Annual subscription price*: UK only £65.00, World DM 195, USA $135.00 for regular subscribers. *Student rate*: UK only £50.00, World DM 156, USA $105.00 incl postage and handling charges. *Individual issues*: £14.95/DM 39.50 (plus £2.30/DM 5 for p&p, per issue ordered), US$24.95 (incl p&p).
   For the USA and Canada, *Art & Design* is distributed by VCH Publishers, Inc, 303 NW 12th Avenue, Deerfield Beach, FL 33442-1788; Telefax (305) 428-8201; Telephone (305) 428-5566 or (800) 367-8249. Application to mail at second-class postage rates is pending at Deerfield Beach, FL Postmaster: Send address changes to *Art & Design*, 303 NW 12th Avenue, Deerfield Beach, FL 33442-1788. Printed in Italy. All prices are subject to change without notice. [ISSN: 0267-3991]

CONTENTS

Perry Hoberman, Bar Code Hotel, *interactive installation, 1994*

Toshio Iwai, Another Time, Another Space, *screen shot, 1993, Fuji Television*

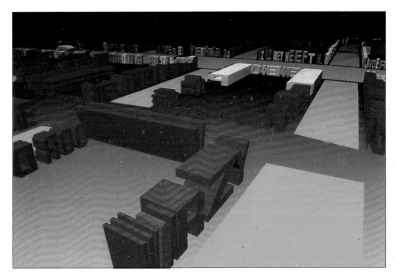

Jeffrey Shaw, The Legible City, *1989*

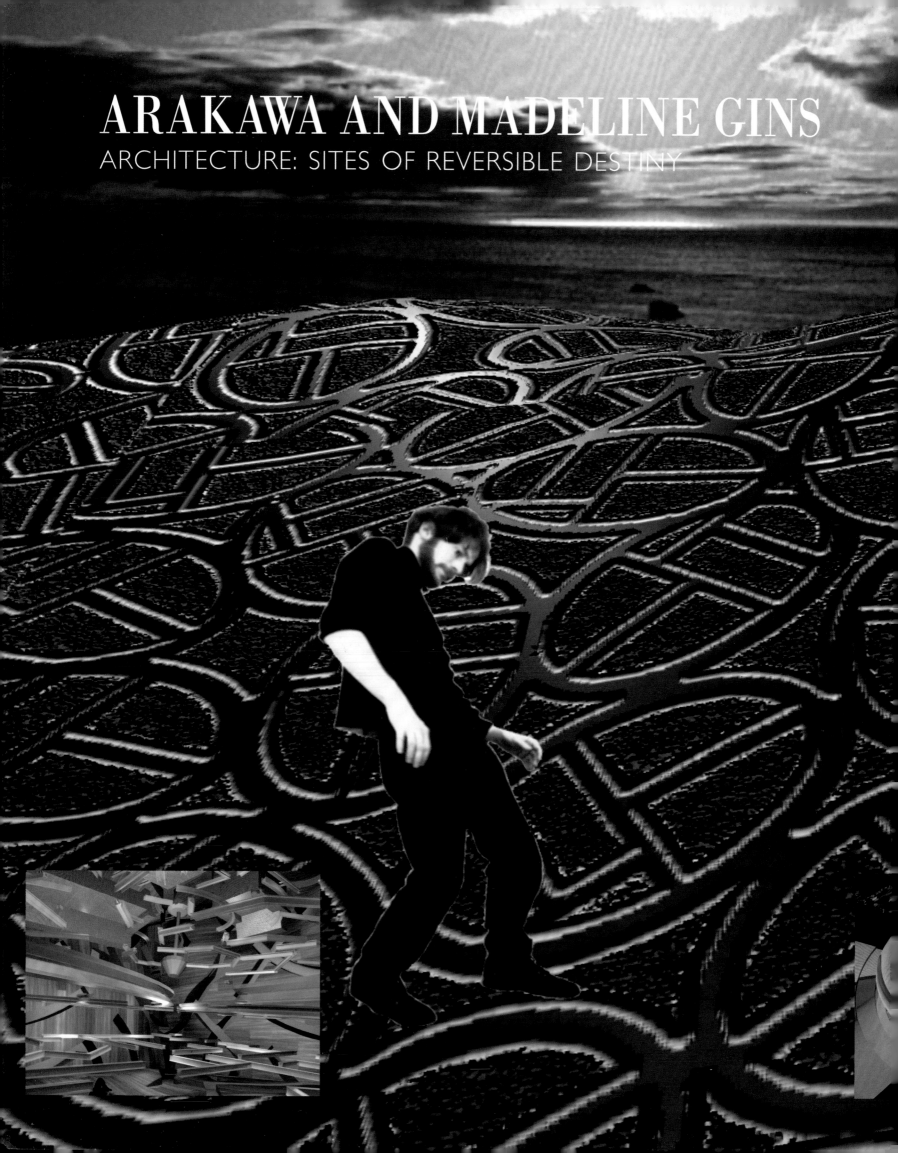

ARAKAWA AND MADELINE GINS
ARCHITECTURE: SITES OF REVERSIBLE DESTINY

Arakawa and Madeline Gins
ARCHITECTURE: SITES OF REVERSIBLE DESTINY

'As the millennium draws to a close, architecture is the only arena left for revolutionary thinking, for it alone is capable, as a medium, of simultaneously encompassing and addressing concept and action in spacetime . . . '

Continuing the collaboration for over 30 years between the New York based artists Arakawa and Madeline Gins, this book is a unique and predominantly visual exploration into architecture and its centrality to the project of human self-knowledge and self-formation, carrying philosophical argument into the realm of construction. It asks what is the nature of perception, and how does the human being relate to the surrounding space? Recording and documenting what it is actually like for a person to stand within a piece of architecture, this is the first systematic study of the role the body and bodily movement play in the forming of the world. Through a series of computer-generated images of great beauty and intricacy, the reader is presented with ways of reworking the man-made world that is architecture. Going further, the book suggests a revolutionary re-invention of the planet and, by extension, the universe.

Arakawa and Gins' vision is profoundly optimistic, one of an architecture which empowers instead of repressing humanity, architecture that 'tentatively' opposes the monumentality which led to the moments of annihilation mentioned in the subtitle 'Architectural experiments after Auschwitz-Hiroshima'.

An essay by Andrew Benjamin, and a selection of projects including Site of Reversible Destiny (Gifu, Japan); Reversible Destiny House I; the Bridge of Reversible Destiny (Epinal, France) and Double-Horizon Public Housing (Berlin, Germany) complete what amounts to a whole new approach to art-making.

305 x 252 mm, 128 pages
Over 100 illustrations, mainly in colour
Publication: October 1994

reviews *books*

PAINTERS PAINTING The New York Art Scene 1940-1970 by Emile de Antonio, Alternative View, 116 minute video, b/w and colour, £22.95
Barnett Newman states that aesthetes are to artists what ornithologists are to birds. Indeed, Clement Greenberg is recorded predicting that Pop art would be a minor movement and Andy Warhol claims that the best critics are those who drop the most names. This refreshing demythologising of the art of this period is achieved through direct interviews with the artists concerned: Willem de Kooning, Helen Frankenthaler, Hans Hoffman, Jasper Johns, Robert Motherwell, Barnett Newman, Kenneth Noland, Jules Olitski, Philip Pavia, Larry Poons, Robert Rauschenberg, Frank Stella and Andy Warhol all talk frankly about their work.

A feeling for the avant-garde nature of movements with which we are now familiar such as Abstract Expressionism, Action Painting and Pop Art is achieved through Emile de Antonio's interviews with a selection of the major buyers of the time. Collectors such as Robert C Scull and Leo Castelli reveal the scepticism surrounding their purchases and the artists confirm that few galleries were willing to exhibit their work. The controversial issue of whether 'status' is conferred upon the artist by the collector or vice versa is approached from both angles.

These painters are mostly extremely eloquent: Barnett Newman is very clear about the derivation of his zip paintings and claims that contrary to the critics, he sees the 'zip' as resolving both halves of the picture; despite his Neo-Dadaist categorisation, Jasper Johns assures de Antonio that he is not imitative but sympathetic since he did not have any previous knowledge of Dada (could this be true?); Andy Warhol describes the derivation of his work as alternately arbitrary and deliberately polemic; Hans Hoffman followed surrealist advice for random choice of the title 'The Holy Protestant' but by contrast his intuitive sense of scale is derived from an assured decisiveness.

COMPUTERS AND CREATIVITY by Derek Partridge and Jon Rowe, Intellect, 179pp, b/w ills, PB £14.95

This book is a study of human creative behaviour from a computational modelling perspective. The authors examine theories and models of the creative process in humans, both input creativity – the scientific, analytic side of devising interpretations of input information – and output creativity – the artistic, synthetic process of generating something novel and innovative. One psychologist, Hofstadter believes that constraints (such as those involved in working with computers) are incredibly important and useful in fostering creativity because when restrictions are imposed the thinker has to be more ingenious in making new structures. The potential for the development of new art forms through such technology is enormous. Contrary to expectations this book is accessible and supports each assertion with a thoroughly scientific analysis.

ART HAS NO HISTORY The Making and unmaking of Modern Art edited by John Roberts, Verso, 303pp, PB £13.95
In the first paragraph of the introduction, John Roberts admits that this 'paraphrasing of Althusser is . . . somewhat disingenuous. . . . Art, of course has a lot of history, in fact it has recently been drowning in it.' This drowning refers to free ranging contextual interpretation which has come to outweigh causal analysis. Through this selection of essays which acknowledge the disparity between art historical criticism and historical materialism, he attempts to put the artist back into art history. Fred Orton's 'Figuring Jasper Johns' takes an empirical line in assessing Johns' Painted Bronzes 1960. He asks 'what can you say and write about a sculpture of seventeen paintbrushes in a can? What and how does it mean? What does it amount to?' And he concludes that the piece 'allegorically raises doubts about rhapsodising art's proclaimed autonomy, self sufficiency and transcendence by narrating its own contingency, insufficiency and temporality which, in the end, is the condition of any work of art, whether we like it or not.'

BACK TO THE FRONT: TOURISMS OF WAR edited by Diller + Scofidio, FRAC Basse - Normandie, 329pp,

b/w ills, PB £N/A
Diller + Scofidio point out that the old English word 'travel' was originally the same as *travail* meaning trouble, work, or torment which in turn comes from the Latin *tripalium*, a three-staked instrument of torture. Travel is thus linked, etymologically to aggression. The symbiosis between tourism and war is nowhere more evident than in the national economy of Israel. The funding for Israel's national defence is directly dependent on a tourist industry which must survive in a permanent state of war – 'in short war is fuelled by tourism within war'. Diller + Scofidio continue this comparative analysis through the paraphernalia of contemporary travel and the common perception of both tourist and soldier as representative of their nationality.

THE LANGUAGE OF DISPLAYED ART by Michael O' Toole, Leicester University Press, London, 295pp, b/w ills, PB
The opening chapter of this book about semiotics in all the art forms begins with a narrative about a tourist looking at Botticelli's *Primavera*. It is the author's aim to use semiotics – the study of sign systems – to assist us in the search for a language through which our perceptions of a work of art can be shared. In describing the semiotics of sculpture he argues that this art form makes us acutely aware of our body, that its three-dimensional property makes it physically more complex and finally that sculpture has a 'numinous' quality, a sense of presence. This objective analysis is applied equally to architecture, society and a comparative study of the arts. with focus on specific artistic examples.

SHARK INFESTED WATERS The Saatchi Collection of British Art in the 90s by Sarah Kent, 272 pp, colour ills, £19.95
Charles Saatchi's collection of the work of young British artists has become one of the most celebrated and controversial collections of contemporary art in the world. Twice a year he exhibits the work of a handful of his new discoveries, introducing talents that quickly become household names: Rachel Whiteread, Damien Hirst, Marc Quinn and Jenny Saville. This cata-

loguing of the highlights of Saatchi's shows that 'The Shock of the New' is more than ever a valid qualification for art. Sarah Kent, the outspoken art critic of *Time Out* magazine, argues that despite or because of the controversy generated, this collection has pushed the boundaries of what we are willing to call art. The question 'But is it art?' is heard less often now, as these artists fulfil their promise and consolidate their reputations, vindicating Saatchi's enthusiasm and their inclusion in this eclectic group.

PICTURE THEORY Essays on Verbal and Visual Representation
by W J T Mitchell, University of Chicago Press, 450pp, b/w ills, HB £27.95

Although we have thousands of words about pictures, Mitchell notes that we do not yet have a satisfactory theory of them. What we have is a variety of fields – semiotics, philosophical inquires into representation, new departures in art history, studies in mass media – that attempt to converge on the problem of pictorial representation and visual culture. Instead Mitchell looks at the way pictures function in theories about culture, consciousness and representation and at theory itself as a form of picturing. He asks whether, at this end of the 20th-century when the power of the visual is said to be greater than ever before, the pictorial acutely replaces the linguistic? Mitchell goes on to argue that visual images have the power to invite or repel texts and he traces this through graphic inscription, ekphrastic poetry and the role of description in slave narrative. He also investigates the logical conclusion namely the commercial power of pictures in advertising through the twin problems of illusionism and realism.

INSIDE THE ART WORLD Conversations with Barbaralee Diamonstein,
Barbaralee Diamonstein, Rizzoli, 277pp, b/w ills, HB £29.95

In her foreword, Barbaralee Diamonstein claims that New York's art world was in 1979 (when she published *Inside New York's Art World*) and is now 'the whole world's art'. Indeed, through cleverly edited interviews, this book makes

that area of the East coast more accessible to the rest of the world, but it is made more fascinating if compared with an era that precedes the '79 book, namely the *Painters Painting* video which films interviews between Emile de Antonio and artists and collectors from 1940-70. The photographs of the artists Jasper Johns and Robert Rauschenberg and the curator and collector Leo Castelli which accompany the text, illustrate older but equally animated faces, revealing the changes that they have witnessed in that time. The predominant feeling is typical of a retrospective analysis – ie that there was more direction in the 50s and 60s than now exists. Among others, Diamonstein also interviews more recent artists such as Christo, Jeff Koons and Nam June Paik.

THE BODY OF DRAWING Drawing by Sculptors
foreword by Henry Meyric Hughes, The South Bank Centre, 75pp, b/w, PB £14.50

'Both sculpture and drawing come from the same hand, the sculptor's hand, and it is perhaps from this simple point that a connection between the two is best understood. For the hand holding the pencil which makes the line of the drawing is also a form which cups itself into a container, suggesting a structure, a body, which begins to be the inside and outside of what is the material condition of sculpture.' Gerlinde Gabriel goes on to explain that her selection is determined by those sculptors who have used drawing to understand the complex relationship between the physical nature of a sculpture and the presence that sculpture suggests. One of the most effective is the anthropomorphic shape that exists within a grid drawn by the sculptor Richard Deacon. Despite its economy of line, this sketch suggests physicality and substantial matter although restricted to the two-dimensional. Anish Kapoor achieves a similar end through dense, textured light and shade, while Eduardo Chillida's drawings gain a similar sense of depth through the use of contrast and geometry.

HALL'S ILLUSTRATED DICTIONARY OF SYMBOLS in Eastern and Western Art
introduced by

Kenneth Clark, John Murray, 244pp, b/w and colour, PB £13.99

This dictionary relates in a succinct, legible way the themes, sacred and secular, on which the repertoire of European art is based. Cross-references enable the reader to identify the subject of a picture simply from some characteristic object or figure in it. The scope is enormous – ranging from religious and historical themes, the figures of moral allegory, characters from romantic epic poetry that established themselves in the art of the seventeenth century, to some of the popular figures in northern European genre painting; for example, the alchemist and quack doctor. Each chapter focuses on a specific area, commencing with abstract signs through animals, artefacts, earth and sky, the human body and dress, through to plants and nature.

THE SEXUAL PERSPECTIVE Homosexuality and Art in the Last 100 Years in the West
by Emmanuel Cooper, Routledge, 368pp, colour ills, HB £40/PB £12.99

This second edition adds to the successful 1986 version which broke new ground by bringing together the work of artists who were gay or lesbian, queer or bisexual, by introducing new areas of discussion. This new text tackles the greatly increased lesbian visibility within the visual arts – the reaction of lesbian artists against the idea of a controlled audience for their work. It examines artists' thoughtful responses to the AIDS epidemic, confronting prejudice and arguing that art has the power to save lives; and assesses 'queer art' – an expression of diversity which insists that homosexual men and women demand equality on their own terms. The author, Emmanuel Cooper, discusses how the artists' own awareness of themselves as homosexuals has influenced their work; how given the cultural modes and social attitudes, the artist achieved self-representation. Cooper also defines those artists who were or were not considered homosexual. Included in this incisive title are artists such as Francis Bacon, David Hockney, Andy Warhol, Robert Mapplethorpe, Harmony Hammond and Jody Pinto.

PATRICK CAULFIELD

PAINTINGS 1963–1992

A & D PROFILE NO 27

In the work shown at the 1992 retrospective exhibition 'Patrick Caulfield Painting 1963-1992' at London's Serpentine Gallery, Caulfield dignifies the ordinary, prosaic and unheroic side of urban life through his highly-stylised renditions of familiar pub, restaurant and domestic scenes. Normal banal views, or plain household objects are transformed into something magical by rich, lush colours and unexpected juxtapositions. The authoritative essay by Marco Livingstone and full colour reproductions of over 80 of his best known works, together with biographical details and a comprehensive bibliography make this volume an invaluable record of Caulfield's work.

PB 1 85490 180 X
305 x 252 mm, 120 pages
Fully illustrated in colour
Publication: 1992

THE GREAT RUSSIAN UTOPIA

A & D PROFILE NO 29

Guest-Edited by Victor Arwas
This profile gives a colourful overview of the work produced during one of the most artistically creative and prolific eras of the 20th century. Russian avant-garde art was an expression of a profound change in the sensibility of mankind – a search for a utopia. Victor Arwas, an expert on art and the decorative arts of the early part of this century, provides informative sections which cover: Avant-Garde Painting; Reliefs; Ceramics; Books; Graphics; Stage design; Collage; Photo-montage; Photography. Work by Lissitzky, Rodchenko, Stepanova, Popova, Tatlin and Malevich among others is presented in full colour and biographies of over 30 artists are also featured.

PB 1 85490 182 6
305 x 252 mm, 104 pages
Fully illustrated in colour
Publication: 1993

WORLD WIDE VIDEO

A & D PROFILE NO 31

Guest-Edited by Johan Pijnappel
Video art represents the dematerialisation of art predicted by artists such as Marina Abramovic. This issue features work by Vito Acconci, Marina Abramovic, Bill Viola, Gary Hill, Francesc Torres, Keith Piper and the Ponton Euopean Media Art Lab. The experiments of Nam June Paik and Wolf Vostell in the 60s precipitated others such as artists like Nan Hoover, Bill Viola, Tony Oursler and General Idea who used video as a flexible and direct medium and were ignored for a long time. Towards the year 2000, the importance of dissolving traditional borders between art and society becomes clearer still.

PB 1 85490 214 8
305 x 252 mm, 112 pages
Illustrated in full colour
Publication: 1993

FLUXUS

TODAY AND YESTERDAY

A & D PROFILE NO 28

Guest-Edited by Johan Pijnappel
Fluxus, the first international, transmedia art movement this century is recalled in this special edition by a number of original members: Emmett Williams; John Cage; René Block; Jackson MacLow; Nam June Paik; Robert Filliou. Fluxus took the art world by storm in the early 60s and its spirit is still relevant in the 90s. Stemming mainly from Joseph Beuys and John Cage, the movement believed in the performing arts where inspiration could be drawn from the spiritual responses of the audience and where stimulation and change were the only constants. The text is comprised of articles, interviews and letters.

PB 1 85490 194 X
305 x 252 mm, 104 pages
Extensively illustrated in colour
Publication: 1993

INSTALLATION ART

A & D PROFILE NO 30

Guest Edited By Andrew Benjamin
The term 'installation', defining site-specific sculpture, has in recent years established itself firmly as part of the vocabulary of contemporary visual arts. Central to most installation art is a notion of space as a visible material with properties such as wood or stone. Hitherto unpublished work is presented by Arakawa and Madeline Gins, with essays by Jean-François Lyotard, Thierry de Duve, the Museum of Installation, London, Corinne Diserens on Gordon Matta-Clarke, the issue also features work by James Turrell, Judith Barry, Richard Artschwager, Anya Gallaccio, Joseph Kosuth, Cady Noland, Andrew Sabin, Donald Judd, Wolfgang Laib.

PB 1 85490 213 X
305 X 252 mm, 128 pages
Extensively illustrated in full colour
Publication: 1993

TIME & TIDE

THE TYNE INTERNATIONAL EXHIBITION OF CONTEMPORARY ART

A & D PROFILE NO 32

A special issue produced with the 1993 Tyne International Exhibition of Contemporary Art in Newcastle, *Time and Tide* explores the nature of temporary installation and site works. The issue includes in-depth presentations of pieces by 15 internationally renowned artists including: Vito Acconci; Christine Borland; Gonzalo Diaz; Orshi Drozdik; Tony Fretton; Nan Goldin; Rodney Graham; Rémy Zaugg. With essays by Brian Hatton and Corinne Diserens, the issue contains a rich combination of specially designed artists' pages, writings and photographs of *in situ* work.

PB 1 85490 215 6
305 x 252 mm, 120 pages
Fully illustrated in colour
Publication: 1993

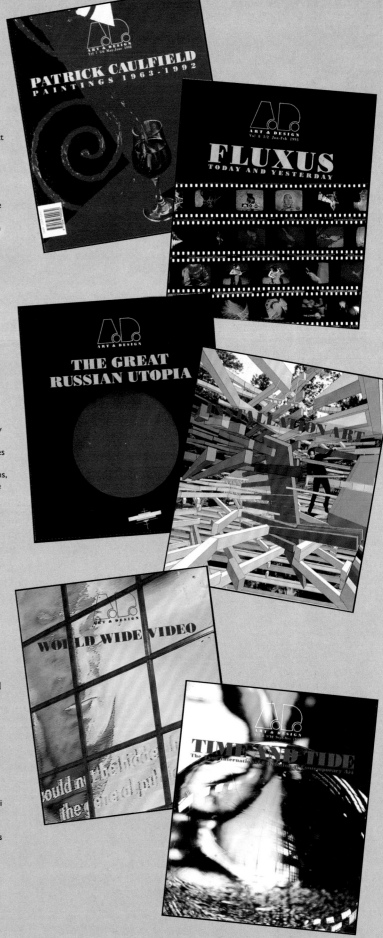

PARALLEL STRUCTURES

ART, DANCE AND MUSIC IN THE TWENTIETH CENTURY

A & D PROFILE NO 33

Guest-Edited by Clare Farrow
From Matisse's Jazz compositions to Anish Kapoor's sculptural dance, this issue explores the relationship between art, dance and music and includes a variety of collaborations between choreographers, composers and artists from the early decades of the century right up to the present day. Articles range from a study of Parade and its debts to Futurist performance, jazz and the silent cinema, to the 'white' paintings of Robert Ryman. Collaboratative works by Merce Cunningham and John Cage have resulted in performances designed by artists such as Robert Rauschenberg and Jasper Johns.

PB 1 85490 216 4
305 x 252 mm, 120 pages
Fully illustrated in colour
Publication: 1993

A REINHARDT, J KOSUTH, F GONZALES-TORRES

SYMPTOMS OF INTERFERENCE, CONDITIONS OF POSSIBILITY

A & D PROFILE NO 34

This issue, based on the Camden Arts Centre exhibition in London, brings together the work of artists from three generations: Ad Reinhardt (1913-1967), Joseph Kosuth (b1945) and Felix Gonzalez-Torres (b1957), demonstrating how each artist has adopted a critical stance and sought to redefine artistic traditions. Kosuth sees his work as being a bridge between that of Reinhardt and Gonzalez-Torres, and this publication illustrates and reflects on the notion of passage from one generation to another.

PB 1 85490 217 2
305 x 252mm, 120 pages
150 illustrations, mainly in colour
Publication: 1994

NEW ART FROM EASTERN EUROPE

IDENTITY AND CONFLICT

A & D PROFILE NO 35

Guest-Edited by Paul Crowther
Exploring how political and social transformations in Eastern Europe have found effect in all areas of art practice since the end of the Cold War, this issue points to the interaction between Eastern European artists and their own traditions and the diversity of media and contemporary theory developed in the West. Material is drawn from several Eastern European countries including the Czech Republic and Slovakia, Slovenia, Croatia, Poland and Russia, with features on Neue Slowenische Kunst and Irwin, Ilya Kabakov, writings by Slavoj Zizek and an interview with Milan Knizak.

PB 1 85490 218 0
305 x 252mm, 120 pages
180 illustrations, mainly in colour
Publication: 1994

ART AND THE NATURAL ENVIRONMENT

A & D PROFILE NO 36

This issue explores how contemporary artists have attempted to recapture a closeness with nature. Tickon in Denmark, initiated by Alfio Bonanno as a 'total amalgam of art and nature', includes work by internationally renowned land artists such as Andy Goldsworthy, Chris Drury and Karen McCoy who have designed site specific work. Barbara Matilsky discusses the History of Environmental Art and features on David Nash, Wolfgang Laib, the Boyle Family and Mierle Laderman Ukeles demonstrate how environmental issues are highlighted by artistic interventions.

PB 1 85490 219 9
305 x 252mm, 120 pages
Over 100 illustrations, mainly in colour
Publication: 1994

NEW ART FROM LATIN AMERICA

A & D PROFILE NO 37

Guest-Edited by Oriana Baddeley
Recent exhibitions and publications have attempted to describe the cultural production of Latin America as a definable entity, existing outside national or international contexts. This issue examines the affect that accepted characteristics of 'Latin Americanness' have on the identity of artists practising today. Reflecting the diversity of cultural production and critical debate surrounding contemporary Latin American art, contributions include essays on Alfredo Jaar, Eugenio Dittborn with Edward Lucie-Smith on Ricardo Cinalli, Chloe Sayer on Mexican popular art, and David Elliot on young Argentinian artists.

PB 1 85490 220 2
305 x 252 mm, 120 pages
Over 100 illustrations, mainly in colour
Publication: July 1994

PERFORMANCE ART

INTO THE 90S

A & D PROFILE NO 38

Performance has always been a way of bringing to life the formal and conceptual ideas on which art is based. This issue emphasises the role of performance as a weapon against the conventions of established art and explores its continuing potential with special features on the teaching of Marina Abramovic, Annie Sprinkle's 'Post-Porn Modernism', British performance art in the 90s, the Notting Hill Carnival; interviews with leading Los Angeles performer Rachael Rosenthal and Black-American dancer Billl T Jones and essays by Simon Herbert on a performer's history of performance art, William Furlong on sound in art and Rose Garrard on women's performance.

PB 1 85490 222 9
305 x 252 mm, 120 pages
Illustrated throughout
Publication: September 1994

ART 95

BRITAIN'S CONTEMPORARY ART FAIR

JANUARY 18-22, 1995

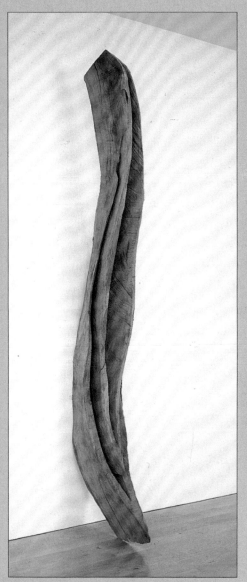

Now in its seventh year, ART 95 has become an important event in Britain's art calendar. It reflects not only the vitality of the contemporary art scene but also provides an opportunity to 'take the pulse' of the market. More than 24,000 people attended ART 94 last January, encouraging a nucleus of prestigious and established art dealers to return in 1995. Some 65 British galleries will exhibit a stimulating cross-section of work by living artists from all over the world. Exhibitors include Annely Juda Fine Art, Flowers East, Boundary Gallery, Francis Graham-Dixon, Glasgow Print Studio, Purdy Hicks Gallery, Anthony Hepworth Fine Art, Duncan Miller Contemporary Art, Piccadilly Gallery and Beaux Arts. All works exhibited by the galleries are for sale and prices range from £50 to £20,000.

The Business Design Centre,
52 Upper Islington Green,
London N1 OQH.
Tel 071 359 3535.
Fax 071 226 0590

ART 95

ART AND TECHNOLOGY

Ulrike Gabriel, Perceptual Arena, *1994*

Art & Design

ART AND TECHNOLOGY

J Shaw, Legible City, *1989; OPPOSITE: Peter Weibel*, Virtual World II: The Object World

ACADEMY EDITIONS • LONDON

Acknowledgements

Virtual Reality: An Emerging Medium pp8-15 images courtesy of the author, Intel Corporation and the Guggenheim Museum; **Multidisciplinary Dweeb** pp16-19 first appeared in *Wired*, February 1994 and is reproduced here with its permission, images courtesy of the Guggenheim Museum; **The New Role Of The Artist As Public Figure** pp20-25 images courtesy of the artist; **Ars Electronica** pp26-31 images courtesy of the artist and Ars Electronica; **The Fantasy Beyond Control** pp32-37 first appeared in Edition du Centre International de Création Vidéo, Montbéliard, Belfort, 1992 and is reproduced here with its permission, images courtesy of Ars Electronica; **Spatial Locations** pp38-43 first appeared in *Cyber Art* (Intelligent Ambient/Ars Electronica), 1994 and is reproduced here with its permission, images courtesy of the artists, Ars Electronica and the Foundation For Visual Arts, Design and Architecture, Amsterdam; **Bar Code Hotel** pp44-49 first appeared in *Cyber Art* (Intelligent Ambient/Ars Electronica), 1994 and is reproduced here with its permission, images courtesy of the artist; **Artlab and Further** pp50-51 images courtesy of the author and Artlab (Cannon inc); **Animate Home Electronics** pp52-55 first appeared in *Artlab*, 1991 and is reproduced here with its permission, images courtesy of Artlab (Cannon inc); **Mission Invisible's Allegory of Art and Machine Vision** pp56-59 first appeared in *Artlab*, 1992 and is reproduced here with its permission, images courtesy of Artlab (Cannon inc); **Perceptual Arena** pp60-65 first appeared in *Artlab*, 1993 and is reproduced here with its permission, images courtesy of Artlab (Cannon inc); **The Future Form of Visual Art** pp66-69 first appeared in the *Artlab Concept Book*, 1991 and is reproduced here with its permission; **The Centre for Art and Media** pp70-79 images courtesy of the artist and the Zentrum Für Kunst und Medientechnologie; **Telematic Presence** pp80-87 images courtesy of the artist and the Zentrum Für Kunst und Medientechnologie; **From the Flip-book to the Museum in the Air** pp88-96 images courtesy of the artist and Fuji Television.

COVER: Jenny Holzer, World II, *1993, Guggenheim Museum, New York City, photo courtesy of Barbara Gladstone Gallery, New York*
INSIDE FRONT AND BACK COVERS: Gerald van der Kaap, Total Hoverty, *1992*

HOUSE EDITOR: Nicola Hodges EDITORIAL TEAM: Iona Spens, Stephen Watt
ART EDITOR: Andrea Bettella CHIEF DESIGNER: Mario Bettella
DESIGNER: Laurence Scelles

First published in Great Britain in 1994 by *Art & Design* an imprint of
ACADEMY GROUP LTD, 42 LEINSTER GARDENS, LONDON W2 3AN
Member of the VCH Publishing Group
ISBN: 185490–221–0 (UK)

Distributed to the trade in the United States of America by
ST MARTIN'S PRESS, 175 FIFTH AVENUE, NEW YORK, NY 10010

Printed and bound in Italy

Contents

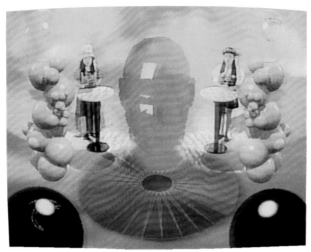

Toshio Iwai, Einstein TV, *Screen Shot*, 1991

ART & DESIGN PROFILE No 39

ART AND TECHNOLOGY
Guest Edited by Johan Pijnappel

E.A.T. NEWS

Volume 1, No. 2   June 1, 1967

Experiments in Art and Technology, Inc.   9 East 16th Street, N.Y., N.Y. 10003

The purpose of Experiments in Art and Technology, Inc. is to catalyze the inevitable active involvement of industry, technology, and the arts. E.A.T. has assumed the responsibility of developing an effective collaborative relationship between artists and engineers.

E.A.T. will guide the artist in achieving new art through new technology and work for the professional recognition of the engineer's technical contribution within the engineering community.

Engineers are becoming aware of their crucial role in changing the human environment. Engineers who have become involved with artist's projects have perceived how the artist's insight can influence his directions and give human scale to his work. The artist in turn desires to create within the technological world in order to satisfy the traditional involvement of the artist with the relevant forces shaping society. The collaboration of artist and engineer emerges as a revolutionary contemporary sociological process.

Initially, a successful working relationship between artists and engineers will require that each operate freely within his own environment. The function of E.A.T. is to create an intersection of these environments.

To ensure a continued fruitful interaction between a rapidly advancing technology and the arts, E.A.T. will work for a high standard of technical innovation in collaborative projects.

E.A.T. is founded on the strong belief that an industrially sponsored, effective working relationship between artists and engineers will lead to new possibilities which will benefit society as a whole.

Billy Klüver   Robert Rauschenberg

JOHAN PIJNAPPEL
INTRODUCTION

The results of the cooperation between art and technology fascinate many of the visitors to the new Art Media Centres in countries such as Germany, Austria and Japan. It is as if they are witnessing a miracle. No longer are they looking from a centralised point, through a frame, at another's perception of the world. They are active participants in an intriguing, yet apparently real, illusion. The history of this cooperation is as old as the history of man himself, with only a short break for a few centuries after the Renaissance. During that period art and technology tried to describe and define their own distinct realities.

In the 19th century the invention of the photographic camera showed the public that the relationship between man and his environment had changed. He could freeze time. The effects of this development at the beginning of this century were quite dramatic and for scientists and artists the definition of 'live' completely changed. Descartes' 'dream' was no longer dictating our concept of the world. Therefore, as would be expected, at the beginning of this century great interest was shown by various groups of artists in technology, such as the Italian Futurists, the Russian Constructivists and the German Bauhaus. Interesting experiments were carried out by individuals such as Naum Gabo and László Moholy-Nagy without the cooperation of big industries; but things were to change. In 1967 engineer Billy Klüver and Robert Rauschenberg, founded the society for Experiments in art and technology. This organisation made it possible for many artists, like Jean Tinguely, John Cage, Jasper Johns, Roy Lichtenstein, Jackson MacLow, Claes Oldenburg, Robert Rauschenberg, James Turrell and Andy Warhol, to cooperate with such companies as Hewlett-Packard, Pepsi Cola, International Business Machines, Lockheed Aircraft Corporation, General Electric, Universal City Studios and WED Enterprises.

As well as these mutual ventures between industry and artists there was also a revolution in technology and information systems. The invention of specialist tools such as the video camera soon infiltrated the world of media arts and opened up whole new horizons. However, considering the speed and scope of these developments it was unfortunate that during the late 70s and early 80s the art world refused to take an active and concerted interest. It ignored the zeal and vision of the open-minded experiments of the 60s, pioneered by Fluxus and other performance and conceptual artists.

The cooperation between art and technology is once again gaining popularity, with multinational industries investing large amounts to build centres for interactive ventures between artists and engineers. They have become aware that progress for humanity in the 21st century may be obtained by non-linear thinking. Their investment has encouraged most artists exploring the field to travel around like nomads from one centre to another, offering us a glimpse of possibilities for the future.

In this edition of *Art and Technology* we are attempting to show some of the results of their work, despite being restrained by the old fashioned and perhaps outdated medium of print. The main focus of this is the fast growing field of interactive art and three main institutes for its development: Ars Electronica, ZKM, the Zentrum für Kunst und Medientechnologie, Karlsruhe (Centre for Art and Media), and Artlab. The institutes are first explained by their artistic directors before a selection of participating artists elucidate the nature of their work. This will help the reader to assimilate a coherent concept of the recent developments. Obviously, the real experience cannot be conveyed by words; if this was possible, the works of art and the technology required would be rendered unnecessary.

Interactivity means that you, the viewer, will have to change from being a passive admirer to become an integral participant, directly conscious of this new paradigm on matter and time. There will be no need for rational thinking. The results of all the experiments will soon be disseminated into the Global City, and perhaps art and life will eventually become one.

FROM L to R: Herb Schneider, Rauschenberg, Lucinda Childs, LJ Robinson, Per Biorn and Billy Klüver, Nine Evenings: Theatre and Engineering, New York's 69th Regiment Armoury, New York, 1966

JENNY HOLZER

VIRTUAL REALITY: AN EMERGING MEDIUM

Kevin Teixeira

Virtual reality allows me to create complete environments finely tuned to my words. It also holds out the promise of my work being shared with the public anywhere there is a computer. I think art needs to be freed from the museums and be out among the people. Jenny Holzer

This century has seen a creative explosion of styles and methods for representing and expressing concepts, and exploring perception with nontraditional and unusual materials. Now it appears that most methods of artistic expression have been pioneered.

Virtual reality represents an entirely new and unexplored universe for the artist. Virtual reality allows you to step through the computer screen into a three-dimensional artificial world. You can look around, move around, and interact within computer worlds every bit as fantastic as the wonderland Alice found down the rabbit hole. All you have to do is put on the Head Mounted Display, and then almost anything is possible; you can fly, visit exotic lands, play with molecules, swim through the stock market, or sculpt with three-dimensional sound and colour.

On the morning of 26 October 1993 the doors to the Guggenheim Museum, SoHo opened, and crowds streamed in to see the first art museum installation dedicated entirely to virtual reality. *Virtual Reality: An Emerging Medium* was developed by the Guggenheim in conjunction with the Intel Digital Education and Arts (IDEA) programme.

The installation explored the unique characteristics of virtual reality, compared to other media, and suggested a number of future directions for this new medium. Five installations were featured in the show: *Virtual String Quartet*, by the composer Thomas Dolby; the networked *Virtual Museum* featuring the recreation of an ancient Egyptian Temple; the *Metaphor Mixer*, from Maxus Systems International; and two artworlds by Jenny Holzer. Dolby's and Holzer's pieces were on display for the first time. As John Ippolioto, the presentation's curator said:

> We have a 70 year tradition of supporting new trends in contemporary art. If we had been around when man first began to use paint on cave walls to represent ideas and the world around him, we would have wanted to stage a similar presentation to try and understand its implications.

The first expressions for virtual art worlds evoke the emotional wizardry of the surrealists such as Dali, with barren, lonely landscapes where anything can happen. Here at last is an art medium potentially as fluid as the mind itself.

What is Virtual Reality?

Virtual reality is a technology, medium and concept. It is not three different things, but three different aspects of the same idea, the ability to control and create experiences: it's a magic cauldron for integrating the techniques of painting, film, sculpture and literature with the dynamic structures of music, theatre and even dreaming; it's a multi-sensory medium that can encompass all styles of art simultaneously, and by its very nature, it's an experience in which the viewers are transformed from vicarious voyeurs into co-creators.

In general, the term virtual reality refers to sensory-immersive, interactive experiences generated by a computer. In its most common use today virtual reality involves the use of a Head Mounted Display, goggles incorporating small video screens and headphones which control the participant's sensory input. Sensors attached to the user alert the computer to any movement, conscious or otherwise. Utilising this information the computer then changes the visual or auditory input accordingly. By completely controlling the user's sensory input, a computer artist can create an illusory environment that responds to and independently interacts with the user.

The two keywords here are sensory-immersive and interactive. The creation of an environment requires the immersion of your senses in a computer-generated world to actually experience 'being there' whilst interactivity allows the individual to feel that they are not just an observer but a participant.

There are two aspects to interactivity in a virtual world: navigation within the world and the dynamics of the environment. Navigation is simply a user's ability to move around independently within the environment. Constraints can be set, by the software designers, limiting access into certain areas whilst allowing various degrees of freedom, allowing the participant to fly, move through walls, walk around, or swim but movement is generally autonomous. Another aspect of navigation is the position-

Thomas Dolby, The Virtual String Quartet, *Guggenheim Museum, SoHo, New York, 1993*

9

ing of a user's point of view. Controlling the point of view might mean watching yourself from a distance, viewing a scene through someone else's eyes, or moving about as if in a wheelchair.

The dynamics of an environment are the rules for how its elements, people, rocks, and doors for instance, will interact with the participant in order to exchange energy or information. A simple example of dynamic rules are the Newtonian laws used to describe the behaviour of billiard balls reacting to the impact of a cue ball. A medical simulation would be based on the dynamics of the human body. Alice's looking-glass wonderland would follow the wacky laws that Lewis Carroll created, based partially on the game of chess.

World Design

Every object and its relationship to every other object, including the user, is at the discretion of the artist. Among these elements are the location, colour, shape and size of the environment; the plasticity of walls; the laws of gravity and the capabilities and functions of objects and actors in the world.

It is this flexibility for creating and representing responsive environments that has created the excitement about virtual reality. Places can be constructed that don't physically exist in real life. Anything is possible and the designer could re-create the worlds of MC Escher, Magritte, Mobius strips, the geometry of mysterious spaces where people and creatures blend back and forth into each other, or a train that floats out of a fireplace.

A virtual traveller might find that, depending on the direction he moves in an Escher art world, he could have the form and capabilities of either a fish or a bird, but not both. A virtual traveller could return again and again to a particular world, attempting to achieve a goal allowing him to progress to another world; a possible virtual metaphor for reincarnation, with the participant working through his virtual karma, unable to advance into another reality before completing certain tasks in the current one?

By drawing us into art worlds, the computer's ability to store and retrieve events becomes a way for us to explore our notions of time, space and memory. After spending a prolonged period in a particular world, the traveller could be confronted by memories of his own virtual experiences. Key incidents and phrases seen and heard could come tumbling back. Some day he might even be able to re-experience episodes from his own life.

All great works of art have one thing in common, the German philosopher Arthur Schopenhauer maintained, they have the power to pull the viewer out of himself and into the work of art. They suspend the division between inner and outer, self and others,

and usher you, if only for a moment, into the realm of the timeless. For an instant you become the art. This captures the essence of what makes virtual reality such a special medium. You are no longer a passive observer, but an active insider 'doing' the art.

The immersive and interactive quality of virtual reality removes the traditional chasm between art viewer and art object, pointing the way to a new kind of awareness as the viewer becomes a participant 'inside' the art. Virtual travellers who experience several points of view or reside inside several different personalities will become confronted by questions of identity and the masks they wear.

Many virtual reality developers are looking to the theatre and film for inspiration. Since the user of a virtual reality world in essence has to become an actor, the environment can be thought of as a theatre set. The virtual artist will work in clues, cues and guides to aid the participant on their journey.

Perhaps the most immediate way to get a hint of where virtual art worlds will take us in the next century is by watching Akira Kurosawa's film *Dreams*. In one section of the film, an art patron is walking through a museum gallery. He stops to admire a series of Van Gogh paintings. Suddenly he notices that a fellow patron has disappeared. Then he sees her wandering around inside the paintings. Intrigued, he too manages to step inside the paintings and journey through all of Van Gogh's brilliant art. He eventually becomes disorientated until he meets the artist in the middle of a cadmium yellow field. For a moment, step into this dream yourself. Close your eyes and go inside and imagine the brilliant yellow of a Van Gogh field. Move your feet amid the luminous colours and see trees churning in the distance. Can you recall the thin black line of a crow flying overhead in a cobalt blue sky? Does being 'in' the field bring back some of the special feelings that seeing the real art creates? Imagine how much more intense those feelings would be if you could put on a pair of virtual reality goggles and actually go for a walk through a Van Gogh countryside and meet the artist, possibly even become the artist.

As virtual reality concepts and technology develop, virtual creations will be able not only to suggest insights and altered states of consciousness, but to actually simulate them the way the artist experiences them. The inner experience of an artist may become as portrayable as a still life. Rather than being a electronic cocoon which insulates people even further from the real world, carefully crafted virtual experiences may provide a way to reconnect us to each other in profound ways.

At the Guggenheim, SoHo

The inspiration for the show started when Rich

Centre for Creative Enquiry, Virtual Museum: Ancient Egyptian Temple of Horus, Guggenheim Museum, SoHo, New York, 1993

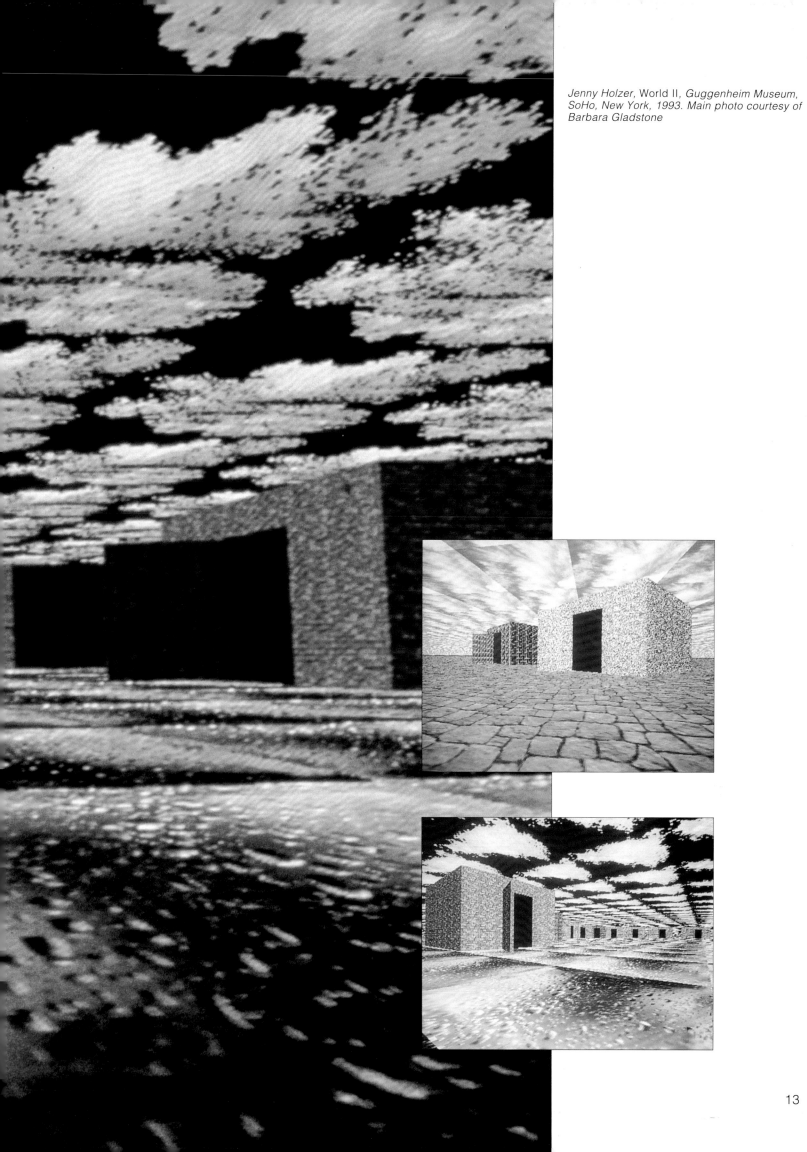

Jenny Holzer, World II, Guggenheim Museum, SoHo, New York, 1993. Main photo courtesy of Barbara Gladstone

Roller, the museum's director of computer services, contacted Intel's virtual reality programme. Intel was in the middle of a research project to explore the artistic and educational potential of virtual reality by putting the technology in the hands of artists and educators. The projects the *Egyptian Temple*, the *String Quartet*, and Holzer's artworlds formed the core of the show.

The *Virtual Museum* incorporating the *Egyptian Temple* was created at the Centre for Creative Inquiry at Carnegie Mellon University. For several years Carl Loeffler, the director, has been leading a team in the homesteading of cyberspace creating the first block of a virtual city, including shops, homes and entertainment centres, that welcomed multiple networked visitors from Tokyo, Vienna and Carnegie Mellon University, simultaneously, in 1993.

Together with Professor Lynn Holden, an Egyptologist, they re-created the ancient Temple of Horus. Photographs of actual carvings and re-creations of real murals cover the 60 foot high virtual walls. Moving through the many rooms of the temple, past huge pillars, your presence brings murals to life triggering embedded animation. Reaching the innermost shrine, a statue becomes your guide, explaining the secrets of the chamber while ancient Egyptian chanting fills the background.

Lynn Holden sees the virtual temple as the first module in an entire ancient virtual world. He wants to blend computer game theory and role-playing with virtual reality to experientially teach about ancient cultures. As in a video game, a student would advance in levels, progressing from peasant to warrior to pharaoh, by experiencing their private, professional, and religious world, be it a farm, or palace.

Two separate computers were networked together so that two users could enter and meet inside the temple at the same time. This on-line, virtual museum raised many questions about the future role of the museum in society. Will virtual reality and computers bring down the walls of the museum, or will we need their curatorial services even more? In the *Virtual String Quartet*, developed by Thomas Dolby and programmer Eric Gullichsen, viewers found themselves in a rehearsal space where a string quartet play Mozart's *Quartet No 21 in D Major*. Moving to a different location in the room manipulates the sound accordingly, so that the cello sound always appears to be coming from the cello, the viola sound from the viola, and so on. You could even stick your head inside the violins for an amazing auditory effect.

Adventurous users could approach any musician and by tickling a performer alter their appearance and behaviour and send them into an improvised jazz or bluegrass solo. This allows the participant to create four different pieces of music, as only one solo can be initiated at any one time, or just enjoy the Mozart. The solos represented each character's mood and personal tastes, which don't always blend into the classical accompaniment of the group.

For the show, the Quartet was displayed in an 'augmented' reality format using transparent virtual reality goggles from Virtual I/O. So rather than being completely shut off from the outside world, users could see the museum gallery and other visitors through the transparent glasses. The computer graphic images of the quartet members were superimposed onto the glasses so that they appeared to be seated amongst the audience playing their instruments. This mixing of 'real' and 'virtual' realities highlights the potential diversity of virtual reality. Speaking about the future of virtual reality Thomas Dolby said:

> I can see this going in two ways in the future. One way will be toward more complex experiences which users will explore or view as they choose. The characters will do more than play music, they'll re-create scenes out of movies, or create entirely new dramatic scenes. The other direction will be to create unique virtual spaces for people to meet, play and create in.
>
> The exciting thing is that all this would incorporate the latest synthesizer technology which can create every conceivable sound, even sounds we've never heard before. You could combine virtual objects and the synthesizer would create its corresponding sound.
>
> You also wouldn't be limited to expressing your musical interests in sound alone. One of the artistic possibilities would be creating instruments that generate colours, shapes and objects while you play.

Jenny Holzer

In 1990 Jenny Holzer represented the United States at the Venice Biennale, one of the world's most prestigious international art events, where she was awarded one of the three grand prizes, the *Leone d'Oro*, golden lion. Holzer communicates ideas through phrases delivered in unconventional environments, such as: Abuse of power comes as no surprise; Protect me from what I want; Murder has its sexual side and In a dream you saw a way to survive, and you were full of joy.

Virtual reality pioneer Ken Pimentel worked with Holzer to create her first virtual art world. An untitled piece inspired by one of Samuel Beckett's short stories. It features a cavernous world in which souls alternately flee from and engage the viewer. The souls are represented as cubes with animated faces on them. If you catch one of them they speak one of Holzer's phrases.

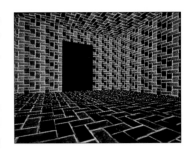

Jenny Holzer, World II, *Guggenheim Museum, SoHo, New York, 1993*

Programmer Jeff Donovan worked on Holzer's second art world. Based on her latest writings *Lustmord*, it offered a response to the violence against women in the Bosnian war. You enter the world to find a vast patterned desert of striking colour, bright orange earth and deep blue sky. As you travel across the landscape a circle of buildings appears on the horizon. When you reach the village you see that each building is an identical cinder block hut. Where the door should be is a black curtain or shroud. Everything is quiet. You enter a hut to discover a barren room. Where is everyone? Then a voice comes to you out of the air, simple, undramatic, and almost flat in its unemotional tone. It is a woman speaking about birds and light. There is something disturbing in the tone of her speech. You go back outside to find the world has changed; the earth is brown and the sky green. Compelled you enter another hut in the circle. It too is empty except for a voice which speaks of . . . You leave the hut only to find that the earth and sky have changed colour again. You hurry away across the desert leaving the strange village behind.

Soon you reach another village. Again the same square block huts, but these are lined up in double rows like barracks. The voices here have the same simple, flat tone, but the words are violent. Each hut harbours a different voice; every village a different story to tell. The silence seems to watch you.

Somehow this simple landscape is forcing home an emotional truth which the nightly news has failed to communicate by the numbing way it reports facts and figures. The barren huts are the homes emptied by ethnic cleansing. The voices are the actual words of the perpetrators, victims and witnesses of rape and murder in Bosnia. You are not watching this on television, you are here. You are a silent witness to the devastation. The silence of the desert suggests all the other observers who do not speak out, the barren landscape the emotional price everyone pays.

You come to another village with huts arranged in a square. You stand in the empty space between them, all the dark doors staring at you, and you hesitate to go inside. It occurs to you that these haunted villages could easily be from the killing fields of Cambodia, or World War II concentration camps. The voices could be speaking the words of soldiers, workers, Gypsies, Jews and homosexuals who lived and died in the Holocaust.

Reviewing the work in *Virtual Reality World*, Dan Duncan writes:

'What Jenny Holzer's brilliantly disturbing work proves once again is that immediacy is more than

immersion. And that virtual reality technology, like paint in a tube, can only be validated by an artist whose vision is beyond the technology she is using.

The Bosnia world, in its simple use of sound and landscapes, showed the power of virtual reality to put you inside an experience. There are seven different villages, from a single lonely hut to villages with 20 or more huts. Each hut has its own character and emphasises either the victims, perpetrators or observers. While the overall message and theme is the same, there are hundreds of different experiences to be had, depending on the huts you enter and the words you hear. Describing Holzer's work John Ippolioto states that:

We reviewed a number of additional art worlds for possible inclusion in the show. None of them had the power of Jenny Holzer's work, but more significantly almost all of them were simple fly throughs of visually interesting landscapes with some music or poetry. No matter how many times you entered them you would get the same experience, like using a video game.

All the works that made it into the show emphasised the dynamic quality of virtual reality to come alive, not just immersion. The user was a co-creator of the experience. You had the ability to enter a world many times and have different experiences each time.

Jenny Holzer's Bosnia world shows the emotional and spiritual potential of virtual reality when it's used for art. It is also a powerful political statement. Hachivi Edgar Heap of Birds, a Native American artist, could be speaking for all of us when he wrote:

The white man shall always project himself into our lives using information that is provided by learning institutions and the electronic and print media . . . Therefore we find that the survival of our people is based upon our use of expressive forms of modern communication. The insurgent messages within these forms must serve as our present day combative tactics.

Virtual reality represents a fundamental shift in art, a new kind of three-dimensional environment through which any content can be expressed, and space and time can be bent. It's a medium for which every expression has multiple perspectives, where media is content, content media, and viewing is doing.

The term virtual reality doesn't do justice to what this art form can accomplish. Perhaps a new word *visualmusic* is a more appropriate name for virtual art experiences. It suggests the blending of the senses, fluidness of forms, and mixing of all the arts.

Maxus Systems, Metaphor Mixer, *Guggenheim Museum, SoHo, New York, 1993*

JENNY HOLZER
MULTIDISCIPLINARY DWEEB
An Interview by Burr Snider

In 1979, Jenny Holzer began posting random aphorisms and broadsides bearing cryptic messages all over New York City. Since then she has employed language for a new kind of art, creating a large body of work whose apotheosis was a flexible moving signboard touting brain tugging truisms that spiralled up the tiers of the Guggenheim Museum. Holzer's current project is a virtual reality installation for the Guggenheim Museum SoHo, sponsored by Intel and programmed by Sausalito based Sense8.

Burr Snider – *Your evolution has been from static words on paper to kinetic words rendered electronically to virtual reality. Why virtual reality? What brought you to this medium?*
Jenny Holzer – I'm always trying to bring unusual content to a different audience, a non-art world audience. I think this Guggenheim show is an aberration, though. I think Sense8 and Intel were maybe interested in seeing if this technology could live in the art world, and I'm running in the opposite direction. I'm trying to get out of the art world and go some place else.

Like arcades?
– Hey, I hope so.

How would you see an art exhibit evolving into something that somebody would put a quarter into to experience?
– Maybe the arcade isn't really likely, but what is plausible is getting this stuff running on Microsoft Windows. It's more likely that somebody might take these things home with them.

I explored your World II *using the Head Mounted Display. It depicts the aftermath of a war, with villagers describing their experiences, often cryptically. You have said that the Bosnian atrocities made these things click in your mind.*
– It was clear that the strategies used in Bosnia are all too common techniques of war, so I thought about how to translate this sort of content into a virtual world, and it seemed that it would be much more immediate if the material was spoken by men and women rather than printed out.

Jenny Holzer, World I, *Guggenheim Museum, SoHo, New York, 1993. Photo courtesy of Barbara Gladstone*

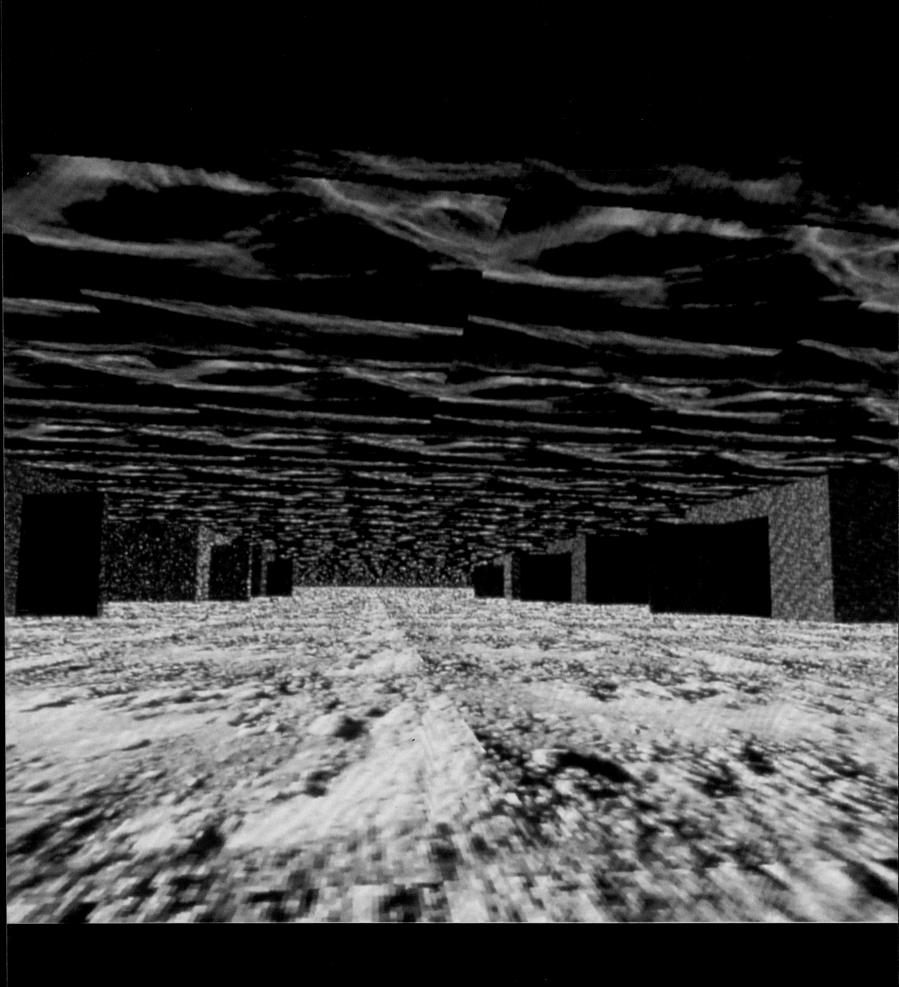

Even though the viewer is moving through space in this work, it's relatively static. The spoken words are more or less just waiting there in the buildings for you. If virtual reality were evolved to the point where you could do anything you wanted, would you do it differently? Would there be more people?
– No, so much of art making is about reducing things to the essentials, so I don't feel particularly crippled by this. I don't want it to look natural because then I would be making a documentary film.

Your artistic progression has been more or less from the ephemeral to the permanent, and now you're moving back toward the ephemeral with virtual reality. Is this a zig-zag or a major step?
– I am always more at ease when something doesn't actually exist. That's my preference. I like things that are just electrical impulses and no more; that are not necessarily neutral, but fleeting.

Was virtual reality intimidating for you, or was it something you were anxious to jump into?
– Well, both to be honest. I'm always embarrassed to display my ignorance, even though I do it time and time again, and there's always that awkward period when I first meet someone and I have to whip out my ignorance and they have to look it and we have to go on from there. So I was nervous about that. But I work in so many different ways that I'm used to it. For instance, for a project I'm doing in Germany, I'm working on a garden, and I didn't know diddly about plants, but now I know enough to get by. In virtual reality I know enough to grunt and point.

You worked with electronic processes before in your first Guggenheim show. Do you worry that technology will become the master in place of the artist?
– Not really. I think the problem is more whether you can start from zero and make sure everything you put in is right. I've never been particularly paranoid about a medium being overwhelming. I

think the real problem is whether you're talking about the most important thing and whether you're doing it in a way that's accessible to almost everyone. Whether you can do it in a way that's not didactic, and what you're conveying is felt as well as understood; the same problem in any medium.

You're relying on the techies to help you program your work. Are they going to take over and be the artists of the future?
– Well, some already are. Not to sound like a multidisciplinary dweeb, but there really is an artificial line between someone who is a real artist and someone who's writing the software for this stuff. You know, some of us came in later, and I would fall into this category.

Your artistic forebears, the Duchamps and the Warhols so to speak, would they have had fun with this?
– I think Warhol would've moved in and never come back out. I don't think he would've even been seen at parties if virtual reality had been an integral part of his universe.

Your work has aimed to narrow the gap between life and art. Will virtual reality help you to do that?
– Well, I think in trying to make life seem real enough that one is moved to do something about the more atrocious things. By going really far afield into a completely fake world, maybe there's a chance to make things resonant somehow, or in this case, truly terrifying. To make it as bad as what is happening.

Now that you're jumping into this cutting edge technology, do you think these machines are going to make our lives better in the end, or do they pose the danger of totalitarianism?
– Of course there's a danger, because, after all, it's people who are making and using the machines, and people are the truly dreadful and frightening things as far as I'm concerned.

Jenny Holzer, World II, Guggenheim Museum, SoHo, New York, 1993. Main photo courtesy of Barbara Gladstone

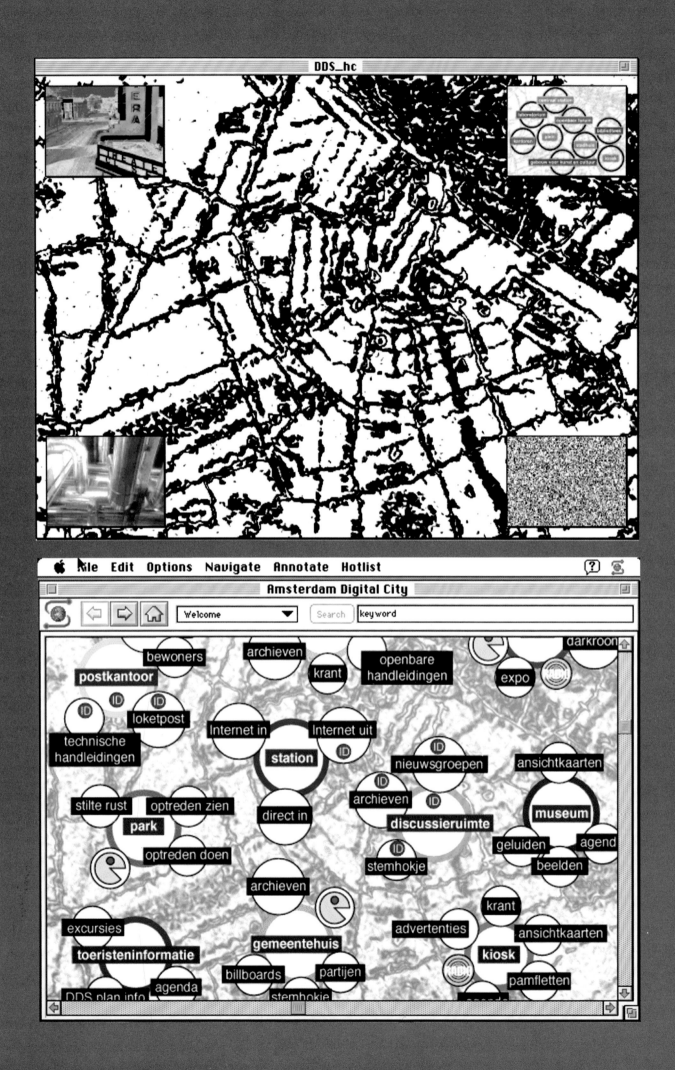

WALTER VAN DER CRUIJSEN

THE NEW ROLE OF THE ARTIST AS PUBLIC FIGURE

An Interview by Johan Pijnappel

Johan Pijnappel – *In Spring 1994, at the time of the city council elections in Amsterdam, everybody could enter for free, using a computer and a modem, a data landscape which was connected to a world-wide computer network called Internet. Internet is a free collaboration of many computer networks which is now active in 92 countries and has daily 20 million users. Internet has no owner, and only the hosts are being exploited. Internet exists because there is the will to collaborate. Can you describe the role of Internet as a new medium?*

Walter van der Cruijsen – I think Internet is not one object, it is not an organisation with an institute behind it. Internet is a network which is built by the users, who are hosts and computer users. Internet is also a new public space, which expands exciting communication spaces, like real environments where people meet and talk to each other and interact, but with a global rather than local orientation. And your orientation is not only three-dimensional in its out-most extension but can also be four-dimensional because time is also a new tool in communication. Time as a communication element is the domain of networking. Because we live in a global community, a global world, art is presumably to have a global language and so Internet serves pretty well to transmit through this language, through this medium on a global basis.

Maybe I have to be more literate about Internet. Internet is comprised of two words, one is net, the network which is also a social phenomena, and the other is inter, the intermediate. So what's happening on Internet is that people connect to each other, collaborate, start cooperatives, exchange information but also share a common ground to work on. I think it's a new public environment, which is a global layer upon the existing environment.

What was the idea behind Amsterdam Digital City, was it based upon the idea of an electronic town hall, so that the people not only consume the political information but also play an active role in it, which would lead, according to Ross Perod, to the ultimate democracy?

– Of course for Ross Perod this was one of the starting points of *Digital City*, with its political impact. The *Digital City* started as a way of installing democratic environments to support the actual voting that spring in Amsterdam. But, of course, artists and other groups started to interfere so that the scope of *Digital City* would be more than a democratic electronic polling station, or a representation of the town hall in which citizens could enter to retrieve information and set their marks as consumers of a political industry.

So artists started to create metaphors, to create fantasy worlds that could reflect what a digital city is, representing reality and the decisions that people make all the time: whether on a political or more mundane level. My point of view was that for the *Digital City* to be a democratic environment, in the sense of free access for all possible users, it should be a settlement for people to visit, to explore, returning many times where they left off previously. It could be accessed by any user who could communicate with other inhabitants and retrieve the information required to verify opinions before voting, without having specific technical skills or expensive computer software and hardware, to use,

Considering that the Digital City *had 10,000 subscribers after two months, how successful was this experiment and what were the benefits?.*

– In September 1993 an editorial board was formed, in which there were about ten people who represented different organisations in Amsterdam. They started to invite people to set up information databases, to create buildings in a virtual community that people could visit and use daily. For example we have in *Digital City* a few pubs which are IRC channels, chat channels, where every night people meet and talk about things. Most of the talk is small talk, trivial talk, but it represents the idea of a community, a shared environment with inhabitants.

The *Digital City* was an invitation to the Amsterdam community, social and cultural organisations to connect to an electronic environment encouraging a strong national tendency towards openness of information. Yet if you want to retrieve information from the town hall or library, the bureaucracy is so complicated, the organisation so slow and stubborn that it is actually very hard to obtain: you have to fill in forms and are redirected from one point to the other until you finally get the information.

With the *Digital City* you can enter the information from all those organisations pretty fast. However, the next step of how you design such an environment takes longer. You have organisations who are very enthusiastic at the start. They bring in the required archives, information and programs, but the environment needs to be designed so that people can easily access the information. Currently we are recreating the *Digital City* with a more intuitive environment, which has a graphic representation. So it also serves sound, video, pictures and possesses tools like a map that you can click on to move to a pointed area. Therefore you don't have to study how computers works, you just start up and point were you want to go.

What works and events convinced you that art could be developed through multimedia applications?
– I'm very much impressed by the contribution of the artists who collaborated in the live sessions at the Stedelijk Museum Bureau Amsterdam. They had to work with material they had never seen before and build animation or video parts, reused by Mr Blair for his Wax Web video.

Then there is the Temporary Museum?
– The *Temporary Museum* existed as a real space for eight years from 1985-93 in Nymegen, Holland, and slowly I'm changing it into a digital environment. What I do is I have a concept which in this case is an open invitation, translated into four languages, for artists to install temporary works in the museum.

This work doesn't have to have a physical body that represents an idea or an intention of the artist, so it reflects much more an artistic process or an artistic activity than an object. I don't want to collect objects with an art historical context, it's a transmission centre. Initially it collected ideas, samples of art, plans, sometimes very concrete proposals that could have an application within inner space, but now it is turning into a digital archive of works that can only exist in unstable media environments; they don't have a physical existence and only exist if the power is on.

For me the *Temporary Museum* is also a thinking space. I don't invite artists to make a cyberspace picture, digital paintings or drawings; for me that is only a spin-off of what you could do in such an environment. It could also be used as a temporary workshop, using specific disc space, for a certain time, to create something on-line.

In April this year I arranged the Free Association conference, in Eindhoven, with De Fabriek where about 200 artists and representatives of 35 art groups and organisations met. We are now trying to continue on the network using *Digital City* as a starting point. We have updated questions and answers from various artist groups from Holland and we are attempting to extend to an international conference with an on-line version.

Another activity of the *Temporary Museum* is participating in trans-local hypermedia networks like V2 in Rotterdam which has similar ideas. Now there are digital cities planned for Eindhoven and for Rotterdam under construction, opening on June 17. There are a few publishers, working together with design studios, starting a worldwide version to provide information for companies that want to advertise. So it's a whole mix of activities.

Can you describe a few examples of interesting work submitted by artists who participated in the Temporary Museum*?*
– So far I have animation by Max Kisman and also Jan Karel Klein. There is work by Remco Scha, and Mieke Gerritzen, who also works as a graphic designer for *Digital City* spreading our evil ideas around the world, and video works from Amsterdam's department of Cultural Studies, who also write for *BlvD boulevard*.

One of the initiatives was an archive on artist initiatives on electronic art . . .
– In Holland it is not a widespread medium. Outside the *Digital City* there are not many artists working with these new communication and media tools. So what I do is connect to the global community OTIS through Internet. I am now in contact with a larger group of artists, including the group Otis, most of whom are connected to institutes or universities. Also there is an organisation called Fine Arts Forum. It provides actual information on publications and is linked to existing electronic galleries. Hardly any commercial galleries are on the net, as most of the electronic galleries are run by artists themselves. However, there are some playgrounds for artists, accessible through MIT.

A few weeks ago I was in Banff, in Canada, attending a conference on art and cyberspace, CyberConf 4. I saw some interesting work by Brenda Laurel although it didn't refer to Internet as an environment for virtual reality or as a material for artists to utilise. For a long time the net itself was too expensive for artists to use, due to the cost of hardware and connections, but this is changing. Now it is fairly cheap to buy a computer and to get connected to the net which has allowed a second generation of users to build on the earlier initiatives of the early 80s.

Their use of this environment is totally differently from that of the first generation. Maybe it's this trivial generation gap which is also influencing the arts and design worlds right now. The initiatives that exist on the net are very much linked to institutes, to organisations, the first generation, and there is a strange interaction between these two generations. It is not so much about creating your environment and exposing it to the world, it's the creation process itself, and this can only happen in a network situation. Artists are now more nomadic, more autonomous, creating work and distributing it throughout the net as they wish, which is very different from the traditional routine of an artist creating a work and selling it, only to see it end up in a dead-world museum. So it is much more a live environment.

From the 60s onwards, artists have been trying to explore and exploit this technology for their own aims but have been frustrated. They have been poorly equipped to deal with the highly esoteric world of computers. Now, however, as computers are becoming more and more user-friendly it's far easier for artists to work with them without employing the talents of engineers and programmers. We are still at the beginning of a change but Macintosh and Indigo Silicon Graphics machines are far more useful than the traditional mainframe computer or PC.

With this change, this on-line communication, there is the possibility of new forms of artistic collaboration. Have there been any specific examples in Amsterdam Digital City?
– Yes I think there are. For example since the start of the *Digital City* several different new initiatives have occurred. For one there are interactive television sessions, Smart TV and *TV 3000* by Menno Grootveld and Hans Kerkhof, called *Dial TV*, or *Drukzelf TV* in Dutch. People can use a telephone to change the position of the camera by pushing a dial-tone. This initiative has been supported by artists who are using the *Digital City* as their working ground.

Amsterdam is a village in many ways. It's a metropolis because it is an international community, but it's not a big town in itself. When I started here, almost four years ago, I noticed that all those things that exist in Amsterdam are pretty isolated from each other. There are organisations which are built up out of political situations and personal interests. With the digital there has been far more interaction and cooperation between different organisations then ever before in Amsterdam.

Most of the new initiatives that have occurred have built upon the existing culture in Amsterdam. The new initiatives are not formal organisations but rather bridges between the various organisations and institutes that already exist.
The way you describe TV 3000 it seems that the strict border between art producer and art consumer disappears. Do you think that this will happen

more and more as the electronic arts develop?
– The main consumer of art is the artist. Being an artist is not a privilege any more, it's something anyone can obtain, you just have to reach for it, perhaps you can even buy it. So the artist as a person who lives an existence which is reflected in image, sound, literature or poetry has become less well defined in western culture. I think there is a loss of clarity between the public and the artist, because there is much more interaction than there was before, and as a result the art galleries are no longer the authorities they used to be.

I don't think that everyone can be an artist, or that everyone should be an artist. What is changing is the authority of the artist as the copyright holder of the image. This is an important issue on the net as if you use digital media you can easily sample original works. This is also happening in music, literature, news, as well as art. Medieval and Renaissance artists created oeuvres that copied existing examples, which again borrowed from previous work.

To copy a piece of art stroke for stroke is obviously wrong, but referring to one piece of art in another work is acceptable. The artist may be acknowledged as the creator of a work but must be aware that his original will be used as a referential for other artists. People are starting to manipulate each other's works, not maliciously, but as a way of creating works, whether images, videos or animation programs. This has more in common with the film and publishing industries, with groups working in teams to produce the finished article, than traditional art. This technique generates a different kind of art that is available through the net, or through MTV in the video collection for example.

Will these technological advances change the kind of communication people have which each other and create new forms of art? Or is it just an old book in a new book?
– Sometimes I'm afraid it is, because of course people's minds are behind this. We have this beautiful technology but it is people who are using the tools. On the other hand it also opens up new opportunities and possibilities. For example there is far more freedom than traditional disciplines and it enables one to work in an interdisciplinary field. This means that not only artists can produce work but also people from a other disciplines can create work or cooperate in art programmes.

I think for this purpose Internet is a very important tool, because it is fairly cheap, but it also has a number of other advantages, some of them economic. I could for example install my entire documentation on the net and instead of spending thousands of pounds a year distributing publications I

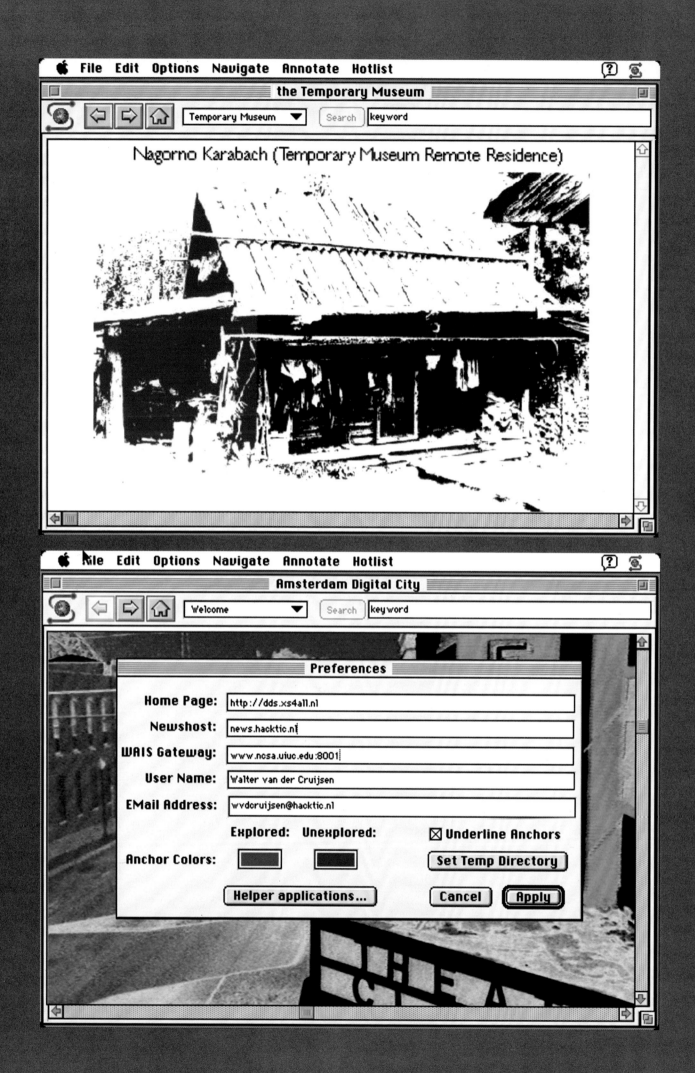

could refer interested parties to their location. They could also view my work or retrieve some information about who I am and what I do.

On the other hand, personally I dislike watching a screen all day long and much prefer to read a book or attend an installation, to experience something first-hand. So for me these computer realms are not the ultimate experience environment but an extension of what I can already experience. Cyberspace reflects not only social developments but helps us to realise the dreams of science fiction, literature. How we manage all these ideas and fantasies and turn them into applications is critical and artists involved in this process are very important because they can show us the limitations of our perception. I think the new role of the artist is as public figure. It is not only through his work that the artist will be recognised, represented by his expensive signature on a painting, but also his appearance, his temporary exposure.

Walter van der Cruijsen's E-mail address is: wvdcruij@xs4all.nl

the Temporary Museum

The Temporary Museum is an artist's initiative to create a transitory museum complex. The Temporary M**us**eum is a (thi**n**king)space, where artists can store **their (or**ders/i**mag**es of **tem**porary Art. The Temporary M**useu**m is als**o a spa**ce wh**ere art**ists, w**o**rks of art and public meet.**

The Temporary Museum invites artists of all disciplines and perceptions to send in a document. This document gives the Temporary Museum an idea of the artist about a Temporary Artwork. Documents sent by artists in a preferably self-designed container or package are read, documented and placed in a Stock of Temporary Art. The collected originals are located in the Bansaal of Temporary Art, that exists as a growing sculpture: a collection **from a**ll obj**ects of art.**

In co-operation with the **mp** and **at** a starting point for the disclosure of a W**orld of Tem**porary **Art** at **the Tem**porary Museum. When the constituent**s of the Temporary Mus**eum hav**e reached the volume of a container the**y change the**y into an Endle**ss Museu**m, to be shipped and to be endlessly revealed.**

<tempmuse@dds.hacktic.nl>

Screen shots from Amsterdam Digital City, *1994*

PETER WEIBEL
ARS ELECTRONICA
An Interview by Johan Pijnappel

Johan Pijnappel – *In 1979 Ars Electronica grew out of an idea of Hubert Bognermayer's, of an electronic music and video symposium. What was the initial aim of Ars Electronica at that time?*

Peter Weibel – Hubert was an electronic pop musician, and he wanted to make an event around electronic pop music. So he approached Dr Hannes Leopoldseder from the ORF (Upper Austrian Broadcasting and Television), the Austrian radio and television station. They started together with scientists and artists like Herbert W Franke, who was a chemist and one of the first people to move into digital art in the way of Max Bense; an art based on calculation. He chose the name Ars Electronica. They wanted to make a more or less popular event, showing the influence of electronics on pop culture.

Since 1984 there has been less concentration on spectacular inventions, and more on Utopian social possibilities. What were these, and did they work?

– There was a change in 1984, because they invited me to participate as an artist, and consultant, and in 1986 a new director, Karl Gerbel, was appointed at the Brucknerhouse, who wanted greater influence on Ars Electronica. It should be mentioned that Ars Electronica is supported by two institutions, the ORF and the LIVA (Linzer Veranstaltungsgesellschaft) or Brucknerhouse. The ORF has dealt with the *Prix Ars Electronica*, since 1987, whilst the Brucknerhouse finances and represents the festival.

Initially as artistic consultant, and later as artistic director, I changed, with Gerbel's support, the profile of the festival from popular entertainment to art. We wanted to go more into the heart of the beast, that is electronic art. I see media art and experiments in art and technology as a very logical continuation of the first phase of the avant-garde movement, which I call modern art, like Malevich and Mondrian, and also of the second avant-garde, which I call neo-modernism, meaning Fontana and Yves Klein. An interest in space technology can be discerned in the work of Malevich; indeed one of his closest friends, Tsiolkovsky, was a pioneer in the Russian space programme. In 1925, Malevich made his famous *tableau d'analyses* that illustrated states of technology and corresponding pictorial representation: Suprematism and airplanes, Cubism and

assembly line, Futurism and wheels. Thus there was clear pictorial evidence of how technology influenced his artistic thinking. The manifesto *Movimento Spaziale,* by Fontana in 1952, says: 'True art should happen on television' and was itself transmitted by television. So televisual art, video art did not start, as people believe, with Nam June Paik. He did his first experiments in 1963-65, but the very first experiments were executed in 1952-56 when the people at Ampex invented the magnetic image recorder. Among these people was RN Dolby, the inventor of Dolby noise reduction. Fontana's slashing of a painting was influenced by his feeling that one should leave the pictorial space and look for another telematic space; more evidence that pictorial thinking was influenced by technology.

We have to see Ars Electronica as a continuation of these impulses of the Modernists, Neo-Modernists and even Post-Modernists. In the visual arts Post-Modernism, as defined by Lyotard, is a radical criticism of the weaknesses of Modernism, but from a Modernist point of view. For some Modernists, Modernism was not modern enough and totalitarian concepts made it possible for the Modernist movement to come together with Fascism; just as Futurism was the official art movement of Italian Fascism and Mies van der Rohe and others were occasionally associated with German Nazism. Post-Modernism criticised this aspect of Modernism and wanted to radicalise the Modern movement by, for example, the appropriation of art. Therefore, I tried as far as I could to give a new outline of what electronic art could be, and invited theoreticians such as Flusser, Virilio, Baudrillard and scientists to give the background frame of reference for this movement. My view is that the artist is always influenced by the world view of the scientist. Pictures which are given to the world by electronic artists are closer to the models of the world given by the scientist and therefore are closer to reality. The advantage of electronic art is to give us a more advanced picture and model of the world than other artistic media.

Each year Ars Electronica has a theme. What were the developments and what artists represented them?
– I entered this field, in 1984, with the publication of my book *The Aesthetics of the Digital Art*. Therefore,

the exhibition in 1986 reflected this and was centred on media art, telematic projects, terminal art, digital art, video art, and multimedia events. However, I started to rethink the structure systematically. It was evident that a lot of progress was being made in sound: the first data glove experiments had been done very successfully by Stein in Amsterdam, and there were other very advanced interface technologies. I realised that besides prepared pianos and electronic guitars we had new interfaces and it was evident that these new interfaces were more advanced in sound than in the visual arts. So, in 1987, I organised a symposium on this subject named *Open Space, Free Sounds*. It illustrated that the behaviour of the audience could change the nature of a performance. In a traditional concert presence is passive, only the performers can alter the sound. This concept was introduced by John Cage and I realised that this liberty could be given to the audience, so the audience could walk around changing the modulation of the sound.

In order to demonstrate this, two Americans, David Dunn and Stephen Wilson, formed what I call sound environments. They installed sources in the environment, and the audience – by its motion, its activity – created the sound. This was the first strategy of interaction, the work could only exist through the participation of the audience. We also had other performances, especially from Stein, who has invented new instruments, or rather new interfaces between performer and instrument, and with these early data gloves a new sound could be created. I saw audience participation as the most important facet of the use of electronic media, and also as a Utopian function. This was already part of the Happenings arranged by such groups as Fluxus, Spoerri, Allan Kaprow, and even part of Op art in the 1960s. They were all looking for participatory strategies for their audiences, which could be shown very clearly in sound.

Between 1986-88, I concentrated more or less on sound. The festivals do have a theme at their centre, but naturally other things are included. In 1986 we started with a symposium of artists and scientists, involving evening events and exhibitions. Most of the sound experiments were done in the open air, in the park. Today this has become popular under the terms 'Techno' and 'Ambient Techno'. The idea goes back to Erik Satie's *Music d'ameublement*; but we were the first, I think, in 1986-87 to deal with ambient art and environment art purely on the sound level. For example, David Dunn had a marvellous piece in which the birds in the environment created a sound. A computer processed the sound in real-time, and it was played back to the birds. Then the birds reacted to the sounds and this sound was again processed back to the birds. So the birds, the real elements, became a kind of virtual element. What was later done by Cyberspace was already somehow anticipated by these sound environments.

Then I realised that performers not only used audio art elements and interfaces, they also used visual interfaces, so I suggested we concentrate on the research in this field. For two years, under the title *Art of the Scene*, I focused almost exclusively on multimedia experiences; computers as universal machines creating and processing pictures as well as sound. This was seeking a scientific connection between the pictures and the sounds because normally music is just illustration. I therefore concentrated on artists with one instrument, one interface which could create a simultaneous sound and pictorial event. This allowed performer and audience to enter a kind of multi-sensory event horizon together.

Early in 1989, there was the idea of the net, which I called *In the Network of Systems: For An Interactive Art*. This was the first time that anyone perceived the net as a facility to create a trend, or to introduce concepts. My aim is not just to make a festival that records contemporary trends. I'm not waiting at my table to see what might come in; that's a very important difference from other festivals. I know myself through research, and my own artistic practice, the areas in which to work. I always feel a little bit ahead of the next step – sometimes two years, sometimes one, sometimes ten. I use this festival to enforce a trend, or even sometimes to create one, by exhibiting new concepts, terms and ideas about the electronic media world. That is why we introduced the idea of the net in 1989, saying electronic art should not be seen as a product but as an activity on the net. The exhibition itself featured artists like Myron Kruger, Jeffrey Shaw, myself and Lynn Hershman, and one year later, the *prix Ars Electronica* introduced a new category for interactive art. Ars Electronica was the first forum to make evident, world-wide, how important interactivity is in connection with the electronic media.

The next step was *Cyberart, Cyberspace and Virtual Worlds*, in 1990. There was a mix of scientists, writers, and philosophers, including Minsky and Gibson. The festival in 1992 involved the concepts of nano and endo, as in nano-technology and endo-physics. The basic idea of nano-technology is going into a very, very small micro-world that corresponds to the microchips and microminiaturisation of electronic technology. We could make a link between the artificial world of microtechnology and the real world, the so called physical world, through which we can go down into these micro-universes with the aid of the technological world.

Endo-physics is a term created by two scientists,

PAGE 26: Peter Weibel, Virtual World 2: The Object World; *ABOVE: Peter Weibel,* Virtual World 3: The Text-World

David Finkelstein and Otto E Rossler, in the late 80s. Classical physics is based on the assumption that we are external observers of the world and that our observation does not change the world. However, after quantum physics it was clear that observation, on a micro rather than macro level, does alter what is viewed, and this is the Heisenberg principle. Endophysics states that in physics all laws are relative observations, as we are internal observers. Therefore there are no absolute internal laws.

I realised that this is in fact the point of electronic media. In the natural world we have the illusion of being external observers; when touching something it appears not to change. But in the electronic media the basic principle is interactivity. Even a painting, like a star, exists when not being watched, but you have to put a video cassette into a recorder to watch it. This is the lowest degree of interactivity. All these multimedia events only come into existence through one's observation. In the electronic world we are merely internal observers, the world becomes an interface problem. The art product is not a picture anymore, it is not a two-dimensional window on the world but a door to multi-sensorial events; an artificial environment consisting of a dynamic system of different variables. One enters into a new kind of event horizon. These events can be visual, tactile, or audio. The observer is both an external and internal observer – inside the event, part of the system that is observed. A Head Mounted Display unit allows virtual worlds to be entered, but what is seen in the helmet includes fragments of the observer's own body, part of this virtual world.

The electronic picture is no longer just a picture but a dynamic system of variables controlled by the observer or the context. What we are doing is constructing context controlled event worlds, built on the virtuality of the storing process, where information is not locked, but free-floating and therefore immediately changeable. The instant variability of the information stored creates a dynamic system with lifelike behaviour that I call viability. Virtuality, variability and viability are the main characteristics of interactive electronic media.

This concept led to my interest in genetic algorithms, or the rules of growth. So in 1992, I organised *Genetic Art – Artificial Life*. This festival was attended by many people including many individuals from the Santa Fé Institute – renowned as the birthplace of the complexity theory – and many female artists like Orlan, from France, who performs plastic surgery on her own face.

Through our exploration we have had virtual worlds, endo and nano physics and it became clear that the computer not only creates virtual environments and worlds but also infects the real world, allowing its intelligence into our physical environment. That is why I came up with the title *Intelligent Ambient*, to convey that we no longer have this clear separation between the virtual and physical worlds. I wanted to show that they are merging. The idea of Intelligent Ambient was conceived to illustrate that computers are gaining control of our physical environment and slowly turning it into a system of variables. Man invented technology to control the natural environment, which can be dangerous for us. Now our own environments, like cities, can become dangerous for us. We have to control our own technical environment. This is what I call Intelligent Ambient.

In 1988 the symposium The Philosophy of New Technology *made huge developments in the theories developed, in USA in the 70s, by the Art and Technology movement. What were they?*
– First of all it is important to make clear that media theory no longer comes only from America. We have had Baudrillard and Heinz von Forster, a cybernetitian and so a lot of cybernetic ideas have come from Europe. It created a new philosophical subject, a kind of vague logic, a fuzzy border between objects and subjects. The Post-Modern electronic world created a fractal situation that is no longer absolute, but exists as variable positions of the subject: you are not defined any more. However, it is a situation which can be changed, that is necessary to survival. It is essential that there is change in the real world to access the various positions of one's subjectivity. The classical subject was defined by controlling objects. Now due to interactivity, it must be learned that one is not a master by enslavement. Up until now human beings had been the only creatures who could process signs, creating symbols and giving them meaning. However we now have computers that can do this, therefore we no longer have a monopoly. The situation is changing its position and the subject has to learn not to be master by having slaves around. Love is an example of how to be a subject and yet merge with somebody else. The aim of love is not mutual domination. You melt, becoming a covariant with another subject that you feel in tune with, which has the same ideas, the same emotions. Technology teaches us to understand how we can be subjects without control principles.

The second point, which is easier to understand, is the future of geopolitics. The telematic global city means urbanity, freedom, individuality and when this happens the political borders and geopolitical behaviour will no longer be valid. In Italy the people have said they don't want politics any more, they want media. And America was very close to saying the same when considering Ross Perod. The question is how to make politics in a telematic age.

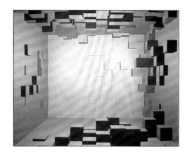

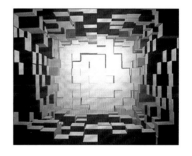

Peter Weibel, Virtual World 1: Space and Architecture

Politics founded on geography is barbaric – one only has to consider the situation in Bosnia – even when you think of the city, which is an obvious geopolitical idea of how to organise social life in a certain territory. It doesn't exist anymore; today politics have to be made without cities, without borders. This was one area which remains unresolved, but a start has been made rethinking technology, territory and politics.

This point was discussed in my essay *Technology and Territory* and Baudrillard spoke about this subject and about the fractal subject. Kittler and Heinz von Forster, as a cybernetician and a constructivist, raised the problem of how the real world is vanishing. More and more, simulations of the world and reality become equals and reveal how the real world is artificially and socially constructed by us.

I always compare this to avant-garde music when the pause was emancipated by Cage and Webern. Webern was the first, in his famous *Bagatelles,* to say that a pause is equally as important as a sound. Then there is the famous book called *Silence* in which Cage says a silence is the same as a sound. Now instead of break and pause we have fiction, symbolic, imaginary and simulation. These elements are as important as reality in our actual world. Reality in electronic worlds becomes a wall built by fictitious bricks and therefore variable, changeable, and controllable by man. These three arguments have been put forward as a contribution from media philosophy to the electronic world.

Technological progress is very fast and has a tremendous influence on the way men look and deal with themselves, and the earth. What are the important subjects that influence our view of life?
– I will answer this question in two ways, as it has consequences in both the art world and the so-called real world. New technological interfaces had such a deep influence on our perception that art changed completely in the 60s. These experiments with art and technology became known through Robert Rauschenberg and others, including Andy Warhol. People realised that the eyes didn't see as well as a camera, which is why when Frank Stella was asked who the greatest artist was he gave the name of a baseball player. He was fascinated by the player's eye because he could synchronise so many things, like a specifically trained mechanical eye. Therefore, in minimal art and in media art the mechanism of perception became the art itself. There is a piece, *Enforced Perspective,* by Bruce Nauman, from 1976, where 36 different cubes exist. He realised you can't see a cube as a cube, because it is always seen from a different point of view, so you can only show different forms of perspective using distorted cubes.

The next step was to explore the technology itself, and experiment with this new medium of perception. Natural perception could be substituted with the technological; this was the answer of the structuralist avant-garde, whose film structure was based not only on perception but also on language. Conceptual art was leaving the arena of natural perception and moving to another area, where language was the model and not perception. Then came video and computer art which fuse technological and artificial perception together with language to form context art. An excellent example of this medium is Jeffrey Shaw's *Legible City*. This is the state of technological art in the 90s, social context is used as a model for the text and the context becomes the text.

It is clear that how we perceive the world is the product of millions of years of evolution. We cannot accelerate this process, but we can accelerate the technological interfaces that make it possible to see, think and act faster. The world is becoming increasingly complex; we have more and more information to process and we need the help of televisions, telephones, computers and satellites just to be able to function. Our bodies could not cope with requirements of this technological world unaided, so we have been forced to create the virtual body. As technology improves so do our own abilities.

A virtual body does not have to look like a robot: that is an old-fashioned idea because there is no need to imitate existing hardware. What the virtual body is doing, is imitating the software. There were people who said a robot should be like a body and should do everything at the same time, write, think, and have emotions, but this is neither possible nor necessary. Instead, you will have many, many little robots around you, who don't look human, and who have only very small, local functions; for instance, a machine based on muscular reaction for opening a door. This will be our virtual body and we have already started: we have telephones, televisions, and a variety of other appliances which are starting to create this virtual body, which creates a radical transformation in our perception of the world. We need virtual organs to help us to function, to improve our quality of life, in this environment.

By the end of 1995 there will be a permanent Ars Electronica Institute, in addition to the festival. In what direction does the future of Art and Technology lie. Will it be more game oriented or will the bias be towards simulations of biological processes?
– The answer is the transfer of the experiences in the art world to the real world. To understand this we should consider other examples of transfer. In the 50s and 60s there was avant-garde cinema and it

Perry Hoberman, Bar Code Hotel, *interactive installation, Banff Centre for the Arts, Banff, Alberta, Canada, 1994*

produced MTV. This is a model of the transfer of knowledge which is the real function of the avant-garde. It will be similar for the electronic media. Artists like Jeffrey Shaw, Lynn Hershman, Cyber Worlds, Paul Sermon and myself are working with high-powered computers, anticipating the real world in ten or fifteen years. All the subjects we have at my institute for new media in Frankfurt, and at Ars Electronica – telematic communications, networks, virtual bodies, multimedia environments, computer-controlled environments – will be consumer durables in ten years time, everyday items in regular households. There will be intelligent buildings and more intelligent households.

What I see is that our research and experiments will not only have an enormous influence on the consumers but also in hospitals, factories and all other public areas. When you go into a railway station or museum you will be surrounded by machines helping you to communicate; whilst the virtual body will have an enormous input into medical technology, from drug design to virtual operations. People who now experiment on the real body can do simulated operations, before they try the real body. Scientific visualisation will have an enormous effect on how fast people learn. They will learn in a transcontinental environment, wired to a network controlled by autonomous agents that are capable of learning and adjusting themselves.

I have nothing against video games like Perry Hoberman's *Bar Code Hotel*, because bar codes are very interesting philosophically. The work exhibits three levels of codes. First we have a real object: the boxes, which are not things in their own right; they are all alike so are neutral. Then there are letters – words on the boxes – but in fact the words don't tell you anything more. The real information is the bar code, the third level. We do not interact on the level of objects or language any more, but on that of codes.

This is my final idea about the world being a communication between different codes and interfaces, more or less immaterial. When the wonderful Dutch artist Mondrian introduced Neo-plasticism, he realised that the picture became three-dimensional and that form has to be substituted by *Gestaltung*, which he called *Veve Gestaltung*. At the beginning of the century we talked about *Gestaltung*, but in the next century we will talk about codes. We now have variable positions of the subject but we also have variable zones and types of visibility. Something can be visible as a picture, a word or a code, but the code will always be dominant. In *Bar Code Hotel* the codes make the decision of how it is visible, when it is visible and in what form, or *Gestalt,* it is visible. This world of codes will be central in the next century, and this is what has to be explored.

Perry Hoberman, Bar Code Hotel, *interactive installation, Cyber Art, Ars Electronica Design Centre, Linz, Austria, 1994*

Touch me...

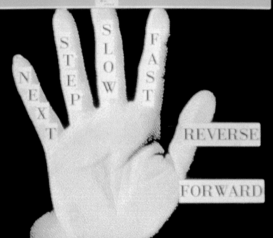

NEXT STEP SLOW FAST REVERSE FORWARD

RESPOND: (415) 398-8055

LYNN HERSHMAN
THE FANTASY BEYOND CONTROL
Lorna and Deep Contact

A fascinating first. Lorna *is a stream of conscious-ness collage that requires not only an interactive left brain, to deduce and make logical choices, but also an interactive right brain, to feel what the charac-ter's feeling and to understand her life. What ever* Lorna's *fate, Lynn Hershman has scored one for the history books.* Video Magazine

Despite some theories to the contrary, it is pre-sumed that making art is active and viewing art is passive. Radical developments in communication technology, such as the marriage of image, sound, text, computers and interactivity, have challenged this assumption. The participants of *Lorna,* have reported that they had the impression of being empowered because they could manipulate Lorna's life. The decision process was placed in their hands, literally. The media bath of transmitted, pre-struc-tured and edited information that surrounds, and some say alienates, people is washed away, hosed down by viewer input. Altering the basis for the information exchange is subversive and encourages participation creating a different audience dynamic.

Interactive systems require viewers to react. Choices must be made. As technology expands, there will be more permutations available, not only between the viewer and the system, but between elements within the system itself. Computer systems will eventually reflect the personality of their users. However, there is a space between the system and player in which a link, a fusion or transplant occurs. Truth and fiction blur. According to Sigmund Freud, reality may be limited to perceptions that can be verified through words or visual codes. Therefore, perceptions are the drive to action that influence, if not control, real events. Perceptions become the key to reality.

Perhaps it was nostalgia that led me to search for an interactive video fantasy, a craving for control, a longing for real-time activities, a drive toward direct action. This chronic condition is reputedly a side effect, or for video artists an occupational hazard, that results from watching too much television. Tel-evision is a medium that is by its nature fragmentary, incomplete, distanced and unsatisfying, similar to platonic sex. A precondition of a video dialogue is that it does not talk back. Rather, it exists as a moving stasis, a one-sided discourse, a trick mirror that absorbs rather than reflects.

Lorna was developed as a research and develop-ment guide, but it is generally inaccessible as it was pressed in a limited edition of 20, of which only 14 now exist. *Lorna* is only occasionally installed in galleries or museums. Creating a truly interactive work demands that it exist on a mass scale, avail-able and accessible to many people.

My path to interactive works began not with video, but with performance when, in 1971, I created an alternative identity named Roberta Breitmore. Her decisions were random, only very remotely control-led. Roberta's manipulated reality became a model for a private system of interactive performances. Instead of being kept on a disc or hardware, her records were stored as photographs and texts that could be viewed without predetermined sequences. This allowed viewers to become voyeurs into Roberta's history. Their interpretations shifted, depending on the perspective and order of the sequences.

Two years after Roberta's transformation, *Lorna* the first interactive art videodisc, was completed. Unlike Roberta, who has many adventures directly in the environment, Lorna, a middle-aged, fearful ago-raphobic, never leaves her tiny apartment. The premise was that the more she stays home and watches television, the more fearful she becomes, primarily because she absorbs the frightening mes-sages of advertising and news broadcasts. Because she never leaves home, the objects in her room take on a magnificent proportion.

Every object in Lorna's room is numbered and becomes a chapter in her life that opens into branching sequences. The viewer, or participant accesses information about her past, future and personal conflicts via these objects. Many images on the screen are of the remote control device Lorna uses to change television channels. Because the viewer uses a nearly identical unit to direct the disc action, a metaphoric link or point of identification is established between the viewer and Lorna. The viewer activates the live action and makes surrogate decisions for Lorna. Decisions are designed into a branching path. Although there are only 17 minutes of moving image on the disc, the 36 chapters can be sequenced differently and played over a period of time lasting several days. There are three separate

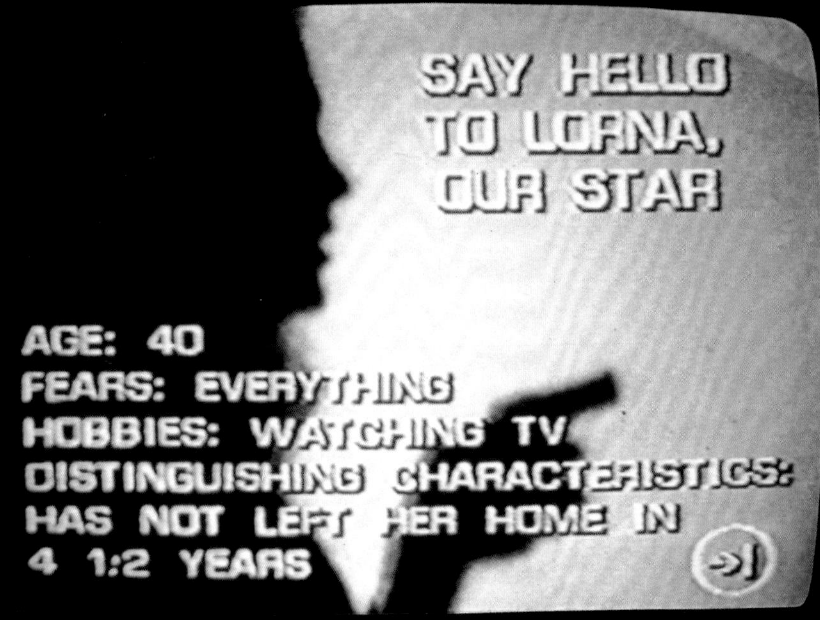

SAY HELLO
TO LORNA,
OUR STAR

AGE: 40
FEARS: EVERYTHING
HOBBIES: WATCHING TV
DISTINGUISHING CHARACTERISTICS:
HAS NOT LEFT HER HOME IN
4 1:2 YEARS →|

TEMPT FATE

DARE YOU TO PRESS →|
(STILL STEP FORWARD)

→|

CONGRATULATIONS!

YOU HAVE JUST BECOME
A PARTICIPANT IN THE
WORLD'S FIRST INTERACTIVE
VIDEO ART DISC GAME →|

endings to the disc, though the plot has multiple variations that include being caught in repeating dream sequences, or using multiple soundtracks, and can be seen backward, forward, at increased or decreased speeds, and from several points of view.

There is no hierarchy in the ordering of decisions. It should be noted that this idea is not new. It was explored by such artists as Stephen Mallarme, John Cage and Marcel Duchamp, particularly through his music. These artists pioneered ideas about random adventures and chance operations 50 years before the invention of the technology that would have allowed them to exploit their concepts more fully.

Lorna's passivity, caused by being controlled by the media, is a counterpoint to the direct action of the participants. As the branching path is deconstructed, players become aware of the subtle yet powerful effects of fear caused by the media, and become more empowered, more active. By acting on Lorna's behalf we travel through their own internal labyrinth to our innermost transgressions.

As interactive technology is increasingly visible in many areas of society the political impact is spectacular. Traditional narratives are being restructured. As a result, people feel a greater need to personally participate in the discovery of values that affect and order their lives, to dissolve the division that separates them from control, freedom; replacing longing, nostalgia and emptiness with a sense of identity, purpose and hope.

The second piece *Deep Contact,* refers to the players' ability to travel the 57 different segments into the deepest part of the disc, determining, through their own intuition, the route to the centre, while simultaneously trying to find and to feel the deepest, most essential parts of themselves. Viewers choreograph their own encounters in the vista of voyeurism that is incorporated into *Deep Contact*

This piece developed into a collaboration between many people. John Di Stefano had the difficult task of composing music that would work in modulated segments, as well as backward, forward or in slow-motion. Jiri Vsneska assisted immeasurably with the shooting and scanning of photographic images, and Marion Grabinsky, the leather clad protagonist, gave the piece the erotic appeal so necessary for sexual transgressions. Toyoji Tomita played the Zen Master and Demon with equal charm, while the crew of camera operators, editors and production managers added tremendously to the success and joy of making this piece.

This touch-sensitive interactive videodisc installation compares intimacy with reproductive technology, and allows viewers to have adventures that change their sex, age and personality. Participants are invited to follow their instincts as they are instructed to actually touch their 'guide' Marion on any part of her body. Adventures develop depending upon which body part is touched.

The sequence begins when Marion knocks on the projected video screen asking to be touched. She keeps asking until parts of her body, scanned and programmed to rotate onto the Microtouch screen, actually are touched. For instance, if you touch her head, you are given a choice of TV channels, some giving short, but humorous, analytic accounts of 'reproductive technologies' and their effect on women's bodies while others show how women see themselves. The protagonist also talks about 'extensions' into the screen that are similar to 'phantom limbs', so that the screen becomes an extension of the participant's hand. Touching the screen encourages the sprouting of phantom limbs, virtual connections between viewer and image.

If Marion's torso is touched, the video image on the disc goes to a bar where the viewer can select one of three characters, Marion, a Demon or a Voyeur, to follow through interactive fiction that has a video component. If viewers touch Marion's legs, they enter a garden sequence in which they can follow Marion, a Zen Master, an Unknown Path or a Demon. Selections are made via images that have been photographically scanned onto the touchscreen. In the garden, for example, the image on the touchscreen is a hand that jumps forward depending upon selections, and that allows the viewer to follow the lines on the hands to different routes. The participant usually follows a character or a segment to a fork in the road. At this point, the disc automatically stops, requiring a selection to go left, to go to the right, to return to the first segment of the disc, or to repeat the segment just seen.

At certain instances viewers can see, close up, what they have just passed. For example, Marion runs past a bush that, examined closely, reveals a spider weaving a web. This allows new perceptions of the same scene, depending upon the speed at which it is seen. In some instances words are flashed on the screen for just three frames, forcing the viewer to go back slowly to see what was written. At other points lines are spoken backward, forcing the disc to be played in reverse. Whilst the Demon and Zen Master are played by the same actor, indicating different aspects of our personalities, suggesting that the same event can appear frightening or enlightening, depending upon its context.

A surveillance camera was programmed via a Fairlight to be switched 'on' when a cameraman's shadow is seen. The viewer's image instantaneously appears on the screen, displacing and replacing the image. This suggests 'transgressing the screen' being transported into 'virtual reality'.

PAGE 32: Lynn Hershman, Deep Contact, Museum of Modern Art, San Francisco, 1985-90; OPPOSITE: Lynn Hershman, Lorna, *Fuller Goldeen Gallery, 1980-84; ABOVE: John Cage, Calvin Tompkins and Brian O'Doherty,* The Life of Marcel Duchamp, *1978*

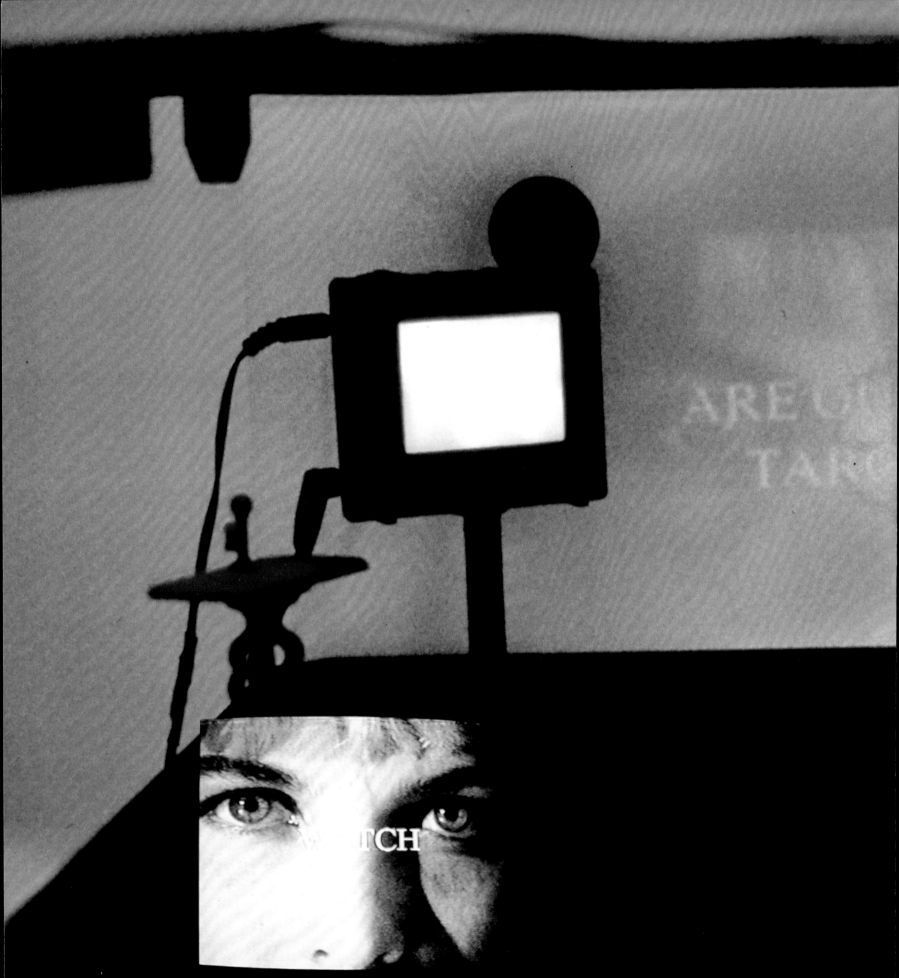

Technical Information

The videodisc is an ODC glass DRAW disc composed of about 60 segments. It plays on a Pioneer LDP 6000 player that can be driven by the computer over a serial port. The particular driver used in the stack is an XCMD external-command written and compiled in *LightSpeed C* by Jim Crutchfield. The user interface was designed and programmed by Sara Roberts. The program exists as a single 300K stack in *HyperCard* in which each segment of the videodisc represents a card in the stack. Graphics were scanned using *HyperScan* and altered using *SuperPaint*. The program runs on an Apple Mac IIcx with 2MB of RAM. The monitor is a 13 inch Microtouch Touchscreen. The *Hypercard* program works on most Macintosh computers and can be genlocked to a disc player or a CD-V, or be used alone. It can access moving or still images, has a wide range of sound capabilities, and is relatively inexpensive.

Lynn Hershman, Room of One's Own, *1993*

HERMEN MAAT & RON MILTENBURG
SPATIAL LOCATIONS

Tout le malheur des hommes vient d'une seule chose, qui est ne savoir pas demeurer en repos, dans une chambre. Blaise Pascal, *Pensées*

Imagine a world in which Europe hasn't a clue as to the direction in which it will develop. A world in which professors tell us that Islam is a religion to be respected, as good for Muslims as Christianity is for Christians. A world in which a bald head with a beard is just as acceptable as a long haired head with a clean shaved chin. A world in which new technologies announce themselves and evoke dimensions yet to be thought of. A world in which the consequences of these developments for the constellation of states, taxes and moralities can only be presumed. A world in which scientific data is as valid as dogmatic teachings or opinions in the streets. Man looks into the abyss of civilisation.

That world existed. Back at the beginning of the 17th century. It is the world of Blaise Pascal and his contemporaries. Imagine the horror generated by Montaigne a few decades before: *Que sais je*? What do I know? Nothing! More terrifying than an incessant stream of dis-information on television, in magazines, or on Internet. And the blue sky, no longer a divine roof over their heads. Nothing but an optical illusion, evaporating, and disclosing a vertigo of universes, less tangible than cyberspace. A hideous array of possibilities opens up. At first, Pascal swings with the changing moods, modes and models of the avant-gardes, *avant la lettre* in mundane Paris. God knows what he swallowed, snorted or smoked, but one night he had a close encounter of the third kind and consequently became a zealous apologist for the Christianity he unwittingly had helped to undermine as a mathematician, physicist, philosopher and as a living being. *pensée*-writer Pascal sidestepped the challenge of essay writer Montaigne.

There are essays and there are *pensées*. The essayist loosens his grip on the phenomena once apprehended. Together, the essayist and the unleashed phenomena, hurl themselves downhill towards the same hideous abyss from which the *pensée*-writer shies away. *En route* some apprehensions evaporate, others are condensed, some attract new material eventually causing an avalanche.

The essayist might be snowed under or appear as the abominable snowman. In both cases we can only follow his traces and find the spot where his essay threatened to turn *pensée* writer.

In the first chapter of Genesis, God created heaven and earth, the elements, the flora, fauna and man. *Nomen est omen*, so he provided all his creations with names and meaning, and he saw that it was good. The seventh day he created reflective silence, and saw that it wasn't all that good. Here we enter the second chapter, and God tries it all over again. This time in the garden of virtues, in the reality of *virtualis*. Upon the end of the chapter he leads all animals on the land and all birds in the sky to man, in order to see how man would name them, 'because, as man would name each living being, thus it would be.' And man indicated and said, 'Parasite, wasp, desert rat, dung beetle' and 'draughthorse, cow, honeybee.'

In the following chapter, the plot of which I fail to understand, God eventually dissolves the distinction between his first, real world, and his second, virtual world. He retired in the heavens and said *'après moi le deluge.'* And so it came to pass, within two chapters, man was made to build an ark, by specification clearly described. Then man embarked with two of each of his parasite, wasp, desert rat, dung beetle, cow, draught-horse and honeybee. By closely reading the *pensée* Genesis, we know about the specific identity of the things surrounding man before he attempted to build the tower of Babel.

Il y a une table, *es gibt ein Bett*, there is a chair. Not in the ark, there wasn't. Or maybe there was, Genesis doesn't show a record on that subject. God named heaven and earth, the elements, the flora and man. Man named the animals on the land and the birds in the sky. The objects, apparently, had to speak for themselves. However, in the aftermath of Babel they got caught in the web of 40 times 40 syntaxes, and their voices have never been heard again. Of what Id are the entities *table, bed* and *chair?* What is their specific identity and how are they in the world? *Il y a,* yes, but what *he* or *it* has the table; *es gibt,* okay, but what *it* gives the bed; there is, sure, but what is the undifferentiated space articulated by the chair? Neither the French, nor the German, nor the English answer these questions like

THE SELF IS THE SELF IS THE SELF.
A CHAIR IS A CHAIR IS A CHAIR. A TABLE IS A TABLE IS A TABLE. A BED IS A BED IS A BED.
HELLO... A HUMAN BEING IS A HUMAN BEING IS A HUMAN BEING.
HUMAN BEING. ANY MAN OR WOMAN OR CHILD OF THE SPECIES HOMO SAPIENS, DISTINGUISHED FROM OTHER ANIMALS
BY SUPERIOR MENTAL DEVELOPMENT, POWER OF SPEECH AND UPRIGHT STANCE.
DO COME IN. CHAIR. A MOVABLE SEAT, USUALLY HAVING A BACK AND FOUR LEGS, WITH OR WITHOUT ARMS, INTENDED
TO SEAT ONE PERSON. TABLE. A PIECE OF FURNITURE WITH A FLAT TOP AND ONE OR MORE LEGS, PROVIDING A
LEVEL SURFACE FOR EATING, WRITING, OR WORKING AT, PLAYING GAMES ON ETCETERAS. BED. A PIECE OF
FURNITURE USED FOR SLEEPING ON, USUALLY ON A FRAME WITH A MATTRESS AND COVERINGS.
THE CHOICE OF USE RESTS WITH THE HUMAN BEING AFOREMENTIONED.
THAT'S YOU PAL.... MAKE YOURSELF AT HOME. TAKE A SEAT. WOULD YOU LIKE TO LIE DOWN?

The earliest known CHAIRS were used by the ancient Egyptians. **THE TABLE WAS KNOWN IN A SMALL AND RUDIMENTARY FORM** IN ANCIENT TIMES, BEDS WERE NOT USED FOR MERELY SLEEPING, BUT
The legs were often representations of animals. **TO THE EGYPTIANS, WHO USED WOOD FOR ITS CONSTRUCTION** ALSO FOR RECLINING WHEN PARTAKING OF MEALS, EXCEPT IN EGYPT.
WON'T YOU COME CLOSER? **GREEK TABLES WITH EXTENT EXAMPLES IN MARBLE AND BRONZE, WERE ROUND OR RECTANGULAR.**
The Greek developed a chair known as the klysmos, frequently seen in vase paintings. THE GREEK BED WAS THE SIMPLEST: A WOODEN FRAME, INLAID WITH IVORY OR MOTHER OF PEARL.

Medieval chairs, such as used by Alfred the Great, had canopies of figured damask or cut velvet.
GOTCHA! **THE MEDIEVAL EMPEROR CHARLEMAGNE (DIED 814) POSSESSED** EVEN THE BEDS OF PRINCES, AS ILLUSTRATED ON EARLY MEDIEVAL
THREE TABLES OF SILVER AND ONE OF FINE GOLD IVORIES AND MINIATURES, ARE REMARKABLE IN THEIR SIMPLICITY.

New hygienic standards called for easy to wash materials, in order to discourage vermin. - Sit down, if clean. **DIDN'T YOU BRING ME ANY CANDY?**
RENAISSANCE'S ENDEAVOR TO COMBINE INNER AND OUTER BEAUTY GAVE RISE TO TABLE MANNERS. - JOIN THE CLUB HANDSOME!
FROM ABOUT THE 13TH CENTURY UNTIL THE 16TH CENTURY, THE COMMONERS USUALLY SLEPT NAKED. - YOU'RE WELCOME TO IT!

PLEASE, BE GENTLE WITH ME HANKY-PANKY, IN RURAL AREAS STILL FOLLOWED BY A ROLL IN THE HAY, USUALLY INSPIRES THE CITY-DWELLER TO BED GYMNASTICS.
ROCK AND ROLL, **PING-PONG, A PARLOR CRAZE EARLY IN THE 20TH CENTURY, EXTRICATED THE TABLE FROM ITS DULL IMAGE.** AS THE MODERN BED READILY INCORPORATES
until the fifties the privilege of the elderly and disabled, gained full **HOWEVER, ITS STRICT IMPARTIAL ROLE IN TABLE TENNIS,** CONTEMPORARY INVENTIONS SUCH AS WATER MATTRESSES
swing as the chair gave up its categorical **OR ITS TONGUE-IN-CHEEK INDIFFERENCE TOWARDS POOLROOM HUSTLERS FOR THAT MATTER,** AND VIBRATION DEVICES IT HAS BECOME AN ACTIVE
functions in the sixties. Present youth and fitness culture **IS REMINISCENT OF ITS ORIGIN AS A MERE OBJECT.** THIRD PARTY IN BOTH LOVE AND LIFE.
have the old rocking chair and wheelchair to thank for its overwhelming success. **HERMEN WHO?** **CUT IT OUT! THIS IS AN ART**

The chair most lively of all, of course, is the electric chair, ironically designed to end life. WE ARE BORN IN BEDS AND EVENTUALLY DIE IN THEM. IN BOTH CASES WE HAVE NO CHOICE.
Equally paradoxical is the comfort provided by this piece of furniture. **THE ROUND TABLE ACTUALLY VOICES THE PRINCIPLE OF EQUALITY.** THERE IS ALWAYS A BED WITH OUR NAME ON IT.
Both the seated convict and **TODAY IN ROUND TABLE CONFERENCES, AS IN HISTORY AT THE COURT OF KING ARTHUR.** BUT WHAT'S IN A NAME: INVOLUNTARY LIFE AND DEATH.
the upright bystander are shocked. Each in his own way. **HIS TABLE IS SURELY THE BEST KNOWN IN LITERATURE.** IN-BETWEEN, WE ARE FREE TO PURCHASE ANY BED THAT MATCHES OUR
But, as the villain's body jolts, **AS THE TALE OF THE KNIGHTS WAS CONSTRUED OUT OF SEVERAL LEGENDS FROM DIFFERENT AGES,** PERSONALITY. SHOW ME YOUR BED AND I'LL TELL
the mind of the righteous is put to rest. **WE HAVE NO WAY OF KNOWING WHETHER THIS ROUND TABLE REALLY EXISTED.** WHO YOU ARE. THIS CATALOGUE OFFERS YOU A WIDE VARIETY.

You've got nobody but yourself to blame, punk. Now, sit down, **ARTHUR! YOU SURE LOOK ALIVE AND KICKING. ARTHUR! MY KING! SIRE,** WELCOME TO THE WONDERFUL WORLD OF THE BED EXPERIENCE.
or we'll make you. **BOY, AM I GLAD TO SEE YOU!** **RECLAIM THY TABLE.** PLEASE TRY THIS ONE FOR SIZE.

We're all set to go Warden. Just say when, and we'll fry the sucker. **REJOICE LANCELOT, YOUR KING HAS FOUND HIS TABLE.** COME ALONG,
Yessirree! **DID YOU BRING HIM THE HOLY GRAIL?** A SECOND OPINION IS IN ORDER, WOULDN'T YOU SAY, GIVEN THE SUBJECT?

THERE YOU ARE GUINEVERE, LOVELY AND INNOCENT AS EVER. YOU ARE INNOCENT, AREN'T YOU? A PARTY OF THREE?
Miss, you're not gonna faint, are you? Please, lie down. It'll be over in a jiffy. A TROIS, AS THE FRENCH WOULD SAY. HOW CAN I BE OF SERVICE TO YOU-ALL?
WHAT THE BEEB IS THE MATTER WITH YOU?! **BORING, BORING,**
By the book, ladies and gentlemen. This room is off limits to the press. Out! **YOU, THE LAST ONE TO ENTER!** AS FOR YOU OTHER COSTUMERS,
WE ARE AMONGST ARISTOCRATS. YOU HAVE NO BUSINESS HERE. PLEASE HELP YOURSELF TO A CUP OF COFFEE IN THE OTHER ROOM.

You'll sit this one out. OUT, gottit? Sitting it OUT... **ARTHA, MY MAN, THAT TABLE KNIFE AIN'T EXACTLY EXCALIBUR!** FEEL THIS. NOW THIS, SIR, IS WHAT WE CALL A BED OF ROSES.
IS THAT A GUN IN YOUR POCKET?
Do us the honors Warden, chair this session, as it were. **DON'T DASH OFF AGAIN LANCY, MIND YOUR TABLE MANNERS.** YOU-ALL WILL NEVER GET OUT OF THIS ONE ON THE WRONG SIDE,
HOOKSTAIN TV LIVE SEE?
And then we can all take a rest. In that bed-chair over there. **LET'S INVITE PARCIVAL. GWINNY, YOU KNOW, TABLE RAPPING...** I'LL TUCK YOU-ALL IN. DON'T LET THE BED BUGS BITE.
COME HERE OFTEN?
Chairman, chairlady, chairperson. What a world. Sod off! **TURNING TABLES, MULTIPLICATION TABLES, TABLE-HOPPING. YO!** BED TIME FOLKS. BED AND BOARD NOT INCLUDED. SCRAM.

Job well done. Wrap it up guys. Get rid of the stiff. **LET'S TAKE A TRIP DOWN MEMORY LANE. LET'S VISIT LA DAME DU LAC. LET'S FIND THE GRAIL.** GOOD CHOICE. VALUE FOR MANY. I'LL HAVE IT
Streets are safer now. Let's go to bed. See ya tomorrow. **LET'S TRANSCEND. WE'RE OFF!** DELIVERED BEFORE WEEKEND. GOOD BYE TO YOU-ALL, HAVE A NICE DAY.

PLEASE ALL LEAVE, I HAVE A BIT OF A HEADACHE.
IT HAS BEEN EDUCATIONAL. BITS AND PIECES. PIECEMEAL BITES. RAM - ROM - RIM RAM - R.E.M.
A VISITED FURNISHED ROOM WITH A VIEW IS A VISITED FURNISHED ROOM WITH A VIEW IS A VISITED FURNISHED
ROOM WITH A VIEW. A FURNISHED ROOM WITH A VIEW IS A FURNISHED ROOM WITH A VIEW IS A FURNISHED ROOM
WITH A VIEW. A ROOM WITH A VIEW IS A ROOM WITH A VIEW IS A ROOM WITH A VIEW.
A ROOM IS A ROOM IS A ROOM.

the objects themselves might. In order to find means to make the objects talk again, we have got to loosen our grip; *l'entendement, der Begriff,* the apprehension.

When God threw the Book at man, the third time, foreclosing the free flow of speech, of essay. We might have to trace back his tracks. We might even have to regress beyond the first time, when he tried to cover up discrepancies in his book keeping, we might have to reinstall the distinction between the real and the virtual.

Whether God really exists or not, cannot be determined by reason. There is this 50-50 chance. Belief might win you eternal bliss if God exists. If he doesn't, you haven't lost anything. On the other hand, if he does exist, and you didn't believe, you have lost forever.

This reasoning, known as Pascal's Wager, is characteristic of the *pensée* writer at large. Some 250 years ago Blaise Pascal bet man's spiritual welfare on the assumptions of Christianity whilst five years ago Alain Finkielkraut waged man's salvation on the assumptions of Culture. Both, scholars of their times, could not but discover unmarked slopes, yet condemned man to *langlaufen.* God, Pascal, Finkielkraut and all the other *pensée* writers, became zealous apologists for the preconceived ideas they once unwittingly had endangered by their essayistic nature. Somewhere between the rise and

fall of the *pensée*, somewhere between God's Genesis and Finkielkraut's *Defaite*, Pascal knew, *'Les extrèmes se touchent.'*

My name is Room, but I don't know what that means. I have roommates, a chair, a table and a bed. I don't know what that means, and neither do they. I've just told you five stories, I can only hope that I related them accurately. There are plenty more where they come from. Each and every fibre of us is drenched in stories. Many a millennium have we heard them. But we don't know what they mean. So much we have gathered, we are the only remains of a huge floating device. It must have been critical times, back then, because we were hardly addressed or used. That all changed over the ages. When we get yet another visitor, sometimes we recognize the way he puts us to use. That becomes part of our identity, but we don't know what that means, unless that visitor is present. We like that. We like to tell our visitor what he made of us. If he stays long enough, we warm to the visitor. As long as he uses us. Otherwise we get ill-tempered, but we don't know what that means. We have a question for you. A lot of visitors lament their existence and, or, their identity. We hear them say, 'If God only had created a room, nothing but a room, and allowed visitors to peep in and say "Show me your furniture and I'll tell you what you are."' What does that mean?!

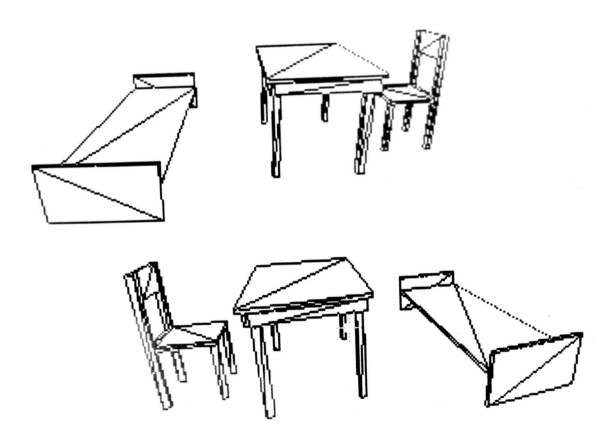

Hermen Maat and Ron Miltenburg, Spatial Locations, Version III, *Ars Electronica Festival, 1994*

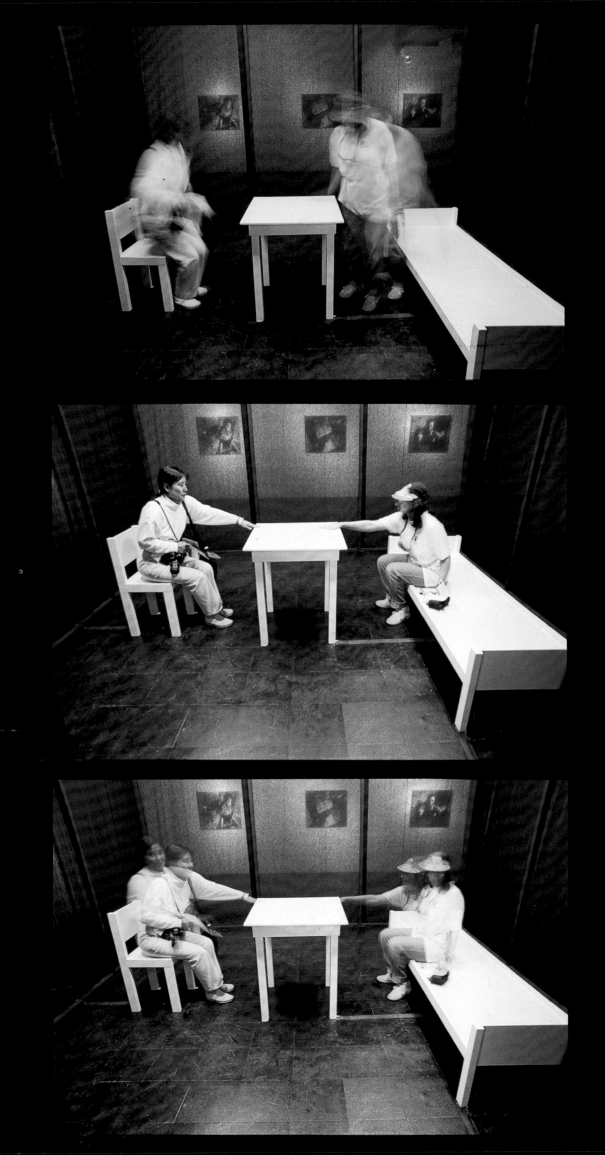

PERRY HOBERMAN
BAR CODE HOTEL

Bar Code Hotel is an interactive environment for multiple participants, or guests. By covering an entire room with printed bar code symbols, an installation is created in which every surface can become a responsive membrane, making up an immersive interface that can be used simultaneously by a number of people to control and respond to a projected real time computer-generated three-dimensional world.

Each guest who checks into the *Bar Code Hotel* is given a bar code wand, a lightweight pen with the ability to scan and transmit printed bar code information instantaneously into the computer system. As each wand can be distinguished by the system as a separate input device, each guest can have their own consistent identity and personality in the computer-generated world. And since the interface is the room itself, guests can interact not only with the computer-generated world, but with each other as well. Bar code technology provides a virtually unlimited series of low maintenance sensing devices, constrained only by available physical space, mapping every square inch of the room's surface into the virtual realm of the computer.

The projected environment consists of a number of computer-generated objects, each one corresponding to a different guest. These objects are brought into being by scanning unique bar codes that are printed on white cubes that are dispersed throughout the room. Once brought into existence, objects exist as semi-autonomous agents that are only partially under the control of their human collaborators. They also respond to other objects, and to their environment. They emit a variety of sounds in the course of their actions and interactions. They have their own patterns of behaviour, personality, a life span of approximately a few minutes, they age and eventually die.

Bar Code Hotel is designed to accommodate any number of guests, up to the available number of bar code wands, dependent on the configuration installed. Currently, the hotel can easily handle between one and six guests at a time. Each time a guest scans a bar code, contact is re-established between that guest and their object. However, between these moments of human contact, objects are on their own. This allows for a number of possible styles of interaction. Guests can choose to stay in constant touch with their object, scanning in directives almost continuously. Or they may decide to exert a more remote influence, watching to see what happens, occasionally offering a bit of 'advice'. Guests can scan any bar code within reach at any time. Each bar code is labelled, verbally or graphically, letting the user know what action will result.

The objects in *Bar Code Hotel* are based on a variety of familiar and inanimate things from everyday experience: glasses, hats, suitcases, paperclips, and boots. However none of them are based on living creatures. Their status as characters, and as surrogates for the user, is tentative, and depends totally upon their movement and interaction. At times they can organize themselves into a sort of visual sentence, an unstable and incoherent rebus.

Objects can interact with each other in a variety of ways, ranging from friendly to devious to downright nasty. They can form and break alliances. Together they make up an anarchic but functioning ecosystem. Depending on their behaviour, personality and interactive 'style', these objects can at various times be thought of in a number of different ways. An object can become an agent, a double, a tool, a costume, a ghost, a slave, a nemesis, a politician, a pawn, a relative, an alien. Perhaps the best analogy is that of an exuberant and misbehaving pet.

Bar codes can be scanned to modify objects' behaviour, movement and location. Objects can expand and contract, breathe, tremble, jitter or bounce. Certain bar code commands describe movement patterns such as: drift, move slowly while randomly changing direction; dodge, move quickly with sudden unpredictable changes, and wallflower, hide in the nearest corner. Other bar code commands describe relations between two objects: chase, pursue nearest object; avoid, stay as far away as possible from all other objects; punch, collide with the nearest object and merge, occupy the same space as the nearest object. Of course, the result of scanning any particular bar code will vary, based on all objects current behaviour and location. Many bar code commands cause temporary appendages to grow out of objects. These appendages amplify and define various behaviours. Particularly aggressive objects often grow spikes, for example.

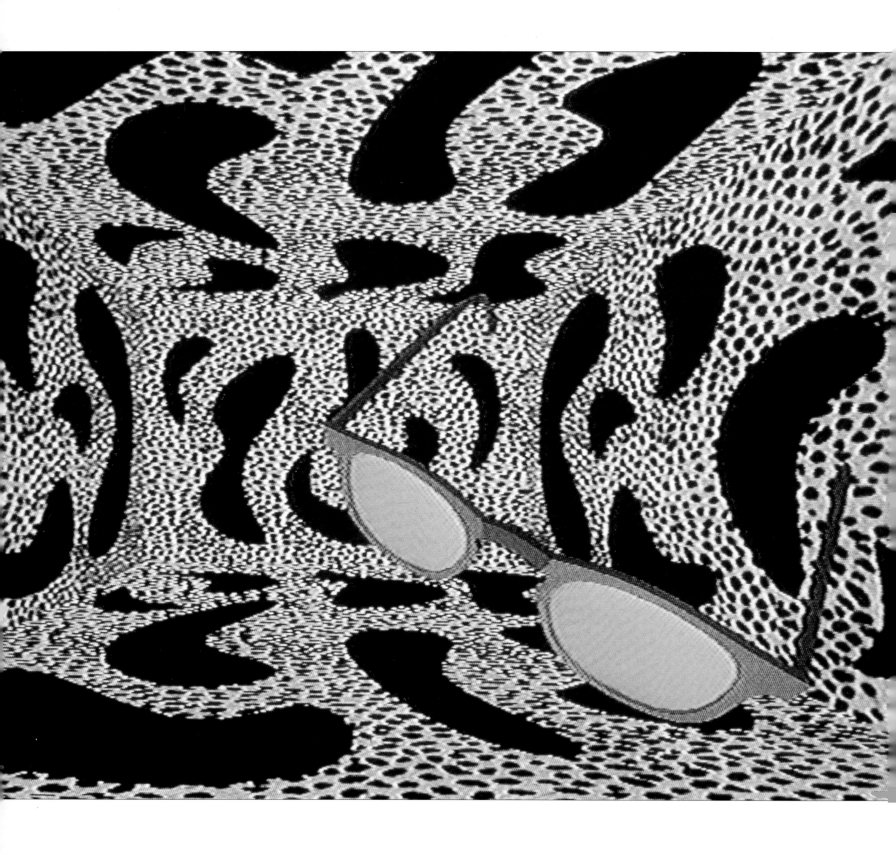

46

Each object develops different capabilities and characteristics, depending on factors like age, size and history. For instance, younger objects tend to respond quickly to bar code scans, but as they age, they become more and more sluggish. Older objects begin to malfunction, short-circuit and flicker. Finally, each object dies, entering briefly into an ghostly afterlife. This process can be accelerated by scanning suicide. After each object departs, a new object can be initiated.

Besides controlling objects, certain bar codes affect and modify the environment in which the objects exist. The point of view of the computer projection can be shifted. Settings can be switched between various rooms and landscapes. Brief earthquakes can be created, leaving all objects in a state of utter disorientation.

Since any bar code can be scanned at any time, the narrative logic of *Bar Code Hotel* is strictly dependent on the decisions and whims of its guests. It can, be played like a game without rules, or like a musical ensemble. It can seem to be a slow and graceful dance, or a slapstick comedy and because the activities of *Bar Code Hotel* are affected both by its changing guests and by the autonomous behaviour of its various objects, the potential exists for the manifestation of a vast number of unpredictable and dynamic scenarios.

Notes

Bar Code Hotel was developed as part of the *Art and Virtual Environments Project* at the Banff Centre for the Arts. The Project was sponsored by the Computer Applications and Research Program at the Banff Centre, which was funded by The Department of Canadian Heritage and CITI, Centre for Information Technologies Innovation. The Banff Centre also received support from: Silicon Graphics Inc, Alias Research, The Computer Science Department of the University of Alberta, Apple Canada, Intel and AutoDesk Inc.

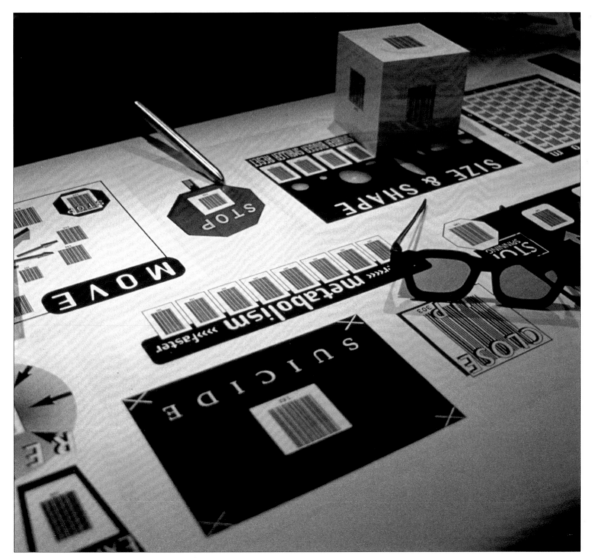

PAGE 44: Perry Hoberman, Bar Code Hotel, *interactive installation, Banff Centre for the Arts, Banff, Alberta, Canada, 1994; OPPOSITE: Perry Hoberman,* Bar Code Hotel, *interactive installation, 1994; LEFT: Perry Hoberman,* Bar Code Hotel, *interactive installation, Cyber Art, Ars Electronica Design Centre, Linz, Austria, 1994; OVERLEAF: Perry Hoberman,* Bar Code Hotel, *interactive installation, 1994*

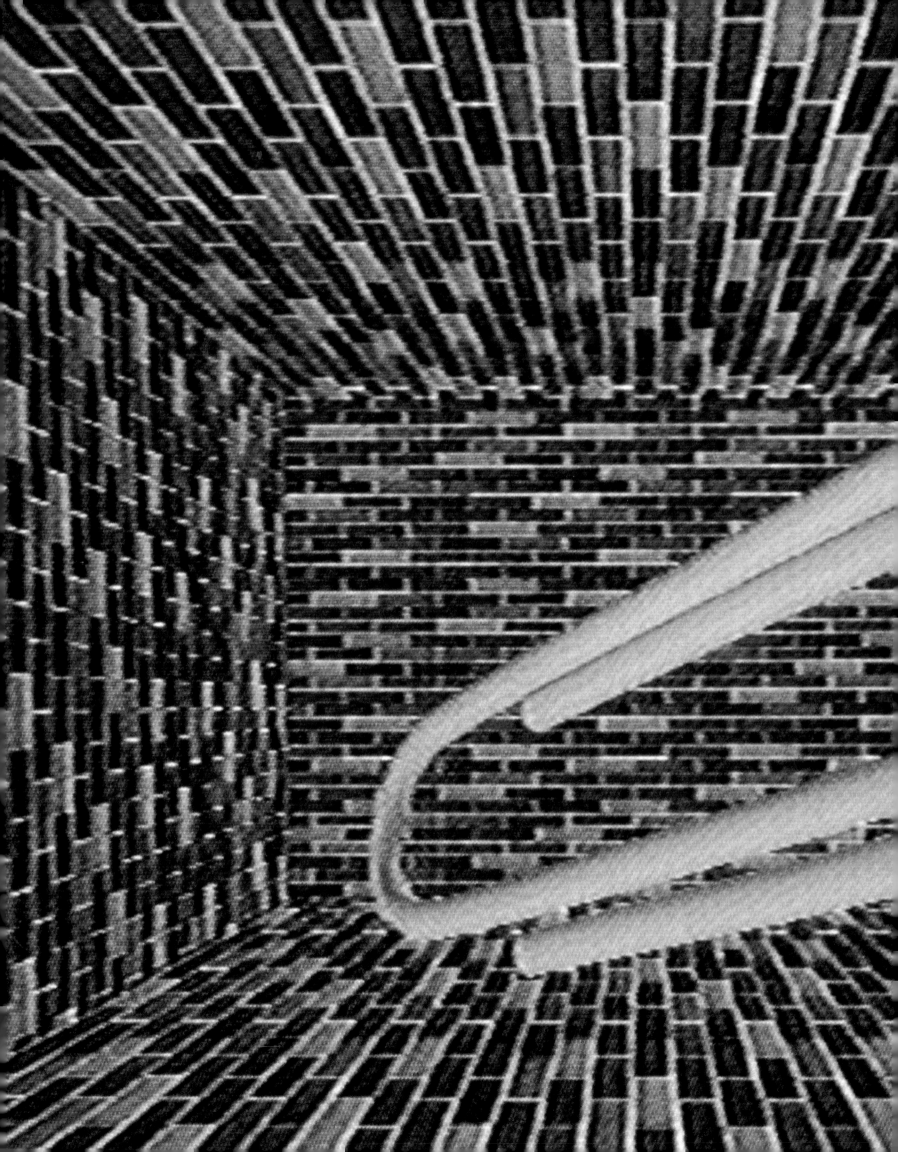

HOW CAN ART AND THE CREATIVITY

OF HUMANS BE TRANSFORMED

BY DIGITAL TECHNOLOGY ?

YUKIKO SHIKATA
ARTLAB AND FURTHER

In this electronic age, advances in technology are constantly changing and redefining our concept and understanding of art. ARTLAB, the art support project by Canon Inc, was formed as a response to this in 1990 to provide continuous assistance for artists, that went beyond the purely financial and actually utilised Canon technology and personnel. Through the exploration and development of new forms of art, produced by the collaboration of artists and engineers, ARTLAB searches for new possibilities and directions for both art and technology.

ARTLAB has so far held four exhibitions, three original and curated exhibitions and one involving public participation. The first exhibition ARTLAB, 1991, featured the work of three contemporary Japanese artists, with no prior computer knowledge, Kodai Nakahara, Miran Fukuda and Complesso Plastico. The work produced explored the potential of both digital images and interactive system within the framework of the art world. The second exhibition ARTLAB2, 1992, included work by Gerald van der Kaap, an artist living in Amsterdam, and Mission Invisible, a Japanese group formed for the purpose of this project, and exhibited their contrasting works together in a single space. Kaap created *Total Hoverty* as a physical initiation to a new perception whilst Mission Invisible explored the whole concept of how we actually view and frame works of art. The third exhibition *PSYCHOSCAPE*, 1993, the first open to the public, presented work by three artist groupings: Bulbous Plants, the Digital Therapy Institute and Hideaki Motoki. The title for the exhibition reflected the fact that each artist, using totally different approaches, created new environments for the human spirit. This theme has become one of ARTLAB'S major areas of research and development.

ARTLAB3, PERCEPTUAL ARENA, featured the works of Ulrike Gabriel, a German artist known for the creation of interactive works that link the living body and computer. For ARTLAB she produced a virtual reality environment that enabled limitless development of structures, such as polygons, that reflected the human perception. This was the result of the first integration of programs produced by Bob O'Kane, one of Gabriel's supporters, and the ARTLAB engineers. This work has now been upgraded and is being exhibited world-wide. This autumn, ARTLAB4 held LOVERS, the first solo exhibition of Teiji Furuhashi, the core member of the group Dumb Type,

based in Kyoto, and active around the world.

When organising an exhibition Kazunao Abe and I, the curators, select suitable artists whilst concurrently developing an exposition theme and the theoretical research for the latest computer developments. Throughout the ten months development period there is a stimulating cross fertilisation of ideas, between the artists and engineers, which is reflected in the works of art created.

Even if it is risky for ARTLAB to produce new artwork for each project, this can provide the opportunity to constantly explore unknown territory. Therefore, the work produced at ARTLAB is in a realm distinct from both art and technology. Restricted by neither, this realm of art reflects the removal of borders through technological advances which is characteristic of today's media society.

Collaboration with ARTLAB has become a kind of turning point for many of the artists involved, introducing them to new areas of development. Furthermore, ARTLAB receives invitations to display globally. The works of Bulbous Plants, exhibited at *PSYCHOSCAPE,* is now at the Screaming Against The Sky exhibition at the Guggenheim, SoHo, and later this year at the MOCA in San Francisco, and DTI have exhibited at the ISEA for the last two years.

In media art, work that challenges the structure and meaning of programs has begun to emerge in addition to aesthetic work. The programs themselves are now considered valuable works and have entered the mainstream together with works developed as a result of interactive work in progress. New developments also challenge traditional concepts of art. For example, visually decisive final forms do not exist in moulding, it is always missing 'something' in its process of being created, and longs for another individual that reflects the missing 'something' not realised before. This deficiency gives interactivity the possibility to generate new and diverse forms of art.

Now we are moving into the multimedia society, where technology is changing not only the infrastructure of society, but also people's perception of the world. As computers increase our technical capacity and develop our creativity, it will become increasingly important to explore the relationship between computers and humans. This will be in a realm that does not simulate reality. If we refer to Jaques Lacan *l'imaginaire* will have different functions to those of *le Réel* and *le Symbolique.*

ARTLAB

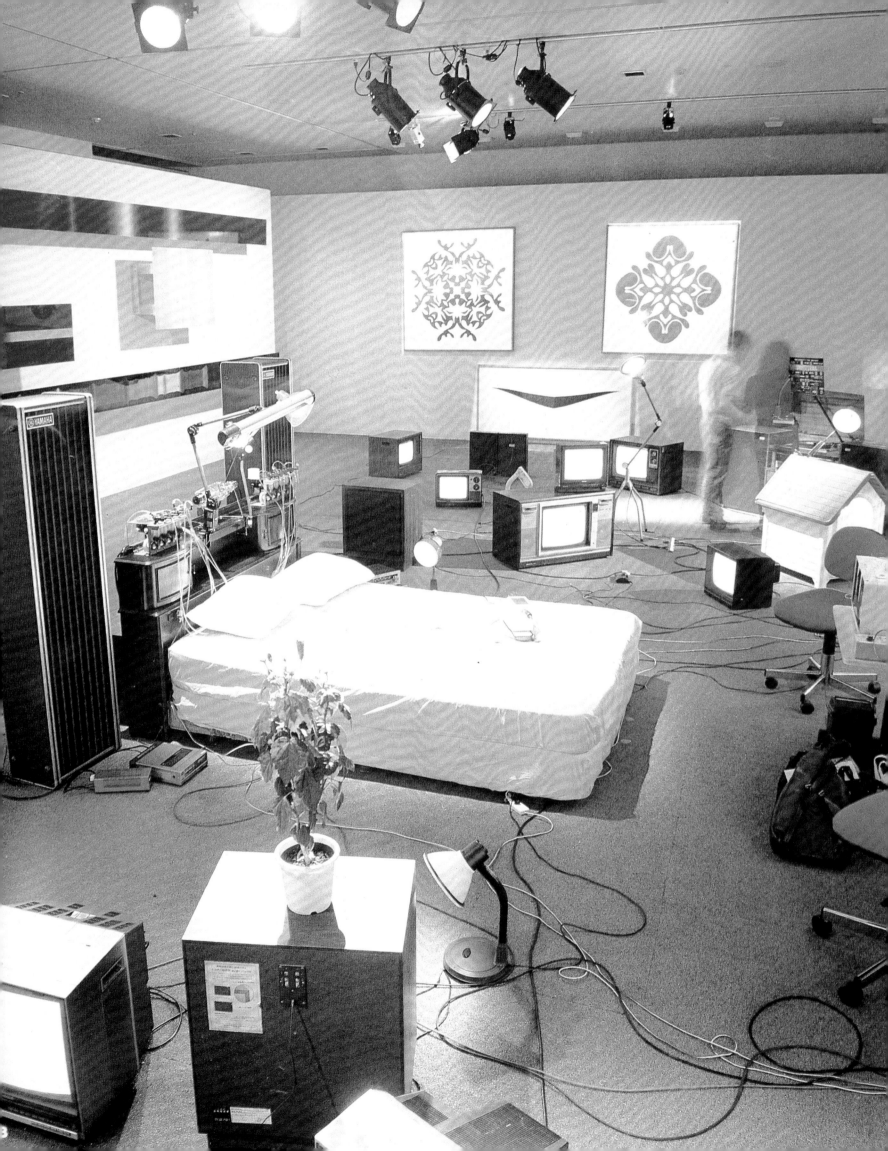

KODAI NAKAHARA
ANIMATE HOME ELECTRONICS
Noi Sawaragi

Date Machine was first exhibited with four other works in a single room 16.25 metres by 3.45 metres by 3.2 metres at Tepia, Japan. The wall to the left as you entered was entirely filled by the work *Zero Gravity*, the surface of which was covered with fluorescent polka dots.

On the wall opposite the entrance was a work consisting of seven oblongs, of varying size, each showing an actual electrocardiograph artistically distorted using computer generated graphics to create a strange abstract quality for these works. As with all ARTLAB projects an engineer from Canon cooperated with each artist, and this work is perhaps the most visible product of that collaboration. The wall to the right was *Arabesque Smile*. This work was composed of two sets of three images, each placed symmetrically on the left and right, arranged to mimic two uncanny, smiling faces, one male one female. Finally, on the wall through which the exhibition is entered there are seven pieces collectively entitled *Seven Armies*, which take their motifs from everyday life but deform them in various ways, altering both their form and colour.

In contrast, *Date Machine,* an installation piece, occupied the whole of the exhibition floor. The work was made up of a variety of components. Two beds were placed in the middle, two electrocardiogram machines linked to a computer at their feet and at the other end two objects, apparently massage machines. To the side of the electrocardiogram machines stood a white robed girl, while from another unknown object, possibly an artificial heart pump, electrical cords spewed out madly into the surrounding space, each connecting to separate electrical devices randomly spread around the room. These appliances, all second-hand, included a fan, blender, portable record player, massage chair, lamp, and a television divided into male and female groupings. The installation also included a dog-house, set of draws, chair, plant, and a work desk.

However, the installation is interactive rather than passive and was intended to be experienced by lovers. The couple sat on the bed and, following instructions from the white robed girl, attached electrodes to their bodies linking themselves to the electrocardiogram. The results were then converted by the computer into electrical pulses which were used to activate the appliances; the light flickers, the blender spun and then stopped, the television screen radiated a pulsating image, and a growling sound emanating from the stereo's speakers.

Despite the fact that all the components functioned simultaneously, *Date Machine* remained an amalgamation of heterogeneous components rather than one homogenous unit. This was required so that the individual components, the technology, nostalgia, love, desire, relaxation and massage were stripped of their interconnections and associations.

When the electrical appliances' actions were synchronised it was not meant to imply that a connection existed between the appliances and the hearts' pulse. The appliances didn't replace their original meanings and associations with others signifying love. Instead, at the point where the 'pulse' of love set these appliances in motion it was also stripped of its meanings and associations. Therefore, *Date Machine* was not to confirm the love between people. In fact, it should be valued for its coldness in its ability to destroy the noble image of love.

To ask, 'is this art?' would be a normal reaction, and if art cannot take other forms than those traditionally accepted by Western art, and modern art and contemporary art are simply massive footnotes to the concept of Western art, then one could say that *Date Machine* is not art. Also, from the a normal perspective, it may seem odd to categorise *Date Machine* as a work of art. However, although this might sound like tautology, by observing *Date Machine* from this peculiar standpoint, that is to say viewing it as art, it becomes a work of art.

To expand, the *Date Machine* environment reflects a certain kind of vision of a world that we would be able to observe if we had eyes in the backs of our heads. This is a vision of animated home electronics, one which we can access only through our heartbeats and not our other senses.

To explain further, at a speech at the Spiral Hall in Tokyo, Laurie Anderson pointed to monitors arranged around the room and said something to the effect that she felt they represented an intelligence different from human intelligence. This perception is unique to those who were born in the 50s and 60s.

This generation grew up in an era when mass-produced home electronics, like the television, had

ARTLAB

Kodai Nakahara and ARTLAB,
Date Machine, *overview of entire installation, 1991*

53

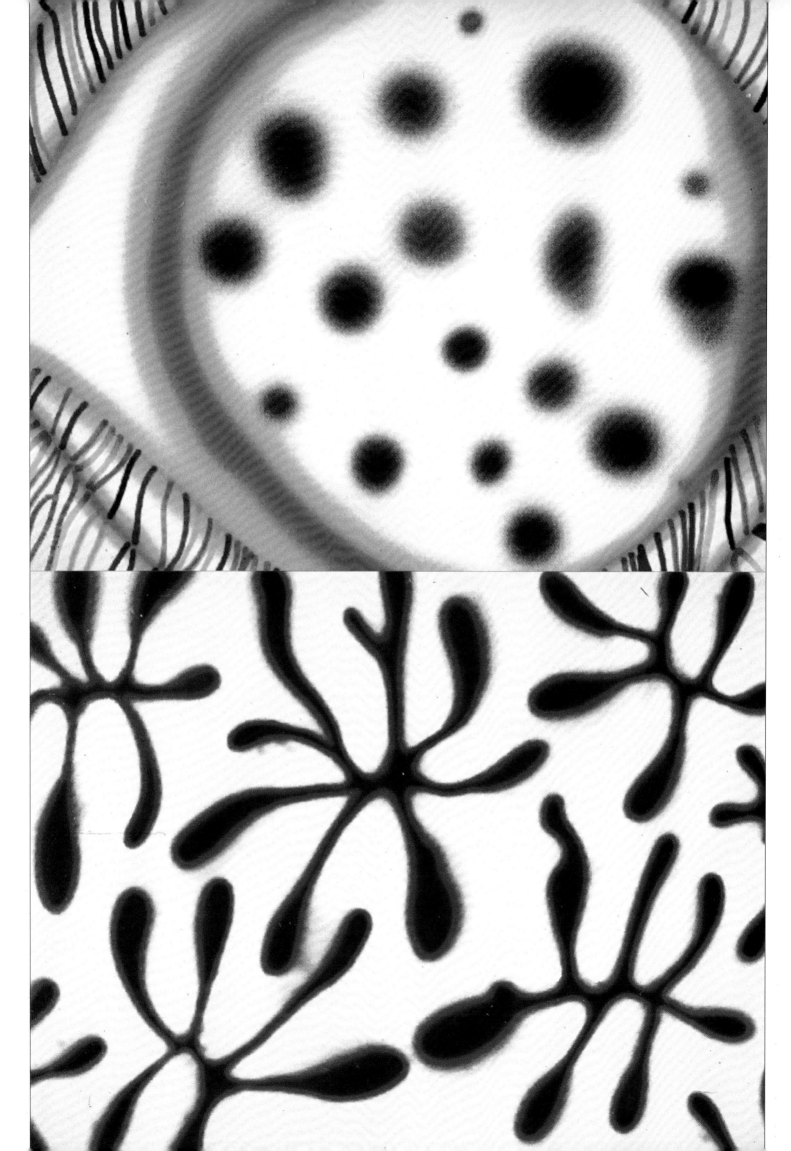

not completely saturated our home environment. Instead, they were small invaders capable of fundamentally transforming our lives. Electric appliances were more than necessities, and in the context of the everyday environment of the time, they were truly 'alive' and could easily be perceived as possessing an alternative form of intelligence.

In the 50s and 60s in America, and Japan during the early 70s, images were widely circulated, mostly in American comics, of electrical appliances that went beyond any normal function, possessing superhuman abilities and intelligence. The other important point is that these animated electrical machines existed in uninhabited environments, or were positioned where they could not be seen, often behind the person's back. When they turned around, the animated machines would return to normal.

It seems to me that what Kodai Nakahara has presented with *Date Machine* is a vision of these animated home electronics. It is a scene that unfolds at night when people have gone to bed, or during broad daylight, behind the back of a housewife washing the dishes. I repeat, it is the type of world that would appear to us if we possessed posterior visual capabilities.

Searching for the movement of these animated appliances with one's heartbeat, rather than your eyes, is perhaps a realisation of the world environment for the blind. For those who have lost their sight, inanimate electrical appliances have an existence close to that of animated objects in the world of darkness. For the blind, electric appliances are not mere conveniences to be carelessly operated without a second thought, but must be approached and handled with like animate objects.

It is not by accident that in the *Date Machine* environment one's heartbeat exists as the sole stimuli. We should not forget that it is with their heartbeat that the blind face the world and that in the dark one's heartbeat echoes louder than normal. John Cage once entered a soundless room in order to experience total silence and discovered that total silence does not exist. What he heard in that supposedly soundless environment was his heartbeat.

We must be conscious of the fact that there is a world, separate from familiar everyday life, in which we live by our heartbeats rather than by our vision or hearing. The environment of *Date Machine* is such a world and this was why it was intended for lovers. During sex, the heartbeat dominates the other senses effectively rendering us blind, and so become more aware of the world of animated appliances.

As it is literally forbidden, by law, for *Date Machine* to be used for sexual purposes, it is unable to fulfil its function, only represent it. So in this state of suspension it may be considered as a work of art. In this non-state, a work that would traditionally not be considered art can now be considered as such and in this suspended state only have a tangible existence as a dead space within Western art.

Kodai Nakahara and ARTLAB, Date Machine, *computer-generated images, 1991*

MISSION INVISIBLE
ALLEGORY OF ART AND MACHINE VISION
Dana Friis-Hansen

Science and technology have given us a range of devices which extend perception. Centuries ago, lenses allowed us to see the very small or the far away, and now technology extends our eyes to the depths of the oceans, to faraway planets, or deep within the human body. In the 60s Marshall McLuhan declared that the media was an extension of the human body. The emergence of 'virtual reality' and other recent advances make our eyes even sharper, our reach much longer, and raises many important and challenging questions about the ramifications of technologically assisted perception.

Throughout history, artists have offered visual devices through which to look at, and understand, the world. For example, the solemn spacelessness of Byzantine icons and the three-point perspective of the Renaissance each reflect a distinct creative and cultural world view, just as Cubism reflected new relativistic ideas about time and space. In conjunction with ARTLAB, Mission Invisible has created an allegory of art and machine vision which involves a pair of paintings and alternative technological means of viewing them. Its installation is a system which creates specific relationships between the viewer, the art viewed, and the mediating technology, and provokes us to consider the many implications.

In this project one finds two operator stations containing a live video monitor and a track-ball device by which the viewer manipulates a video camera's placement and lens range. Above, a huge video projection screen also displays the camera's view. Each station is linked to an interactive apparatus which moves the camera along a plane parallel to two large paintings, set up around the corner from the station. One can either view the paintings with one's own eyes, watching the camera as it moves mechanically along its path, or see the effects as someone manipulates the track-ball.

At the start, Mission Invisible stated that its goal was to explore how individuals frame the overwhelming information landscape in which we live. However rather than looking outside to society, it preferred to focus on art, with two paintings at its core. The notion of framing is linked to the Renaissance concept of a painting being a small 'window on the world', but Mission Invisible's two paintings are heroically scaled, so large that our scope of

vision is overwhelmed. Arranged so closely that they form a claustrophobic corridor, we feel enveloped.

Actually, these panels are not really paintings, but computer-generated digital images printed on a colour bubble-jet copier spraying tiny dots of ink in four colours. As in a Pointillist oil painting, the arrangement of colours mixes in our eye to create a whole palette; the hand of the artist is left out.

The subject of these 'paintings' is other paintings, conveyed not in images but described in words. Covering each panel, the main text, in large 320 point type, is a streaming narrative describing the experience of viewing an unspecified painting. 'To see this painting you must walk . . . ' the account of examining the invisible image along a horizontal axis. The opposite image describes the world viewed vertically, and to see it 'you must stop and look up . . . ' The texts describe two epic images, a transcendental merging of man, nature, and God. They mimic past art which had a spiritually inspirational or educational role. Suggesting the frieze of a Greek temple, an *e-makimono* narrative picture scroll, pure land Buddhist painting, the Sistine Chapel, or French 19th-century historical painting, these are grand, mythical narratives with no reference to the machine or electronic age. A background text, eight times smaller in 40 point type, is much more idiosyncratic, full of ideas about art and perception, presented as a stream of consciousness monologue, *butsu-butsu*. Covering the entire surface, the texts create a broad, dense, Pollock like web of words and characters, an abstract warp and weft that hypnotizes the eyes.[1]

Instead of viewing the panels directly, if one sits down at the station, one becomes part of a machine vision system, and part of this allegory. Dependent on the system to 'see', the system requires the viewer to direct what to 'look' at. The role of operator requires more work, and patience, than simply observing with one's own highly developed perception system.[2] More like tennis than viewing art, the key to this and many machine vision systems is hand eye coordination. The viewer literally 'reads' the painting by scrolling across it, almost as a blind person reads Braille with the tips of their fingers, or as one holds a magnifying glass over fine print.[3]

The huge video projection screen, similar to those found in many Tokyo public plazas, relays the

Mission Invisible, Mission Invisible's Allegory of Art and Machine Vision, *overview of installation, ARTLAB 2, 1992*

一つ一つ縫い目をつくるかのように動物の
視線をたどる。　地上と天空との間に、微生物、
菌類、動物、植物、この地上のあらゆる生物の
皆が左右に広がる。沈む色相の中で時折あざや
かな緋や黄土、緑の色彩が点在する。右に左
と動く視線を集める金色の人物が、中央に大
きく横臥する。灰色の象の背中も、栗毛の馬の
腹も、小さい青虫も、白毛のむく犬の尾も、黒
い水牛の角も、灰緑の亀甲も、五色の羽もつ鶏
も、珊瑚色の衣を纏う人物も、金色の人物のあ
ちらこちらを遮りはするが、金色の粒子は細
な隙間からこちら側へ放射状に発散する。岩上
の金色の小物以外の生き物は、すべて地に触れ
て広がる。数限りない、あらゆる曲線のかたち
が存在する。八本の垂直な幹は背景の群青の間
を分け、枝と葉もまた再び水平の広がりに緑青
と緑を溶かす。人々は木々より大きくなること
がない。動物も木々より大きくなることがな
金色の人体も祭り。凡ての生物は各々その場
に刺されたようなうねりの中にある。小刻み
な振動が水平に広がり、満たす。その真っ只中
でうねりをまたぬもの、静止するものは、金色

To see this painting you must stop and look straight up. God's gaze becomes an infinite de
merging with the vertical wall. The gaze of the Absolute penetrates everything, never to be obstruc
Under four golden rings, between the central darkness and the surrounding deep-blue, a full spect
of colors arise fiercely. A bottomless black, a solid gray, a dry yellow earth, a reflecting red, a fresh gr
blue with a trace of erosion. The incense spiral movement penetrating the layers of color. The asc
ng and descending of the piling and twining people. Limbs repeatedly bend and stretch. The inve
head. Fingers raised higher than the eye. Harmony between the undulation of the part and the wh
The ascendancy and the descendance of the spiral. A man falling into the central darkness beco
infinitely small, while the person ascending toward the blue becomes infinitely large, yet never can
o through the golden rings. From each of the four directions, three colored garments approach
golden rings. The pale green garments spread between the golden ring and the golden ringlet inside.
person raises an open white screen above the head with both hands. An enormous number of sym
On its downward right is a figure in a yellow garment with a bow on the shoulder. On its downw
left is a figure in a wine colored garment with a ladder leaning against the body. The golden ri
works within the golden ring. The high density gold which is the only possible agent to go through
golden ring, covers the entire vortex and diffuses in all directions. This is the painting you have

information viewed on the monitor, although scaled for a mass audience. One is also reminded of the Wizard of Oz, who was only a wizard when he controlled technology, as the operator is able to manipulate a large message, but at least in this system, the material available for public display, though finite, is exploring aesthetic questions.

A portable video camera is the 'eye' of this system, but as with our own eyes, it is the control mechanisms, whether an individual's nervous system or a computer and operator, which determines its capabilities.[4] Locked into its two-dimensional elevator apparatus, the camera traverses the panel less than ten centimetres away. With the lens open widest, the camera can absorb at most a word or several *Kanji* of the main text, but it can never take a wide view, or even see a part of the whole picture.

This is antithetical to the nature and purpose of an epic picture, but to create a schism between human perceptual capabilities and one utilising technological assisted methods seems to have been one of Mission Invisible's objectives. And there is more in its picture than is perceivable by the human eye. This system is especially suited to getting closer, to capture the smaller units of information such as letters, strokes in *Kanji*, and a tiny text in five point type, invisible to the naked eye, embedded in the image for only the careful operator to find. A magical moment occurs when, as the focus gets tighter and tighter, it hits a threshold where the regular lens system is unable to continue magnification accurately. The monitor goes 'pop' and the view turns from analogue, or the direct presentation of the lens' view, to digital, in which the view is processed into digital code and the image is averaged into chunks of information more easily understood by the electronic system. Like falling down a rabbit hole in *Alice in Wonderland,* we are in a different world, where the language of 'reality' is highly precise and yet surrealistically unsettling. Here our fingers creep along like an ant, processing a phantasmagoric spectacle as the painting's most minute details melt down into the grids of colour artifacts which represent the system's perception process, not part of the painting. The words of the text, and the cosmic ideas and images they represent, are indecipherable now because of their overwhelming size, but instead, the hidden messages and the microscopic effects of the printing are dazzling when viewed at this scale.

What can be drawn from this allegory of art and machine vision as Mission Invisible has illustrated at ARTLAB? The 'paintings' are actually 'meta-paintings', or paintings about paintings. All visual art conveys an image between the artist and viewer but here the artists have emphasised the effects of indirect perception by inserting another layer, a textual description. The information alludes not only to historic forms of art but also describes the unmediated act of experiencing a painting. Yet it is carried not by a real painting but by a computer-generated surrogate. Its existence is drawn from computer data, not painted by an artist. Unlike a landscape which looks different every time it is painted, or a myth that changes every time it is told, it is not an original and can be reproduced.

The machine vision system too, is a meta-machine, which represents all such mediating technologies between the viewer and a view. The experience of Mission Invisible's ARTLAB project provokes us to consider all the technical and philosophical possibilities, and dilemmas, of human-machine interface. Among other things, we recognize the characteristics of particular lens in relation to the human eye, the effects of changes in perceptive scale, the visual qualities of digitalization, and the variations between a monitor and large-scale video projection. Mission Invisible's allegory of art and machine vision tells us that with any medium used to see and understand the world, whether traditional art or advanced technology, certain 'framing' characteristics are built in and must be acknowledged and understood as part of the whole experience. We are reminded that art is more than an object to be looked at, but ways of seeing, and they inspire us to seek not only new things to see, but whole new modes of vision.

Notes

1 Westerners appreciate the decorative and associative aspects of *kanji* without knowing the meaning, while Japanese sometimes engage ludicrous lines of words in English, on T-shirts and advertisements, utilising their visual and internationalising attributes. While there are obvious advantages to the bilingualism in this ARTLAB setting, the transculturalism is a nice effect, creating a markedly post-modern painting.

2 Even though it allows for much greater latitude than this electromechanical one, we often take our body's quick focusing, wide-angle, moving eyes and flexible neck for granted. One becomes immediately aware of what media specialists call 'human interface', or how easily any machine can be made an extension of our senses

3 Because the distance between the station and the subject is not far, one can hear the faintly musical purring of the wires and pulleys as the camera is hoisted up, down, back and forth, an ironic mechanical counterpoint to the advanced electronics that surround the user.

4 A line in the background text reminds us 'The brain is far superior to any other viewing tool'.

Mission Invisible, Mission Invisible's Allegory of Art and Machine Vision, *computer-generated panels, ARTLAB 2, 1992*

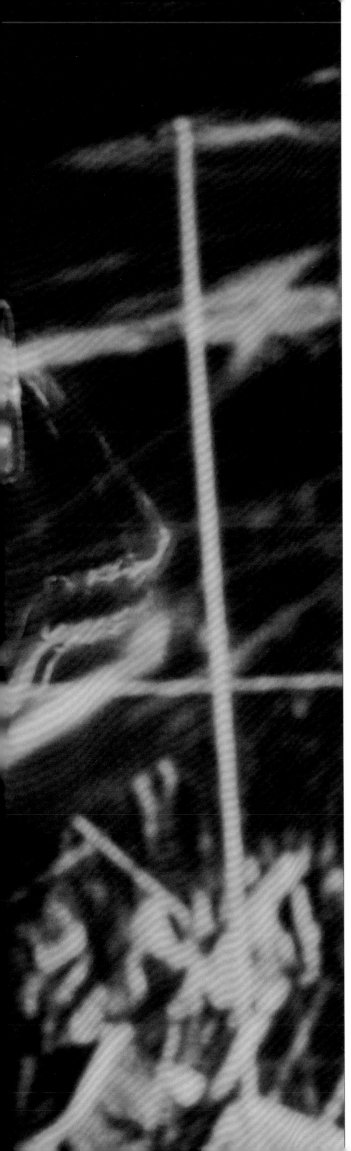

ULRIKE GABRIEL
PERCEPTUAL ARENA
Abe and Shikata

Considering that each perception is different and each individual has an original view of the world, there is no objective observer, no entire shared view. The perception of the physical existence of things in the 'real' world is based on the observer's personal interpretation of his or her own view. The 'entire view' would be an infinite multidimensional array of simultaneous 'worlds of view' which are related in time and space to the individual view-point. Each nano-step change of view could alter the perception and thus its interpretation.

Perceptual Arena deals with the correlation be-tween individual perception and what is perceived. As an open audiovisual computer-generated space, the arena world is free from the physical meaning of things. The viewer is able to create and manipulate objects within a virtual world that exists within the same space-time parameters of the real world. The world of polygons and sounds being entered is created and constantly changed by personal view. The environment has to be perceived to exist and the perceivable evolves through its further percep-tion. To intervene in this process transforms the world, but it can also push it out of balance and destroy it. Once in the world the individual is perma-nently subjected to his own self-created history.

The arena is a railed circle, of three metres radius, which the viewer enters equipped with a Head Mounted Display and data glove. The Head Mounted Display transfers the user into a real-time computer-generated three-dimensional space. Inside the area defined by the railing, the viewer can move freely in all directions. To outside observers the world is projected onto two rear projection screens curved slightly along curvature of the arena. The right projection shows the view of the user, the left a wider view onto the world.

The graphical world is based on geometrical three-dimensional space structures. The complexity of the three-dimensional space structures develops out of the interrelation of simple parameters. The atom, the smallest particle of the arena world, is a simple four sided polygon. In the default state, without any interaction, the database is completely empty. The world is completely empty. Empty means there is not even 'nothing' as even 'nothing' needs 'something' to exist. A polygon is created directly

ARTLAB

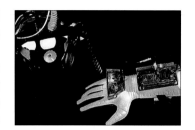

at the viewer's actual viewpoint. While moving, the viewer spreads polygons, which more or less tracks his existence in the space. Any further perceivable changes will evolve out of these paths. As mentioned previously, the world only exists through the viewer.

Viewing existing polygons triggers their structural change. The interface between things in space and the personal view is a virtual sensor which activates the perceived polygons. The viewing history influences how polygons react. Any contemporary influence becomes historical which can initialise further unpredictable changes; mutations which are not activated by an object being perceived. The longer a participant views a specific part of the space the more it causes the structures to deform. Once activated polygons start to move forming into clusters, connecting to each other or dividing into multiples. The complexity of the resulting virtual clay of structures is determined by the interface between the viewer and the environment he has created. If polygons are outside the view, they die after a certain lifetime.

The user is also able to intervene directly in the world. Using the data glove the participant may grasp the virtual clay and extend viewed polygons towards the viewpoint. This causes immediate graphical transformations of the structures, but it is also recorded in the history as irregularity. The more the glove is used the less balanced the delicate balance between created and destroyed polygons becomes, finally leading to the total destruction of the world.

The structures themselves are free from any meaning other than representing the user's viewing activity. The viewer is simultaneously an external and internal factor, entirely powerful and entirely affected. The world created by the viewer is infinite, permanently changing and never repeating.

Notes

Polygons: The polygons are either lined or textured. A snapshot function which takes a two-dimensional snapshot of the three-dimensional world provides permanently changing animated textures which are mapped onto the polygons.

Structures: Structures can become more geometric or more organic. In principle, the organic structures are the same as the geometric, but evolved to a higher complexity level. The less linear the interrelation of the calculated relative scales becomes, the more organic the graphical structures evolve. The structures are dynamic in time and space.

History: The history collects visual sensor and data glove values over several time windows and calculates a relative analysis of the viewing behaviour and glove activity. The statistics of the viewer's selections of viewpoints come from speed of and nature of the recorded movements.

Virtual Sensor: The virtual sensor is always active in the field of view and works with relative scales that are complexly related to each other. The scales are fed with the parameters defined by the viewing history. The sensor volume grows and shrinks from the user's two-dimensional field of view into the three-dimensional space and becomes more or less intense. The longer a polygon stays in the field of view, the more attracted it is to the sensor. The more radical the attraction is, the more extreme the graphical change of the structure. The maximum size for an object is the entire viewed space.

Data Glove: The data glove is also bound to the two-dimensional field of view and has three active zones. At full activity they attract the entire observed space. The active space volume of the glove extends in the z-direction dependent on the viewer's history.

Sound: The sound is a real-time calculated three-dimensional sound space and is also linked to the user's movements and the state of complexity of the graphical world. It is conveyed to the user through the Head Mounted Display headphones and to other observers through eight speakers which are set up around the arena.

ALL IMAGES: Ulrike Gabriel, Perceptual Arena, ARTLAB, 1994

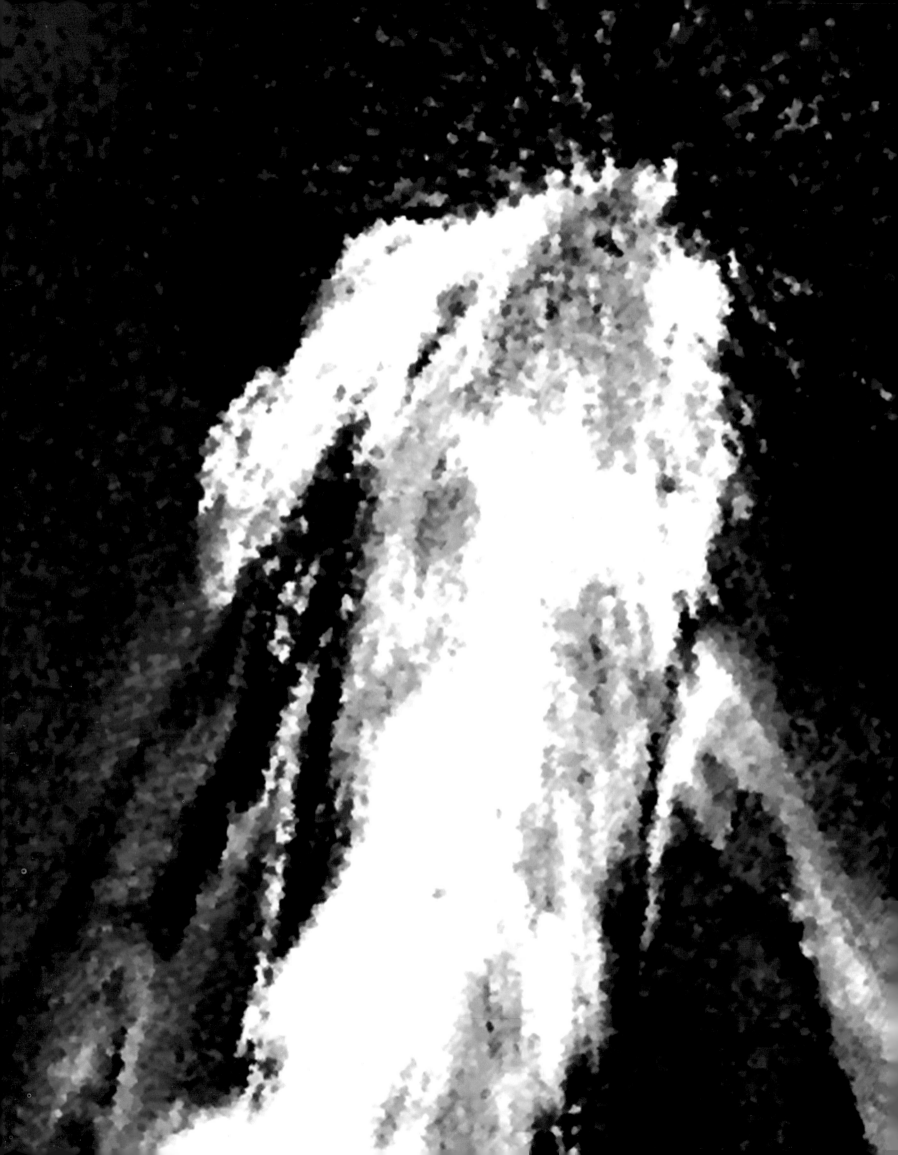

TOSHIHARU ITO
THE FUTURE FORM OF VISUAL ART

Whenever I think of the 'future form of visual art', the words of Bill Viola come to mind: 'A new concept on a human being's act of seeing must lie in the act of dolphins and whales "seeing" an object in their mind, using a reflection of the sound they emit.'

In his later work, *I do not know what it is I am like*, Viola condensed the flow of time in the act of 'seeing' from ancient times up to the present, while shifting through a range of eyes from the eyes of birds to fish, insects, the camera, tourists, and trance-dancers. Eventually he reached the level of perception of dolphins and whales.

As John C Lilly the neurologist said, 'Dolphins "see" rather than hear sound'. Dolphins are said to possess an acoustic sensing ability which is equivalent to an intuitive perception through visual sense. Dolphins emit an extremely dense pulse of sound, which is transmitted in water and returns when it is reflected by an object. By hearing these sounds, dolphins create images, maps and viewpoints in their minds, and communicate.

It is also interesting to know that Lilly pointed out that 'people who have been deprived of visual ability since birth, should be able to use an acoustic ability and technique similar to that of the dolphins'. It seems that there exists a possibility which would overthrow our perception, which has been restricted to the concept of visual ability in a narrow sense.

Whales were originally divided into the toothed whale and the whalebone whale; the killer whale and dolphin belonging to the toothed whale family. Although whales can make judgements using their eyes, they also have a special hearing function because they live most of their life in the depth of the ocean where light scarcely penetrates.

For example, they emit a high frequency intermittent clicking sound at a frequency of 1,000 to 200,000 cycles per second, at a rate of 20 to 30 times per second. This sound has very high directivity and is transmitted in water as a narrow angle band of sound, in the same way as light is concentrated by a lens. Moreover, the sound can be transmitted, continuously, not within a set frequency band

Computer generated image, 1994

67

wave length, but while switching frequencies at a speed of 1/1000th of a second, just like switching between radio channels.

In other words, they switch between low frequency sound which travels a long distance under water, and high frequency sound which travels a short distance. In this way they can simultaneously detect distant objects as well as those close by. They can also judge the position, direction, and speed of the object by reducing or increasing the sound emitting interval to produce interference between sound emitted and sound reflected. They change frequencies in various ways while swimming in the sea, and directly get an outline of the shape, size, material and movement of the object from the sound being reflected. It is said that they can even determine the delicate movement of the human mind with this sound pulse.

This sound is used for communication between themselves. For an explanation it would be easier for us to understand by using the example of the whalebone whale rather than the toothed whale.

It is well known that on Voyager 1, launched from Cape Canaveral in 1977, various recorded messages were broadcast, intended for intelligent beings that might someday be encountered on its travels through the vast night of space. Interestingly this broadcast included the singing of whales as well as human voices and a selection of music. The whales singing was in fact taken from a record made in 1970 by Roger Payne, the famous American marine biologist who has been collecting whale songs for over 20 years.

The type of whale which sings is the humpback whale, said to grow up to 15 metres long and weigh an average of ten tons. The whales mate during the winter and spring, migrate to warmer seas in order to give birth, and then gather off the coast of Maui Island for several months. It is during this period that, as a school, the whales sing .

According to the article 'Whales Sing', published in the magazine *Omni*, the song always has a theme, a main melody, that is repeated regularly and lasts from six to 30 minutes. However, Roger Payne who has been recording and studying the singing of humpback whales over a long period, reports something more interesting. By comparing the singing each year, Payne discovered that whales change the melody, and specifically, that whale songs change annually but there also exists a clear connection between the songs of one year and the one preceding it. Moreover, according to Payne's survey, even though the whales change

their songs each year, they sing the song of the previous year for the period soon after they return to the seas off Hawaii, and it is some time before a change occurs in their song. The previous year's song is used as a basis for future developments.

This implies that the song remains in the whale's head for over six months, since humpback whales sing only in the mating season. This is important for it indicates that the singing has a close relation to a situation where communication is required, for example during courtship. Whales who have just as good a memory for sound as human beings, gather again and change the song gradually, while exchanging information, and eventually create one huge chorus.

Whales are purported to have a longer history than man, stretching over several tens of million years. If so, their songs could include the feelings of whales of ancient times. Their singing customs and attitude towards the world passed down from generation to generation, may be accumulated in their songs, just like the writings and visions of human beings. Their song may have a past, present and future simultaneously, as a built-in order.

It is said that when a skin-diver happens to hear the whale's song while underwater, the song fills his entire body as a strong vibration, like an impact wave rather than a sound, causing the body to tremble and the mind to fill with indescribably dreadful feelings. It is like a voice that penetrates deep into the soul, or an indescribably mysterious pulse that threatens to shatter the human body. According to the French novelist Le Cresio . . . 'When people sing, what controls the song is not people but the singing', and the skin-diver experiences a dizziness that makes him feel words with his body.

In his *Double Bind Theory* Gregory Bateson is known for drifting from the mind of 'uncivilised man' through 'insane man' to that of a 'child' finally reaching the mind of a mammal of the sea, the dolphin. In his book *Steps to an Ecology of Mind* Bateson includes a section entitled 'Problems in Cetacean and Other Mammalian Communication.' In this book, Bateson repeatedly points out that dolphins have a far superior communication system to man, and it is necessary to perceive that in the natural world, the language developed by man to indicate individual items such as 'my mind' or 'I see you' is redundant. Bateson tries to explain the unknown sound by the analogy that the dolphin's voice is closer to music than the language of man. He anticipates that dolphins may be communicating numerous delicate feelings which do not exist in human vocabulary, by raising or lowering the frequency to cover a far wider sound range than is available to man.

Bateson also called attention to the transmission of communication relationship in dolphins:

My first expectation in studying dolphin communication is that it will prove to have the general mammalian characteristic of being primarily about relationship. This premise is in itself perhaps sufficient to account for the sporadic development of large brains among mammals. We need not complain that, as elephants do not talk and whales invent no mousetraps, these creatures are not overtly intelligent. All that is needed is to suppose that large brained creatures were, at some evolutionary stage, unwise enough to get into the game of relationship and that, once the species was caught in this game of interpreting its members' behaviour toward one another as relevant to this complex and vital subject, there was survival value for those individuals who could play the game with greater ingenuity or greater wisdom. We may, then, reasonably expect to find a high complexity of communication about relationship among the cetacean. As they are mammals, we may expect that their communication will be about, and primarily in terms of, patterns and contingencies of relationship. As they are social and large brained, we may expect a high degree of complexity in their communication

Bateson did not think that dolphins had 'language' as such, in the way it is normally understood. What he expected was that dolphins would have a form of communication totally different to that of humans, and the communication system of dolphins must contain far more effective and direct circuits than the rigid communication system of human beings. Whales and dolphins do not have language, but do have a method to pass on their history and experience from generation to generation.

In contrast to human beings who have invented tools to make things and in so doing developed a culture, whales and dolphins may have established a culture without objects consisting only of communication. Moreover, their cultural structure may have a property which is sympathetic to the structure of the new media society which has begun to surround us. This could be indicating the opening of a civilisation which is totally different to the conventional form. Naturally, such a form would change the significance of art itself.

Take for example ISDN (Integrated Services Digital Network) which will soon be commercialised for public use. The core of this system is optic fibre cable, and the purpose of this system is to transmit several functions at a higher volume, faster, and more accurately through a single telephone line, changing from conventional analogue transmission.

In this way, a volume of information equivalent to thousands of telephone lines can be transmitted in just one optic fibre line. It is highly resistant to noise, and signal deterioration over long distance transmission is very low. Furthermore, to meet the requirement of transmitting an even larger volume of information at higher speed, the development of a new system called coherent optic communication has recently been started. This system uses light as if it were radio waves, and light at various frequencies can be transmitted simultaneously. By using this system, not only can a signal of vast capacity, similar to high definition television, be sent for 1,000 channels in one optic fibre cable, but the information can be sent distances from 200 to 300 kilometres without the need for a relay, as sensitivity is ten times higher than with the conventional type.

Today, such an information network is gradually permeating into our daily life environment, and the new direct linkage to media like holophonics and phosphotron advancing to the next stage of development. In one sense, mankind which is placed in such an information environment can be compared with the dolphins or whales in a new kind of sea.

JEFFREY SHAW
THE CENTRE FOR ART AND MEDIA, KARLSRUHE
An Interview by Johan Pijnappel

Johan Pijnappel – *The Centre for Art and Media, or ZKM, in Karlsruhe quickly became famous for the possibilities it offered artists to experiment with modern technology and its presentations at the Multimediale. How did it start and what is the theoretical framework of the ZKM?*

Jeffrey Shaw – I only have a superficial grasp of the early history of the ZKM. I know it was a political initiative around 1984 initiated by Lothar Späth, the then head of the state government of Baden Wurtenburg. The ZKM was one of a broad range of cultural projects which he initiated, as he was deeply committed to the idea of a qualitative techno-logical culture. Baden Wurtenburg prides itself on being one of the high tech centres of Germany, and together with Bavaria it is also one of the country's wealthiest states. Späth and the District Council of Karlsruhe saw in the ZKM project the opportunity to develop an appropriate aesthetic and conceptual counterpart to all the technological, industrial and scientific activities in the area. Karlsruhe for exam-ple is home to an old and famous scientific univer-sity which now has a highly reputed computer science department, and nearby there is also the Nuclear Research Centre, which is one of the largest scientific research centres in Germany. From the very beginning there was a vision that the ZKM would be linked to and cross-fertilise the existing high-tech infrastructures, the local colleges, univer-sities, research institutions and industries. So plans were made for the foundation of a public institution completely financed by the state government of Baden Wurtenburg and by the City of Karlsruhe. In the period 1984 to 1987 numerous expert advisory committees helped define the exact form and func-tions of the ZKM, which led to the publication of *CONCEPT '88* in Spring 1988, and then in 1989 to the political go ahead for a £78 million institution, with yearly running costs of £7 million, and a full-time staff of 68.

In 1989 Professor Heinrich Klotz, then the director of the Architecture Museum in Frankfurt, was invited to become the founding director of the ZKM. He added two very important new components to the original concept. Firstly the inclusion of a Museum for Contemporary Art within the ZKM, and secondly the formation of a new art academy, the *Hochschule*

für Gestaltung, which would be closely linked to the ZKM. An architectural competition was announced for a new building for the ZKM, and this was won by Rem Koolhaas' Office for Metropolitan Architecture. Unfortunately, due to political and financial reasons the realisation of Rem Koolhaas' exceptional design was stopped in 1992, and instead the decision was taken that the ZKM and the *Hochschule für Gestaltung* would be located in a vast old armaments factory in the centre of Karlsruhe, which has been derelict since the end of the war. The architects Schweger and Partners are now in charge of an elegant renovation of this building, which will open to the public in 1997.

Are there any similarities in the ZKM's attitudes towards society with those of the Bauhaus?
– Certainly the Bauhaus is a fundamental source of inspiration and was quoted in all the texts that accompanied the ZKM's conception. Yet at the same time the ZKM is very much a public cultural centre. There are two museums, the Museum of Contemporary Art and the Media Museum, and a Media Theatre and a Media Library. So a significant part of the ZKM is its public spaces, events and exhibitions. Behind this zone of public interaction are two institutes, the Institute for Music and Acous-tics, and the Institute for Visual Media of which I am the director. These are places for pure research in the same sense that pure research is being done at scientific establishments. This is of course a unique situation and the two institutes address themselves to professional artists who are offered access to the exceptional technical and intellectual resources at the ZKM, so that they may have the opportunity to produce new works.

In this cooperation what kind of influence is there from the sponsors and industry?
– The ZKM is wholly financed by the state of Baden Wurtenburg and the City of Karlsruhe. This means we are not dependent on industry or the commercial sector. This distinguishes us from institutions like the Media Lab, at MIT, which needs grants and sponsors for most of its research activities, which in turn determines the nature of these activities. We have an exceptional freedom here to pursue our

FROM ABOVE: ZKM and the Nuclear Research Centre, Karlsruhe, EVE Extended Virtual Environment, the Centre for Art and Media, Karlsruhe, 1994: Projection Dome; video projector mount-ed on an industrial robot arm; interactive video projection

independent objectives. Artistic research and production is our first priority. This is what motivates our relationship with the local scientific, educational and industrial institutions. A relationship politically affirmed by the governments of Baden Wurtenburg and Karlsruhe. So there is a real commitment from all sides to the notion of an exchange and mutual enrichment between art and science, art and technology. Of course it is an organic process, an open ended cross-fertilisation of ideas and mutual interests. For instance we recently purchased a flight simulation platform as a research tool. A student from the computer science department of the University of Karlsruhe heard about this and offered to program this motion platform for an artistic application, as part of his diploma. The result, titled *THE FOREST*, was successfully exhibited at our Multimediale festival. I am very enthusiastic about this kind of cooperation.

Have many local industries already collaborated?
– Well of course we have close relations with Siemens, and their cultural programme, and we have a good working relationship with Silicon Graphics and a number of small companies here that also support us. I believe there are possibilities for commercial spin-offs for some of the research we are doing here. Focused in fields like virtual reality and multimedia where artists are developing tools and concepts which could be applied in other areas. A typical example is a recent project the *Extended Virtual Environment, EVE,* a new form of virtual reality environment, which was designed in close cooperation with the Nuclear Research Centre, utilising its expertise in robotics and tele-robotics. It helped us enormously. It put one engineer full-time for one year on this project and it also did a lot of manufacturing on our behalf. So we were able to create a joint project based on an artistic objective wholly defined here at the ZKM.

In 1991 the ZKM bought an interactive video installation The Legible City *for the museum's permanent collection. Interactivity is now one of your specialities. What has come out of the ZKM interactive programme?*
– I think interactivity is one of the characteristics of the new media technologies, it's one of its unique possibilities. For artists it offers a whole new dimension to the artistic process. It enables the artist to define not only the static form of the work but also define a functional relationship between the art and the viewer. I think that most artists working with the new media technologies see interactivity as a great opportunity. Most of the artists that have worked here in the last few years

have explored the possibilities of interactivity on different levels; particularly Agnes Hegedüs, Frank Fietzek, Paul Sermon, Toshio Iwai and Bill Seaman. Some have explored the multimedia interactive laserdisc, an extension of video into interactive video, whilst others have gone into computer-generated graphics and have created real-time three-dimensional graphic environments, like *The Legible City*, where the viewer has dynamic control of all the work's visual parameters

The main problem for artists using modern technology is that equipment is very expensive and not particularly user-friendly. From your experience, what technological inventions have given artists the ability to make produce new work?
– I think one big breakthrough was, undoubtedly, the laserdisc. We are still talking about equipment which is relatively costly but it opened a whole new range of possibilities. Nowadays, many artists are working with this medium, especially in the States where mastering laserdiscs is significantly cheaper than here in Europe. The second breakthrough came with the enormous drop in price of interactive computer graphics hardware which was largely due to Silicon Graphics. *The Legible City* was created in 1989 on a Silicon Graphics Personal Iris, which at that time had a price of around £40,000. Now you can buy one for around £6,000. Prior to 1989, equipment with similar graphic performance cost about £200,000 which was completely out of the reach for any artist and was in fact exclusively in the domain of scientific or military research. Year by year, real-time computer-graphic capabilities have got cheaper and cheaper and so become more and more accessible. This has opened the field up, allowing artists to work with this medium. The results are clear to see at the ZKM and at the other media Institutes such as Frankfurt and Köln, who can now afford to buy these machines and offer them to artists to work with.

The third technological revolution, which is quite recent but which I think also will have a remarkable effect, is the CD-ROM. The authoring tools are straightforward; using Windows and Macintosh based environments, and the costs of printing discs is negligible. For the first time with CD-ROM you have the possibility for mass distribution of interactive works of art. This is something which has not existed before. Neither the laserdisc, nor real-time computer-generated graphics could provide this possibility for mass distribution.

The coming revolution is going to be in telecommunications. The next step is the capability for the telecommunication networks to carry any information the artist wants to send, no matter how complex.

Frank Fietzel, Tafel, *the Centre for Art and Media, Karlsruhe, 1993*

Then there will be the possibility to distribute interactive works of art throughout the world, through the tele-virtual network, directly to people's homes.

In what way will these multimedia techniques, particularly those involving interactivity, dissolve the traditional boundaries between art and observer?
– Certainly interactivity established a literal intimacy and interrelationship between the artwork and the viewer which was new and radical in terms of experience. This does not deny the fact that art has always been something that is intellectually and emotionally interactive. Art is essentially a conversation with the viewer, who is always reinterpreting and reconstructing the work of art. But the contemporary interactive work of art embodies this dialogue. In the form of a material Interface such as the bicycle in my work *The Legible City*, the viewer now materially interacts with and manipulates the artwork. Furthermore, the digital storage of information in the computer or on a laserdisc gives the artwork a quite different form. It is no longer finitely stated within the traditional frame of a canvas or boundaries of a sculpture. The artwork is now indeterminately hidden in the latency of its database. It is an immaterial presence, which, via its interface, is retrieved and given new form each time a viewer acts on it. This is what I find conceptually and functionally interesting about these interactive works.

A lot of the new media art appears very similar to many video games. Your work Revolution *in 1990 and Paul Garin's* Free Society *for instance has more of a political impact. Is there a problem with a work of art being lost in all the technical wizardry?*
– We should not forget that all the great paintings, when they were made, were wondered at for their technical virtuosity. All the great painters were virtuosos of their medium. There is always a fascination for the medium itself and artists share this fascination and often exploit it as a strategy of seduction. Now we are fascinated by the technological media, and the artist is also able to exploit this situation to draw the viewer into the orbit of the artwork where a complex conceptual and experiential exchange can then take place. Technical wizardry is similar to painterly beauty. It seduces the viewers' attention and lures them into the underlying levels of the art world. The path from superficial seduction to deep experience is also a familiar strategy in the cinema.

The similarity you mention to video games is certainly fundamental. As artists we have to admit that we are working with a technology that has some of its most energetic manifestations in the game arcades. Cinema also began its career as a side

show attraction! The history of interactive media, while once a military enterprise, is now unashamedly bound to its delirious evolution and overwhelming success within popular culture. So as artists we have to deal with this aspect of the medium, just like video art was compelled to have a conversation with television because it was impossible to disassociate one from the other.

One of your works The Virtual Museum *explores the potential for storing historical data. Will conserving our ideas in an artificial environment bring a new dimension to the importance of museums or increase the rate of their currently declining popularity?*
– *The Virtual Museum* was intended as a kind of stimulus to a discourse on the past, present and future of museums. At present there is a big question mark over their existence in their current form, and at the same time there are many exciting developments. So I decided to make a traditional museum the context of *The Virtual Museum*. It is ironically modelled on the neoclassical Landesmuseum in Linz, Austria, where this work was shown in 1991. *The Virtual Museum* proposes the notion of a one room museum which contains technological apparatus which allows viewers to travel into other virtual rooms. Paradoxically my artwork is the apparatus. An exciting aspect of such virtual museum rooms is that they are not constrained by normal architectural considerations. Traditionally, the artist has been at the mercy of existing architectural edifices. The history of contemporary art is the history of work made for big empty white rectangular rooms. A virtual museum would allow the artist to design completely new kinds of enclosures for their work. For instance a space 300 metres long, two metres wide, ten metres high is as easy as any other and this room could be programmed to grow one metre longer everyday during the exhibition. The virtual museum would be the logical extension of installation and performance art as the artist creates both the work and its environment. The possibilities are extraordinary, and as technology evolves these manifold virtual museums will coexist together in telecommunication networks and multitudes of visitors will be able to surf from one exhibition to another!

Another question we have to ask ourselves is how interactive installations should be exhibited. The time frame for the consumption of traditional art in a museum or gallery is totally different to that needed for an interactive work. A visitor to a museum usually goes for a few hours, scans most paintings in seconds, and spends a few minutes with the ones that interest him. An interactive work demands much more attention. A work like *The Legible City* asks for at least ten minutes, and even after an hour or more

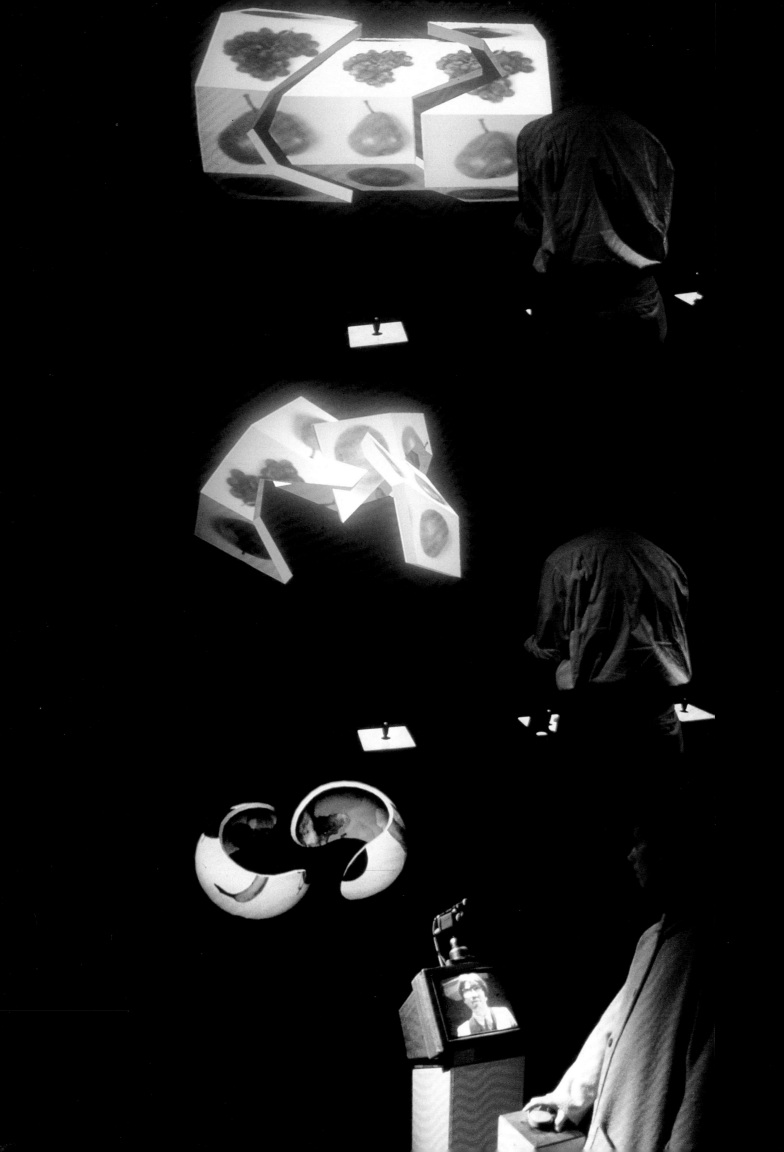

of cycling to exhaustion, there is still a lot the viewer would not have seen given that its databases actualise over ten square kilometres of viewable space. An exhibition with lets say ten such interactive artworks would certainly be problematic, as most viewers would not be able to give their time and concentration to such a density of experiences. In its conjunction of past and future models, physical and virtual spaces, *The Virtual Museum* defines these pertinent issues.

The Extended Virtual Environment, EVE, *is one of ZKM's biggest projects. How much industrial development was required for the projection dome, and how does it link art and science activities in the field of computer-generated graphics?*
– If we consider the invention of the virtual reality Head Mounted Display, I think the revelation of this piece of technology was that the window, the viewing window, was interactively connected to the participant's point of view. In other words, in traditional art and media art forms, the frame is always fixed in space. In painting, cinema, and television the frame is always 'there' limiting the view. It has no dynamic relationship with an individual's points of view. Yet in the real world, in our daily perception, we are always looking through the window of our vision, and choosing our point of view in this 360 degree panorama surrounding us which is reality. The virtual reality Head Mounted Display was able to simulate this totality, was able to evoke the sphere of reality that surrounds us and give us back a viewing window which we controlled. The disadvantage of the Head Mounted Display is that it is completely private, completely enclosed, and doesn't offer itself to a broad public. I felt that for an artist it would be important to somehow explore the possibility of this viewing strategy and at the same time be able to communicate the work of art to a large group of people. *EVE* was designed to respond to this need. It created a virtual projection surface that completely surrounded the interactive viewer. Using a tracking device, attached to the viewer's head, the computer was able to determine the direction they were looking. The video projection apparatus was attached to a robot arm which moved so that the window of view followed the viewer's point of view. The other people in the dome vicariously experience this interactive relationship.

This is the basic strategy of *EVE*. As the first major research and development project completed with the Nuclear Research Centre, it was considered

appropriate to demonstrate that such an artistically motivated research project could also be of value to other fields. So at the Multimediale we exhibited not just works of art but also examples of architectural, engineering, archaeological, and scientific applications. This was beneficial because, almost immediately, a science museum in Madrid purchased *EVE* to use as a virtual reality space for scientific visualisations as part of its educational programme.

It is good that artists are now working with the same technology as scientists, physicists, medical researchers, and architects so that discoveries we make are relevant to all these other sectors without compromising the integrity of our artistic intentions.

If you look to the future of the ZKM and modern media art forms, what do you see on the horizon, what new worlds will there be to explore?
– I'm not really a futurist. The issues which I address in my works of art are issues which are very immediate. They are issues that focus on the present discourse between art and technology, and the present excitements, tensions, and paradoxes between the real and the virtual. In all my work you can see the balance between the real and the virtual. I like to have one foot in one world and one in the other. The experience of the virtual for me functions to reaffirm the reality of our bodies and the physical world. It's a conversational partner. Certainly if one looks into the future one can see that we are embarked on the path of increasing dematerialisation of forms. Art will more and more exist wholly within the tele-virtual ether, its physicality becoming more and more anecdotal and irrelevant. I cannot predict where this will lead but I think we might have reason to be nostalgic in the future. We may even mourn the disappearance of painting and sculpture. However, as was the case when confronted by photography and cinema, these traditional art forms will still, phoenix-like, be able to renew themselves. Anyway this is not the real issue. The fact is that the emotional, intellectual and aesthetic possibilities of the dematerialised art forms are so extraordinary that they are irresistible, and they will become the central currency of our cultural life in the future. It is also clear that these dematerialised art forms will be fundamentally international, certainly popular, and distinguished by their universal accessibility. Whatever our nostalgia for things lost, this will be counterbalanced by the exhilaration of all that will be gained. It is our mortality which guarantees our desire for such an extravagant adventure.

PAUL SERMON
TELEMATIC PRESENCE
An Interview by Johan Pijnappel

'During the realisation of Telematic Dreaming, *my first ISDN based project, produced in Finland, June 1992, I discovered the ability to exist outside of my own space and time. A live video projection of my body, on a bed 500 miles away, was psychologically alarming. The semiology of the bed evaporated the technology of teleconferencing, and the implications of being in bed with 'me' was all that remained. In this new work I have decided to use a TV-sofa zapping scenario as an interface to carry the semiology that will deem the underlying ISDN technology invisible.'* Paul Sermon

Telematic Vision, 1993, is the third telematic installation that is based on ISDN, International Subscriber Dialling Number, telephone connections. Before this was *Telematic Dreaming,* June 1992, and *Telematic Seance,* April 1993. For all three the technique is the same, a live chroma-key video picture was sent by ISDN telephone to another chroma-key system.

With *Telematic Vision* there is an open and closed version. The open version makes it possible to move freely within the surroundings in your physical and telepresence manifestations at the same time. You sit on a sofa and a telepresence is projected next to you. This enables you to experience your own body from an exterior perspective. The possibilities are not fixed and totally open to the user.

With the closed version the two participants use remote controls. One 'zaps' different programs and the other answers with subtitles. Both are mixed in the final picture. The combination of the open system and the pre-defined interaction of using the remote control illustrates the possibilities of interactivity. The passive activity of the television user becomes a complex interaction linked to the decisions of the users.

Johan Pijnappel – *As a relative young artist you had your education in a period when Commodity Art became popular, how did you became interested in using modern technology in your art?*

Paul Sermon – Well it hasn't been something to which I changed, or something I came across. It was not that I was working as an artist painting, or drawing, and then I made the change to new media. I have always been working with new media, even

during my education. I studied my BA at Gwent College, South Wales, being taught by Roy Ascot, my professor. When I arrived at that school, it was not just a fine art school, they were offering areas of photography, video and film.

At that time I was interested in using film and started to work with possible film installations, using filmloops and all sorts of things. Then I got interested in video, which was a new thing for me as it was the early 80s, but my real introduction was Roy Ascot. During my studies he alerted me to the notion of using computer networks. He talked a lot about the possibilities of interaction through networks, the whole process of the death of the author, dispersed authorship and using networks to create and send artworks, texts or images to other people who could alter them before sending them somewhere else. This really interested me from the point of an artwork not being a static object but always being in the state of flux and change. Roy also introduced me to theoretical papers on quantum physics, science and art. After Duchamp art is no longer something that we can look at in terms of having one meaning that the artist gives and the audience understand.

So all these questions made me think on what kind of work I liked to do. I then started to get interested in video networks, fax machines and those kind of things, but it disturbed me slightly that E-mail and fax art existed, and had been since the 70s, but there had been little recognition in the mainstream. Whenever I actually tried to coordinate exhibitions, to show the public what was happening, people were quite confused. When artists were appearing with shelters, very excited about sending messages to people and collaborating on images with others, the public didn't know what was going on. What I didn't realise was that it was slightly ironic to exhibit this type of work in a gallery and should be shown in a totally different environment. An electronic space, not a gallery space, and so I attempted to make telematic, or interactive artworks, with the notion of making it more of an installation that would bring the audience closer to it.

I finished my BA with Roy Ascot, did a few projects with him, and then went to Reading University in Berkshire to do my MFA. It was actually at Reading that I produced a piece of work which was

Paul Sermon, Telematic Dreaming, *1993*

81

not a networking event but was a hypermedia program. It was called *Think about the people now* and it won a Nika for interactive art at the 1991 Ars Electronica exhibition, Linz. That really gave a kick to get me going. From then on I got a lot more interested in what I was trying to do and I was allowed to develop my work a little bit more.

Then the work completely changed. I was interested in networking but certain people were talking about a new medium, a kind of hyper cart, which at the time had a similar impact to the one CD-ROM is having now. When this first came out I thought that's really something I'm interested in, interactive work. I could use that to try and describe new forms of narrative, not linear narratives but environment narratives. Narrative that can be explored in different directions. So I produced a piece of work on a system similar to hyper cart on a Commodore Amiga. At the same time I was also very interested in working on a network, but there was a problem with content. On the one hand I understood that there isn't such a thing as content, or meaning, but on the other hand I felt I needed certain restrictions or parameters to work within. My aim was to produce a piece that had more than one meaning but had set parameters that defined the work. The networking side of things, I felt, had to be described very, very tightly within its context to allow something creative to be produced. When you do a sort of networking project it's not just about networking or about the 'global' something.

What kind of parameters were there for Think about the people now*?*
– The project *Think about the people now* was developed when I was playing around with hyper media. At the same time I read in the newspaper about somebody who made a protest against the Remembrance Sunday ceremony in London. The service is held every November in remembrance of all those who died in both world wars. The veterans parade past this big monument and lay poppies, a very military affair. Somebody in the crowd, poured petrol over his head and set fire to himself as a protest against this military way of remembering those people. He ran towards the Queen on fire and shouted the words, 'Think about the people now!'.

I looked at that story in the newspaper and how they reported it and considered what it meant to the media. They were really concerned for the Queen and were not really bothered about what he said or did. But that statement he made was a very careful image; if people remembered the wars there wouldn't be any more. The question why the newspapers talked about him as if he was a complete psychopath or a madman is one that went unanswered.

So I made this program, this hypermedia environment, to allow the viewer to use a joystick to navigate around London. Using animation, the viewer could look at different locations within London. However this was more as it was in fact an actual simulation of that day. It starts off on the 11th of November, at half past ten, and you work your way around Whitehall until 11 o'clock when you stop for the two minutes silence, when you might catch a view of somebody who runs towards you setting himself on fire.

You make your choice through a kind of cell splitting process. You start off at the same place, and then make your choice right or left, split, split, split . . . So everybody starts at the same place but can end up in hundreds of different places, around the centre, which are all images, text or animation.

Depending on the choices that follow it is possible to not only view the event from many different perspectives but to be the 'event', be the person who sets fire to himself. So it talks about the social construction of the individual. It was interesting for me to marry the theme, a significant and tight concept, together with the available media, the hypermedia. After bringing it all together, rather than saying I got hypermedia what shall I do with it, I wanted to use the medium for a very specific reason. If I hadn't come across this event I probably wouldn't even have used it. It was just very appropriate to something I felt very strong about.

In 1992 you made Telematic Dreaming *your first, ISDN project, a line video projection of your body on a bed 500 miles away. What did time and space mean to you in a project like this?*
– My work as a whole is an analysis of space and time and the notion of the spatial existence of the body, whether the body exists or not. Recently I heard a quote from Brian Eno: 'Consciousness, or the psyche, is where the eyes are and where you put your body. Where you can see your body is where your psyche is. It is the projection.' The whole piece is actually concerning that aspect of time and space. Travelling at the speed of light is something that is possible through this.

When I produced *Telematic Dreaming* I was still interested in networking. I wanted to deal with networking again, that was my central concern. Using long distance communication, to different places in the world, trying to bring people from different locations together.

The location was not important but it is interesting from the point of view that you can talk about the notion of truth, whether that body exists. This is Tokyo, well is it? Why is it Tokyo. On one hand this interests me a lot. As Baudrillard noted, is the

Paul Sermon, Telematic Dreaming, *1993*

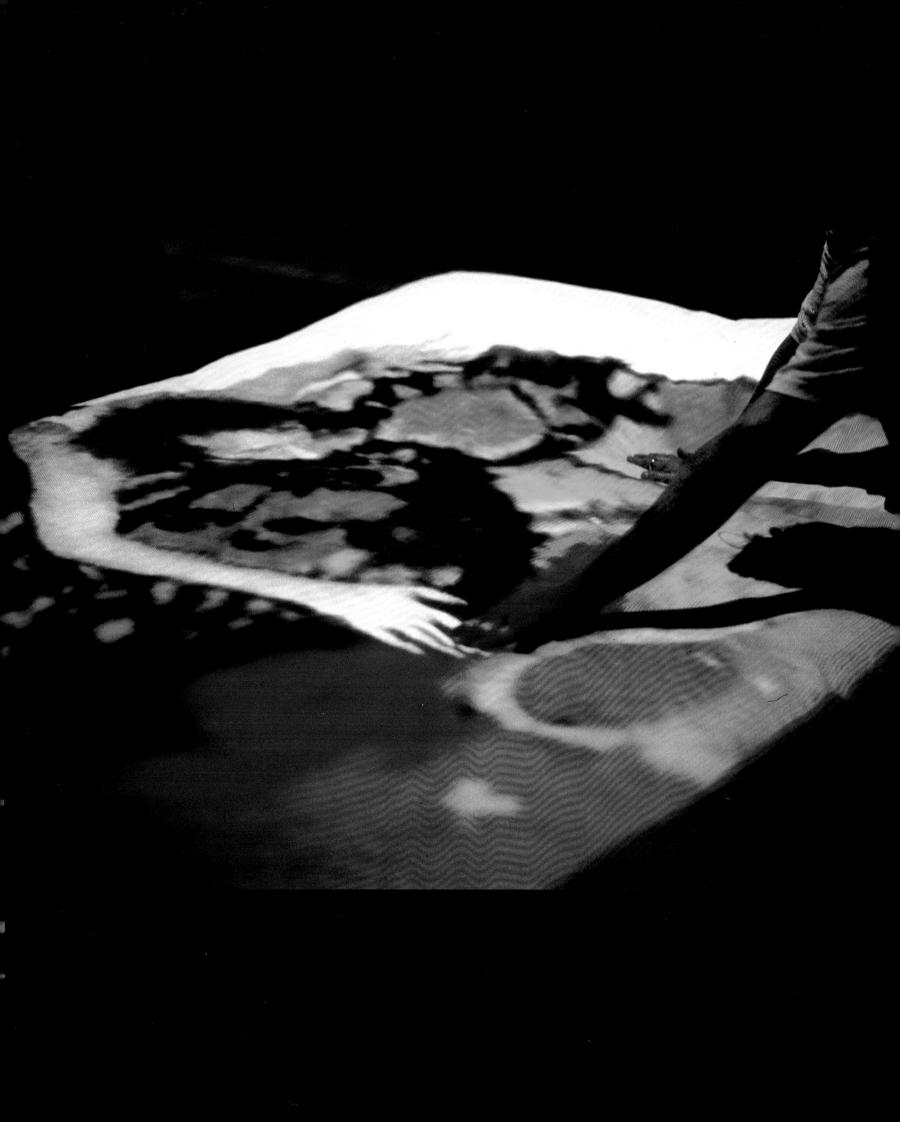

screen in Tokyo or is the screen right in front of you? Where is that space and where is the notion of truth in that? What do you believe? All these things about the global village and ideas of being able to extend yourself. On the one hand I would go along with that, on the other I am very critical. I understand the criticism, that space, that truth is not the truth.

That is your cerebral response, your rational explanation, but while doing this it must have affected you on a much more emotional level. What was this like?
– Yes it works a lot better when over long distances, because people know they won't meet these people. It is just practical things like that. If you link into Tokyo, people know they won't bump into each other the next day and so they can do what they like. If you do it on a local, rather than global level, then I guess it is different because people know they may see that person again. The whole notion of intimate out-of-body projections, set in a real-time and space framework, relies on the fact that two parties cannot physically meet. Distance can enforce this.

Telematic Dreaming reflects the fact that I'm really interested in language, in terms of how it is used to define a world. The environment is defined by language. What exists beyond the process of linguistics and analysis, the linguistic construction of the environment we are in? Language is actually a technology in the same way video cameras and projectors are technologies, for it allows us to visualise the environment, space and time within a certain reality framework. But language structure, the metaphors used by that language, are completely embodied in us. It would be impossible now to actually pull apart this technology, this language and to strip it down and look at what it is. It is a big discussion to do it, it is very subjective.

Was there a period in mankind's history when direct perception was more than a 'Technology' to define the world in a similar way to linguistics?
– No I don't think so. I wouldn't say there was a time when we had an existence without language, because I think there are many structures of language and perception. I think we had better talk about the media because I think many people are afraid of the media. It is not necessarily the media that frightens them, it is the fear of being forgotten, or going that step further to not knowing what it was to not have media. That is maybe the analogy with language.

Will these attitudes change with time as we all become comfortable with all these new media inventions and technological advances?
– I think, inevitably it will. This one of the things I want to show with *Telematic Presence*. The bed is an object that is heavy with associations, and information already, the semiology behind the object. You have to deal with the bed, you have to get onto the bed to participate, work within the accepted set of rules. This unconscious interaction with the bed distracts the participant from all the problems of contemplating the technology above you, the video projector and camera. You tend to forget the technology and deal with the reality the situation. So the whole notion of space and time is not an issue, despite the distance you *are* together in this space in real-time. The reality is not that this is an empty bed with a person, 500 miles away, projected on it. That notion of unreality, based on linguistics rather than perception, is different. Despite the ISDN technology the person is here, that's the reality. It's not relevant *where* they are, what matters is that they are *here*. The viewer does not contemplate how the projection, gets there, or the technology required.

Whilst I was working on networking projects I was always aware of the location of whoever I was communicating with; contemplating the fascination of talking with somebody who is miles and miles away. I'm interested in this notion of telepresence in the sense that you are no longer located anywhere. You are no longer located in Australia or San Francisco. You are located in your own location in your own immediate space.

Telepresencing has now become a reality through ISDN technology. Is telepresencing comparable with the Aborigines' concept of ghosts and forefathers?
– Possibly, I'm not so familiar with Aboriginal folklore as I am with 19th-century methods of telecommunication. When telecommunications were invented, in Victorian England, many people drew spiritual comparisons, particularly with seances. I'm quite interested in this analogy, between the telecommunications and talking to the dead. I try to introduce that in my work a lot.

In traditional art the viewer stands in front of a picture and that's it. With your works the viewer must participate, he becomes part of the artwork.
– That is very much the notion I'm interested in, I don't want to produce work that fits in with the traditional framework. Critics look at it, decide what it means and categorise it. Personally, I believe, that to be successful my work's meaning will change with time. If someone wrote about it in twenty years then it would mean something else again. The art object is manipulated by the critics, the audiences, the historians, but what I want to do here is to try and create a context of potential. I want to minimise my own creativity. Just to put certain parameters that allow people to form their own communication and

Paul Sermon, Telematic Dreaming, *1993*

experience. It's not about images any more, it's not even about looking at the projection and thinking of it as an aesthetic composition. It is about the whole process of bringing people from two different locations together and actually challenging their perceptions. Looking at their bodies in a different way, putting their bodies in a certain situation, operating that body, gazing with fascination at their own body. Becoming the 'voyeur' of their own spectacle. I think that people really enjoy doing that.

The role of yourself as an artist is becoming quite different from the traditional perception. Do you see that more and more with the artists who are working with art and technology?
– Yes, more and more people are interested in interactivity in the artwork. People have been talking about it for a long time, like Duchamp or Roland Barthes, but now technology and computers allow us to produce interactive work. For me interactive is a big term just to explain the process of using a computer. I think if we are going to talk about it as an art form we have got to realise that accessing images and files on a computer is not necessarily interactive, it's more just tampering. For me the whole notion of interactivity is more than merely tampering with something the artist has already done. The author is still there, the artist is still there. The artist just provides a mass of information that can be accessed at random. I want to make interactive artworks that allow the audience to actually produce the art. I just provide the context. In some ways the word 'artist' is probably the wrong term here. I think I'm a 'context creator', someone who creates the context. The theme park is created for experience, the nightclub is created for experience, there are many things now in culture that involve audience participation, that people want to be part of, they are the centre point of an experience. When you go and look at an artwork in a gallery you are not the centre of the experience, you just give that object more attention. That is not really achieving anything; if art was about that I wouldn't be interested in it. I'm very fascinated by the whole thing of people wanting to be the centre of experience.
How do you view these participants?

– What I was saying about language, yes that is true. We are playing with information constantly anyway. I just want to open up the possibilities a bit more. You're in a dialogue with the public whilst they are viewing your painting, playing with them.

What do you think technology adds to art?
– In contemporary art the central issue is technology. We are going through a process of change, the result of the technology that surrounds us.

Do you think we are in a period of change and reassessing how we are dealing with life?
– I think we constantly are in a process of reassessment. When I was recently in the United States showing *Telematic Dreaming*. On the one hand I enjoyed it very much, the way people were looking at my work; like something new, like a new way of looking to media, similar to the effects that Marshal McLuhan to Timothy Leary had done in their day, looking at the media as a cool thing to do, that the people who are using this media are beautiful people. This notion on the one hand I find very appealing, but on the other too simplistic. It's the surge of cyberspace, of New Age people. That's not where I'm at. When I exhibited my bed, some considered it some form of cyber-sex and I suppose it is reminiscent of work that came out of the 60s. But I'm concerned with finding, as Brian Eno said, 'Where the psyche is'. Where existence is located within the body.

When you move around in the bed, you actually look at a monitor, looking at your own body movement. That body is really where the effect is, and where your body effects is really where you are. So for me this whole point of telepresencing is to allow changes in the perception of the body, and that is the central issue. Where the body exists, does it exist here in the flesh, does it exist in its effects? I believe that where a body can effect is really where it is, where the body is. The video projections allow you to cause effects 500 miles away; this is the notion of interactivity, of the body being interactive. I think that without any interaction the body is pretty useless anyway if you can't effect anything, but now you can interact anywhere.

Paul Sermon, Think About the People Now, *computer installation, 1991*

TOSHIO IWAI
FROM THE FLIP-BOOK TO THE MUSEUM IN THE AIR
An Interview by Johan Pijnappel

Johan Pijnappel – *Since your presentations at the symposium* Doors of Perception, *Amsterdam, the Ars Electronica, Linz 1994, and being the artist in residence at the ZKM, Karlsruhe your fame as an artist working with interactive media has grown enormously. What were your first experiences with interactive moving images?*

Toshio Iwai – I didn't realise it when I was a child, but now I think my first experience of interactive moving images was a flip-book. When I was a child, in fifth and sixth year at primary school, I used to draw a lot of flip-books on my science, language and mathematics textbooks. For example, I drew moving images such as the moon turning around the earth. These would start with one line on the first page, two lines on the next, and so on. I didn't think about art. I was interested in moving images, and it was fun to make a moving image by myself on the textbooks. This was my first experience of making this kind of device. It was also the beginning of my artistic drive.

In 1987 you graduated in Plastic Art and Mixed Media at the University of Tsukuba. In a time when the Modern Art world focused on Commodity art you experimented with pre-cinematic technics. In what way did you try to combine pre-cinematic movie images with modern technology?

– When I entered Tsukuba University I was on an industrial design course, but I also saw many good experimental animation films like Walt Disney's *Fantasia*, which I was very inspired by. I started to make eight-millimetre animation films by myself. At first I was drawing many images on the paper, each frame of the animation. It took a very long time to make one film. At the same time I found many wonderful toys, pre-cinematic toys, in a book – *zoëtropes, phenakisti-scopes, or praxinoscopes*. I realised these were the same kind of toy I used to make in my textbooks at primary school; it was invented more than a 100 years ago in Europe.

These methods seemed a very good way to make moving images and I thought I should start in the same way, on paper, when I began to make experimental animation for film. I continued to make films or videos of my animation but I also continued to make flip-books, *phenakisti-scopes* and *zoëtropes*.

However, I wasn't satisfied with just drawing the flip-book and started to combine new technology and pre-cinematic toys. When I began to learn computer programming at Tsukuba University, I thought it would be a very good opportunity to make animation using computers and flip-books, *phenakisti-scopes* and *zoëtropes*, because a hundred years ago there were no computers, videos or photocopiers. No one could produce such interesting moving images on paper. If I made something by using new technology, it would be very new, because nobody had tried such a thing. So I started to make a *phenakisti-scope* using a photocopier, or make a flip-book using a video camera or computer technology. The first challenge was to combine new technology with old media.

What is the difference for you between moving image and art?
– The question is, what is art? And I think nobody knows. For me art must not be commercial. Art must have a very pure purpose to give somebody a new experience. I wanted to make some new device, or medium, with very interesting moving images. In Norman McLaren's films, Disney films and Oscar Fischinger's films, they made very fascinating moving images. They didn't use much of a story-line – some McLaren's films don't even have a story, just sound and moving images – but it was still a very exciting experience for me, and it made me think about just making wonderful moving images with no story. Including a story meant that I would be limited to show the piece in Japan, because it would be difficult to understand for a foreign country. Moving images alone provide a good experience for anybody throughout the world. I don't need the limitation of story or language for my art. There is always art that needs critics, artists who make use of a kind of history of art. I didn't want to make such artistic things. I just wanted to create a wonderful experience for me and for everybody.

After graduation you were artist in residence at the San Francisco Exploratorium. What opportunities did this give you to work with art and technology?
– I knew from a friend that the Exploratorium was a very wonderful place, and that they ran an artist in

FROM ABOVE: Toshio Iwai, Time Stratum III, 1989; Well of Lights, 1992.

residence programme in the museum. When they had a big exhibition in Japan in Tokyo I met a director of the Exploratorium at the opening party. I showed him pictures of my installations and he was very interested in my work. Whilst there I made two exhibits. One was *Music Insects*, and the other *Well of Light*. It was my first experience of producing something in a foreign country.

You used your artistic qualities for a larger public in your television work Einstein TV *and the children's show for Fuji television* Ugo Ugo Lhuga. *From prerecorded program you made, using modern technology, a real-time program. What did you develop in this process of creating a new mass medium?*
– I'm not a professional programmer or technician, I'm just an artist. I have many ideas but find it impossible to make commercial things. I have created many works for my exhibition and this was a basic background for my television projects. I taught myself computer programming. Originally I learned this at university; it was very simple. Now the computer situation has changed, enabling one to have very powerful personal computers at home, which is very different from when I was at university.

I learned computer programming when I was a first year at university. The computer was really big, with a green monitor and there was only one for all the students. I tried to make images for my animation films but, at that time, I could not make real-time action. After I wrote a computer program, it was some time before the computer printed out the images. Several years later I got my personal computer and I played some computer games. Previously, I had been interested in moving images on a film or video but this was also a kind of tool for making moving images. For film or video tape I had to produce many frames to shoot, but the personal computer allowed me to write a program and produce real-time moving images on the screen. It was a very, very different experience from working with video or films. I tried to make some interactive computer programs, real-time, but these were not successful; just moving squares, or making a sound with simple animation.

After one year, I tried to produce work using my personal computer directly in my installations. It was a very wonderful experience for me. I thought computers would change my work considerably. I started to make many interactive works for example. I created *Man-Machine-TV* which was an experiment in using interface. I wanted to make different kinds of experience using different kinds of interface, whilst using the same boxes and monitors, and to create new possibilities between humans and moving images, between humans and sound.

I thought this could be a kind of extension of pre-cinematic inventions. The viewing experience of the movies, or cinema, is always negative. We sit down on the chair and watch the screen. We have nothing to do, we are just sitting. But with the flip-book, *zoëtrope* or *phenakisti-scopes*, such inventions of pre cinema are interactive – we must do something to see the images. For example, we have to flip the pages of the flip book in order to change the speed or direction of moving images. Modern movies and video did not succeed in translating this interactivity. Only computers can extend the legacy of cinema's prehistory.

I started to make interactive art using computers. After making many installations I developed the technical knowledge to produce good interactive work. I also had a chance to make computer-generated images for the television. As a freelance artist I could not survive. I don't know the situation in other countries, but in Japan it's very difficult to survive as artist. I always tried to get another kind of job and use the money to produce my artwork. So I started producing computer animation and the images for the television programmes, for *Einstein TV* and *Ugo Ugo Lhuga*.

When I had an exhibition in Tokyo a good friend who was a director of Fuji Television asked me to produce some work for *Einstein TV*. He was planning to make a new science show and was looking for some new images or system to create a new style of television programme. My exhibition had many interactive works which he thought could perhaps be utilised on the programme. He was thinking of using similar images to those exhibited but that was not what I wanted to do. I was trying to develop a new way of making television programmes; basically if using computer graphics and live images. *Einstein TV* was a weekly 30-minute programme and there was no other television programme using computer generated images every week at that time. We tried to explore new possibility of computer graphics for television, because only some science fiction and drama seemed to be using computer generated images then, though only once or twice a year.

Einstein TV was very important for us. There were two female announcers and they explained the hot new science news. I imagined these female announcers playing with computer images, in real-time, live on this television programme. It was necessary to make a real-time system because the budget was pretty low and we didn't have enough time to record the show and then edit it every week. If we had recorded computer animation and the live female announcers separately and then combined them both in the studio, this would have been both costly in time and money. So it was necessary to

FROM ABOVE: Toshio Iwai, self portrait, 1993; Toshio Iwai, Copy Phenakisti-scope, overview of installation, 1982; Toshio Iwai, Copy Phenakisti-scope, computer-generated image, 1982

make real-time images. It was also important if they were filmed separately; without real-time computer images the announcers would have to imagine what going on and might have affected the acting. I used an Amiga computer to combine the live action and computer graphics. I also developed an application that the presenters could use to control the computer generated animation; by pushing the buttons the windows would open.

Is there a difference for you in making interactive media shows and working for the art world?
– At first I thought of it as completely separate, because I was making money with this kind of work, and creating my artwork separately. However, after I started this show I changed my mind as my work was broadcast all over Japan. Eventually it may be shown worldwide; galleries can't reach these kinds of audiences. I worked very hard because I hated the fact that mass media is a completely one-way experience. With my artwork I wanted to change this situation, change the relationship between people and moving images. I believed that if I could change the passivity of viewing, it would allow me to develop my art into new areas.

Unfortunately, my first programme *Einstein TV* was prerecorded. In the studio it was filmed in real-time, but afterwards it had to be edited. Next there was *Ugo Ugo Lhuga* which was also initially prerecorded. In this I tried to create a relationship between computer-generated characters and children in the show. Many people were watching *Ugo Ugo Lhuga* but unfortunately the majority of them were sitting at home. The audience remained passive, whilst in the studio the children and computer-generated characters could talk to one another, could interact. This was a very new and interesting experience for the children.

After six months I thought I should create something different for the children, or even for Japan. So I discussed the possibility of a live broadcast with the director. As nobody had previously tried making a live broadcast using real-time computer-generated images at that time, it was a very big step for us to take. When we broadcast this live version, many children called the television company and communicated with the computer-generated characters in real-time. The next step was for the children to send us illustrations of wrestlers. We scanned the images of these images into the computer and I wrote a program that enabled two wrestlers to fight in real-time on the television. The kids could phone up and scream into the phone which controlled their wrestler. This was only one example of many and I believe that *Ugo Ugo Lhuga* challenged the passivity of television.

What is the Museum in the Air?
– It was one of my dreams; I wished to alter the nature of live broadcasting. *Ugo Ugo Lhuga* was live but only two children could actually interact with the programme, and with virtual reality only one person can enter the computer-generated environment at any one time. Other people just watch, which was not what I wanted to do. *The Museum in the Air* was an experiment in multiple interactivity.

I was asked to create an exhibition in a museum, near Tokyo. At the time I was very busy producing television programmes, so I obviously thought of linking the museum and the television programme. I was aware that museums are not particularly progressive in their outlook. Traditionally they are closed environments that advertise exhibitions through posters and newspapers. If museums advertised on television they would get a larger audience. Although television is also a closed unit it is much more accessible to the public. When I was asked to produce this exhibition some museums and television programmes were using telecommunication technology, but were not being particularly creative. They were ignoring the creative potential of the medium. For example, many artists make videos, but museums exhibit these moving images on monitors surrounded by chairs.

Initially we intended to accumulate fax art from the programmes' viewers, mainly children, which would be hung on the museum walls, and after our live broadcast we received fax art from thousands of children all over Japan. After this initial success I created a very special exhibition called the *Media Epoch Exhibition*. I installed 16 Amiga computers in the museum along with a very simple animation tool I had written, which anybody could draw with. During the exhibition thousands of children came to the exhibition to produce animation. The nature of the work produced meant that we were unable to hang it on the walls of the museum and were forced to present it using video tape or computers. After the exhibition, which lasted 26 days, the museum was filled with art produced by ordinary people.

Does the artist's central role disappear with this kind of interactive media art, or will he perform a new role in our society?
– To be honest this is a question I often ask myself. Initially, I was making moving images and installations, but I did produce my own images. *Music Insects* was just a system, I didn't design the images. Artists create their own music and images but interactive art is totally different. In my opinion, interactivity produces experiences, not images. Usually artists create images from the mind. For example, if I draw a portrait from one side of a person's face, I

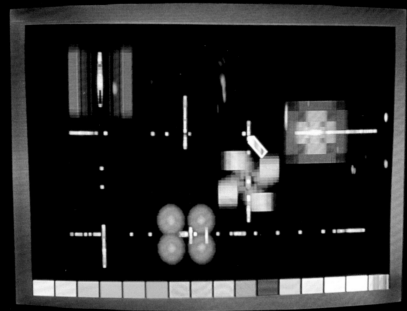

may be attempting to communicate how beautiful that side is to an audience. Now we have the possibility to communicate more than what is visible. With *Music Insects*, I added a subroutine to the program that reflected my process of creation. Utilising this routine the audience could use the same processes. This is one of the possibilities of interactive art.

In the Exploratorium almost all the exhibits are interactive. Usually in a science museum we only see the finished work and have to read the text on the walls to understand the whole picture. We must be told about its development, its significance. However, at the Exploratorium the exhibits are designed to promote interest, encouraging the individual to investigate further. After ten minutes of interaction and exploration the participant will discover the exhibit's meaning, its significance. This whole process of interaction is designed to mimic the scientific processes that were used to discover them. I think my art, especially the interactive pieces, utilises the same theory and techniques.

Every work of art is shaped not only by political, philosophical, and economic factors, but also by its technology. What influence does the use of modern technology have on the content of your art?
– I started with animation films. My first purpose was to communicate the fantastic experience of my own eyes and ears to other people. But now maybe I have added something to my works, because I have explained why I created them all, why I chose mass media. The content of my works is intended to alter the current situation between the technology of the moving image and the human being. Now computers can create interactive situations which obviously helps me to achieve these aims, but we always have to be careful.

I think that in the beginning the movies were wonderful, but today they are too commercial. Television is the same; of course there are some good programmes but most of television is commercial. Movies were intended initially to project the same image to groups of people, but the producers wanted to make money and therefore the industry developed in that direction. Now viewing is more individual and we do not need to see the same images at the same time; we are more individual.

Basically, I am a creator. I am an artist. I always try to produce new work. If most people can try to make new things for themselves, then I think we have a good situation. But sadly, most people just accept the mass media. My pieces, like *Music Insects*, are there for the general public to create their own images and to provide people with a new possibility. To write music you need special skills, to draw moving images you require special skills, but using *Music Insects* anyone can compose, anyone can draw.

I have survived as an artist because I have some technical knowledge and ideas. However, ten years ago I wanted to make my own music but found it impossible because I did not know how to play musical instruments or how to write music. Computers have changed this situation. I bought a small personal computer with composer software and suddenly I could compose my own music. New technology is constantly improving our possibilities. We must realise this. People came from all over Japan to the *Museum in the Air* and showed their works. If I had not created this exhibition, they would not have been able to do this.

FROM ABOVE: Toshio Iwai, Einstein TV, screen shots, 1991, Fuji Television; Music Insects, *Exploratorium version, 1992, Fuji Television;* Another Time, Another Space, *screen shot, 1993, Fuji Television; OVERLEAF:* Museum in the Air, *screen shots, 1993, Fuji Television; PAGE 95:* Einstein TV, screen *shots, 1991, Fuji Television; PAGE 96: Media Epoch Exhibition, Itabashi Art Museum, 1993*